천만국가

노동 희소 사회, 알바 공화국을 위해

노동 희소 사회, 알바 공화국을 위해

천만국가

우석훈 지음

레디앙

목차

들어가며 … 7

1장 천만국가로 가는가?

루틴 … 21

한국 문명의 위기 … 27

속도가 문제다 … 37

천만국가 가설 1 … 44

천만국가 가설 2 … 54

아동에 대한 차별과 혐오 … 65

모두의 문제는 아무의 문제도 아니다 : 당사자 없는 사회 문제 … 74

2장 10대들이 만나게 될 미래

행복한 중학생, 즐거운 중학생 … 87

청소년 책 시장, 사라지는 것들 … 98

만년필 스타일, 경공업의 미래 … 107

언론의 위기, 미래 세대의 지불 의사 … 116

연극 시장, 문화적 20대 … 133

한류, 20년 후에는? … 144

공공 부문의 미래 … 153

3장 노동 희소 사회 – 사람이 귀해지는 시대

노동, 자본 그리고 기술 … 163

노동 희소 사회 … 170

1970년대생들의 기억 … 177

대퇴직 트렌드와 조용한 퇴사 … 188

한동훈, 촉법소년 그리고 이민청 … 196

그런데 주4일제는요? … 219

4장 상속자들의 공화국 vs 알바들의 공화국

경쟁압과 '상속자 패러독스' … 241

천만국가, 그저 스쳐가는 숫자일 수도 … 257

알바들의 공화국 … 264

출산과 보육 인프라 … 278

'뒤에서 5등'을 위한 나라 – 마지막 보루, 학교 … 286

군대와 연금, 그리고 국가의 영속성 가설 … 295

코끼리를 냉장고에 넣는 방법 … 306

닫으며 : 아직은 생소한 희망 … 315

1.

"앞서 말씀드렸다시피 출산율이 안 좋다 보니까, 야구를 하는 사람들이 적어졌어요. 적어진 상태에서 투수를 만들려고 보니까, 또 포지션이 투수만 있는 건 아니니까, 더더욱 어려워진 거죠."

_차명석 LG 단장, CBS 〈박재홍의 한판승부〉, 2023년 12월 22일

프로야구 LG 트윈스는 2023년, 29년 만에 우승을 했고, 선수단을 구성하고 운영하는 단장이 스타가 되었다. "스토브 리그는 단장의 시간이다."는 유명한 말을 했던 인물답게 참 많은 얘기를 했다. 그는 선수들을 대하는 접근 방식을 바꾼 코치의 훈련 내용을 설명하면서 저출산 얘기를 했다. 외동이가 많아지면서 예전처럼 선수들을 대하면 영 마음을 열지 않는다는 얘기였다. 차명석 단장은 선수들을 대하는 방식을 바꾸기 전에 코치진 훈련부터 시켰다고 했다. 이건 중국 축구 얘기할 때 많이 나오던 얘기이기도 하다. 합계출산율이 1.0 이하로 내려가면 형제나 자매가 있을 확률이 급격히 줄어든다. 그리고 그는 선수 자체가 줄었다는 얘기도 했다. 차명석이 태어나던 시기에는 한 해에 100만 명 남짓

태어났지만, 2000년대가 되면서 60만 명 정도로 줄었다. 중고등학생 수도 매우 빠른 속도로 줄어들게 되고, 당연히 청소년 야구 선수도 줄어들게 된다.

짧지만 차명석이 한 얘기 속에는 우리 사회가 지금 부딪히고 있거나 이제 곧 만나게 될 많은 일들이 정확하게 녹아 있다. 프로야구 팀이 좋은 성적을 내기 위해서는 비싼 돈 주고 좋은 선수만 데려오면 된다고 생각하는 사람들이 있을지 모르지만, 선수단 연봉 상한을 의미하는 샐러리캡이 있어서, 무작정 돈만 들인다고 되는 건 아니다.

하위 팀 순으로 우수 신인을 우선 뽑을 수 있게 한 신인 드래프트 제도가 있지만, 팀 간 성적을 결정하는 데 이 제도는 큰 영향을 주는 변수가 되지 않는다. 감독과 팀 성적 사이의 상관관계도 생각해봤는데, 특정 감독이 한 팀에만 있는 것도 아니고, 우승 감독은 여러 팀에서 서로 데리고 가는 현실을 보면 팀 성적을 감독 역량이라는 변수만으로 설명하기도 어려웠다. 내가 한 팀에 오랫동안 있으면서 팀을 구성하고 운영하는 단장의 차이점까지 들여다보게 된 이유다.

선수들에게 더 편하게 접근할 수 있도록 코치를 먼저 훈련시켰다는 차명석의 얘기는, 미리 경험한 우리의 모습이라는 생각을 들게 했다. 프로야구라고 하지만, 많은 팀에서 선수단 인권 문제가 터져 나올 정도로 구단이 선수들을 생각보다 그다지 인간적으로 대우해주지는 않는다. 우리가 주로 관심을 갖는 대상은 특급 대우를 받는 유명 선수들이나 신인왕 후보들 정도다. 주전이 보장되지 않은 선수들, 특히 2군 선수들은 미래가 전혀 보장되지 않은 삶 속에서 차별을 받는다. 그런 비주전급 선수들을 주로 다루는 코치들은 강압적인 경우가 많다.

"저는 좋은 선수들이 코치를 잘못 만나 실패하는 경우를 너무 많이 봤거든요. 좋은 선수는 좋은 코치가 있어야 성공한다는 지론을 가지고 있어요. 처음부터 2군에 가서 코치 여덟 명을 교체했습니다. … 그 코치님들 덕분에 저희가 열 개 구단 중 2군이 가장 좋다는 평가를 받고 있고요, 그걸 발판으로 삼아서 우승까지 가게 됐죠. … 언론이나 팬들은 좋은 선수 하나를 키워내면 그 코치가 좋은 코치라고 띄워주지 않습니까. 그런데 사실은 그 좋은 코치가 되기 전까지 그 코치한테 잘못 배워서 야구를 그만둔 선수가 굉장히 많습니다."

차명석은 좋은 코치로 소문난 사람들이 많은 선수들을 망쳐놓고, 버려놓은 사례를 들며, 저출생 시대 외동아들 선수들이 많은 지금 한 사람 한 사람의 말을 경청하고 존중해주는 리더십이 LG 우승의 가장 중요한 요소 가운데 하나라고 분석했다. 현재 한국에서 선수들을 망쳐놓고, 버려놓는 리더십이나 시스템을 보는 건 어렵지 않다. 우리는 사람을 막 대하는 경제를 만들어냈고, 사람을 부품 취급하는 것에 너무 익숙해졌다. 정상적인 자본주의라면 그래도 부품을 소중히 여기는데, 우리는 부품을 망가뜨리는 정도가 아니라 완전히 부수어도 누구 하나 책임지지 않아도 되는 경제를 당연히 여긴다. 50인 이하 사업장에 대한 중대재해처벌법이 유예되어 있다가 드디어 시행되는데, 이게 경제를 망치는 주범이라고 말하는 사람들이 많다. 일하다가 죽지 않게 해야 한다는 것은 선진국 경제의 기본 중 기본인데, 우리는 아직 이 단계에 이르지 못했다. 언젠가는 올까?

한 사람 한 사람이 귀하다는 생각을 우리는 해본 적이 없다. 그건 우리의 습관이고, 어떻게 보면 우리의 문명이 되었다. 이제 자기 자식이 커서 1등, 아니 1등 그룹에 들어갈 수 있다고 생각하는 사람들이 아이를 낳는다. 그리고 그런 자신이 없는 사람들은 출산을 포기하게 된다. 출산만 포기하는 것이 아니라 연애도 포기한다. 그렇게 몇 년을 지내다 보니까 이제 남자와 여자는 사회적으로는 적대적 계급인 것처럼 보이기까지 한다.

그렇게 해서 나온 합계출산율은 벌써 1.0 아래로 내려갔고, 0.7도 조만간 뚫릴 것으로 보인다. 그리고 이런 변화는 지난 20년 동안 누적 효과를 쌓고 있는 중이다. 한국 프로야구 1등을 달성한 구단의 단장에게 왜 우리는 일본 프로야구처럼 좋은 투수들이 나오지 않느냐고 사람들이 물었을 때 그는 '저출생' 얘기를 했다. "프로야구를 하려는 사람 자체가 적어요!" 줄어든 학생들 중에서 선수를 뽑아야 하는 것, 이건 지금 한국 사회 전체가 부딪힌 문제의 축소판이다.

2.

오랫동안 특별한 생각 없이 익숙하게 사용되던 '저출산'이라는 표현은 이제 젠더 전쟁의 한 가운데 들어간 용어가 되었다. 출산율은 지속적으로 내려가고 있지만, 누가 이 문제의 출발점인가를 놓고, 남성과 여성이 서로 다른 해석을 하게 되었다. 이 표현은 법적 통계 용어에서 시작되었다. 법적 통계 용어인 합계출산율에서 저출산이라는 용어도 나왔고, 역시 법적 통계 용어에서 저출생이라는 용어가 나왔다. 저출산은 앞으로 어떻게 대책을 세울 것인가라는 미래 정책 차원의 의미가 강조되는 반면 저출생은 저출산이라는 과거의 결과로 나타난 현상에 대한 적응의 의미가 강하다. 분석과 정책 설계 수준에서 저출산과 저출생은 초점이 약간 다르다.

사회적 맥락에서 보면 이런 법적, 과학적인 의미보다는 누구의 책임이냐를 둘러싼 젠더 갈등의 이슈로 부각된다. 저출산은 '출산'에 방점을 두고, 여성들이 아이를 낳지 않아서 이렇게 된 것이라며, 결론은 여성들이 문제라는 의미를 함축하고 있다. 그래서 여성들은 이 용어를 별로 선호하지 않는다. 여성들은 이 표현 대신 저출생을 더 선호한다. 통계 수치의 방향은 이 둘이 같지만, 완전히 같은 용어는 아니다. 한국 현실에서 저출생이라는 단어를 쓰면, '꼴페미'라는 욕이 따라 붙는다. 그렇게 몇 년이 지나다 보니까, 남성들은 저출산을, 여성들은 저출생이라는 말을 더 선호하게 됐다. 물론 저출산이든 저출생이든, 인구 문제는 용어나 젠더의 문제가 아니다. 결국은 구조와 시대의 문제지만, 용어 사용 하나까지도 날카롭게 시비가 붙을 정도로 첨예한 문제가 되기는 했다.

용어 사용 하나도 이 정도로 심각하게 정면충돌하는 데 문제가 잘 풀릴 리가 있겠나? 저출산과 저출생, 각각 가리키는 개념이 다르지만, 그게 중요한 게 아니라 어떤 의도로 사용하느냐가 중요해진 시대가 되었다. 결국은 구조의 문제지만, 21세기에 신자유주의가 한국을 뒤덮은 이후, 구조의 문제는 아무도 문제 삼지 않게 되었다.

2020년은 한국 역사에서 기록적인 한 해로 남을 것이다. 코로나 한 가운데라서 워낙 많은 사람들이 죽었으니까 그냥 그런가보다 했지만, 그 해에 처음으로 죽은 사람의 숫자가 태어나는 사람의 숫자를 추월하였다. 출생아 수 대비 사망자 비율은 그렇게 처음 1을 넘어선 후, 가파르게 올라서 2023년에 1.5가 넘었다. 통계청의 장래 인구 추계로는 2040년에는 이 비율이 2를 넘어서게 되고, 그 후로도 미친 듯이 올라 2061년에는 4.8로 절정에 도달한다. 이와 거의 같은 의미를 갖는 또 다른 수치로는 대한민국 사람 모두를 한 줄로 세웠을 때 정 중앙에 있는 사람의 나이인 중위연령이다. 2020년에 전국 평균은 43.7세였고, 2050년이 되면 57.9세가 된다. 경남, 부산, 전북, 경북, 강원, 전남, 이런 지역들은 2050년에 환갑이 넘어간다. 환갑 이상의 주민이 절반이 넘어간다는 얘기다.

이 숫자만으로도 기절초풍할 일인데, 그나마 이 시나리오는 매우 보수적인 전망이라는 점이 더욱 놀랍다. 통계청은 2061년에 출생아 수 15만5,000명에서 방어에 성공하고, 그 후로는 오른다고 보고 있다. 그러나 지난 20년간의 추이가 앞으로도 계속 진행된다고 보면, 출생아 수 10만 명 방어가 쉽지 않다. 예전 같으면 "이 모든 것은 자본주의의 음모다." 이렇게 말하면 맞든 틀리든, 많은 것이 설명이 되었다. 그렇지만 동북아 국가들 대부분이 체제와 상관없이 출산율 저하라는 문제에 직면하고 있다. 대표적인 사회주의 국가인 중국은 물론이고, 심지어는 북한도 최근 합계출산율이 2.0 이하로 내려가고 있다. 출산율 저하 현상이 돈과 상관이 없지는 않겠지만, 자본주의만의 현상이라고 하기는 어렵다. 우리가 이 문제를 풀 수 있을까? 지금까지의 흐름으로는 어렵다고 본다. 정부는 2051년까지 출생아 수 20만 명 선을 지킬 수 있고, 10만 명 선은 절대로 뚫리지 않을 것으로 예상하고 있다. 낙관적이다. 하지만 지금 추세로 진행되면, 20년 후에 10만 명 선이 지켜진다고 보장하기 어렵다. 추세만을 보면 그렇다. 일부에서는 '국가 소멸'이라는 개념을 사용하기도 한다.

　연간 출생아 수가 10만 명이라고 하고, 평균 수명이 100년이라고 가정하면, 궁극적으로는 인구 1천만 명인 국가가 된다. 이것도 10만 명 선에서 출생아 수 방어가 이루어진다는 전제가 성립돼야 가능하다. 그 상태를 '천만국가'*라고 부를 수 있다. 물론 실제로는 노령 인구들이 많기 때문에, 바로 인구 천만이 되는 것은 아니다. 비유를 하자면, 체중이 과도하게 실리는 하이힐을 신고 있는 경제 같은 것이라고 할 수 있다. 여기까지는 좀 더 정교하게 계산을 하든, 아니면 그냥 엑셀 같은 프로그램으로 단순한 추계 분석을 하든, 누구든 쉽게 생각할 수 있는 일이다. 그리고 말로만 '나라 망할 일'이라고 얘기하는 것도 쉽다. 중요한 것은 출생아 수가 급격히 감소하는 과정에서 어떠한 일이 벌어질 것인지 생각해보는 일이다. 세계 최고의 국민소득을 기록 중인 스위스가 천만국가이고, 대표적인 북구 모델인 스웨덴도 그렇다. 벨기에처럼 더 작은 나라도 있다. 작지만 잘 살고, 모범적인 국가들이 1천만 명 정도의 인구를 가지고 있다. 잠재적인 인구가 1천만 명이라고 해서 그 자체로 문제가 되는 것은 아니다. 다만 5천만 명 수준의 인구가 1천만 명으로 줄게 될 때 생겨나는 문제가 해소되지 않는다면, 잠재적 인구 1천만 명 수준도 그냥 잠시 스쳐 지나가는 숫자일 뿐 하강은 계속될 것이다.

---

* '천만국가'는 문법적으로는 띄어 써야 하지만 이 책에서는 저자가 인구 문제에 관한 한국 사회 특유의 현상을 설명하는 개념으로 사용한 것을 감안해서 붙여 쓰기로 했다. (편집자 주)

3.

지금 우리가 부딪힌 문제는 모두의 문제다. 하지만 현실에서는 아무의 문제도 아니다. 출산 정책은 출산을 고민하는 일부의 남성과 여성에게는 중요한 문제다. 이들은 때로 정부의 출산 정책에 대해 격렬한 반응을 보이기도 한다. 그렇지만 저출산 현상 그 자체는 역설적으로 아무에게도 문제가 아니다. 저출산 관련 정책이 투표에 영향을 미칠까? 상대 정파가 하면 나도 한다, 그 정도로 충분하다. 강도와 방식 같은 건 아무 영향이 없다. 경제와 관련된 거의 대부분의 주제에 대해서 특화된 시민단체가 존재한다. 심지어는 금융과 관련된 활동을 하는 곳도 있다. 그렇지만 저출산 혹은 저출생 관련된 시민단체는 아직 없다. 교육 분야의 경우 진보에서 보수에 이르기까지 수없이 많은 단체들이 있다. 저출생으로 인한 지방 소멸과 수도권 강화 그리고 궁극적으로는 국가 소멸까지, 다른 문제보다 덜 중요한 주제가 아니다. 그런데도 이 문제에 특화된 시민단체는 없다. 모두의 문제라서 딱히 이게 내 문제라고 할 사람이나 단체 혹은 기구가 없는 역설 안에 우리가 갇혀 있는 것이다. 경제 구조를 바꾸는 것은 그래도 어떻게 해볼 수 있는 일이지만, 저출산, 저출생 현상의 근원인 문명 자체를 바꾸는 것은 너무 어려운 일이다. 그래서 한국이 OECD 국가 중에서는 유일하게 출산율 1.0 이하인 상태가 계속 유지되는 것이고, 반전의 여지가 없이 계속해서 내려가는 것이다.

지금 우리가 보고 있는 동북아 질서에 가장 큰 영향을 준 사건이라면 1868년 일본의 메이지유신을 꼽을 수 있다. 중국 시각에서 보면 변방 국가였던 일본이 메이지유신을 계기로 의무교육 도입 등 엄청난 변화를 일으켰다. 민주주의를 비롯해서 우리가 쓰는 많은 개념은 메이지유신 때 일본에서 만들어진 용어다. 민주주의는 유럽에서 온 것이지만, 민주주의라는 용어는 일본에서 왔다. 메이지유신과 함께 일본은 문명이 한 번 바뀌었다. 조선은 가고시마라는 일본의 변방에서 등장한 정치 지도자들이 새로운 세계를 만들 때, 무슨 일이 벌어지고 있는지 전혀 몰랐다. 왕조의 불행은 거기부터 시작된 것은 아닐까? 일본의 근대화를 이끈 네덜란드 학문인 난학이 바로 가고시마를 통해서 전해졌다. 우리도 북학파가 있기는 했는데, 조선의 문명을 바꿀 정도로 힘을 갖지는 못했다.

스케일을 기준으로 하자면, 우리에게는 지금 메이지유신급 변화가 필요한 순간이다. 일본은 독일식을 많이 참고해서 국가 시스템을 만들었고, 그렇게 해서 만들어진 일본식이 한국 근대국가의 기본이 되었다. 일본과 다를 게 하나도 없다가, 박정희 군사 정부 때 건강보험 체계 등 일부 유럽식 시스템이 들어왔다. 지하철 체계는 프랑스에서 가지고 왔다. IMF 경제위기와 함께 경제의 상당 부분은 미국식 시스템을 도입했다. 이래저래 여러 시스템이 '아말감'처럼 섞여서 한국이 되었다. 이 모든 것이 모여서 만들어진 21세기 한국은 여러 장점에도 불구하고 치명적인 약점이 한 가지 있다. 사람을 막 대하는 문명이다. 그러다 보니까 청년도 막 대하고, 심지어는 어린이도 막 대한다. 소파 방정환은 어린이라는 말을 만들어서, 어린이를 귀하게 대접하자고 말했다. 나라를 되찾는 방법이었다. 우리나라 사람들은 자기 자식이든 남의 자식이든, 혹은 서른이 넘어서 다 큰 사람이든, 다 '애들'이라고 부른다. 환영받지 못할 게 뻔한 자식을 자신의 경제적 손실을 감수하고도 낳을 결심을 하는 사람은 그렇게 많지 않다. 우리 문명이 지금 그렇다.

그럼 희망은 없는가? 한 해 100만 명도 넘게 태어나고, 인구가 5천만 명도 넘던 시기로 돌아갈 방법은 없다. 그렇지만 천만국가에서 방어선을 칠 방법은 있다. 경제 그 자체가 해법이 될 수 있다. 출산 패턴을 돈으로 바꾸려면 아마 출생아 1명 당 10억 원 정도는 돼야 할 것 같다. 5억 원은 좀 고민을 시작할 수준이지만, 10억 원이면 얘기가 좀 다르다. 출생아 수 10만 명에게 10억 원씩 주면 100조 원이 든다. 우리나라 국방비는 2024년 기준 60조 원에 조금 못 미친다. 극단적인 방식이지만, 저소득층에게 일정 기간 출산지원금 10억 원씩 준다고 하면 확실히 출산 패턴은 바뀔 것이다. 사실 지금 상황을 고려하면 못할 것도 없지만, 사회적 합의를 끌어내기 어렵고, 기준을 정하기도 쉽지 않다. 우리는 공항도 만들어야 하고, 도로와 철도도 지하로 넣어야 하고, 동북아 중심국가도 만들어야 하기 때문에, 출산지원금으로 100조 원씩 쓸 여력이 없다. 절대적인 돈이 없는 게 아니라, 그렇게까지 중요하다는 사회적 합의를 만들 방법이 없다. 그래서 못한다.

돈은 들이지 못하더라도 100조 원만큼의 정성을 들일 수는 있다. 그게 내가 생각하는 '노동 희소 사회'가 만들어내는 변화다. 새로 태어나는 한 사람 한 사람이 최소 10억 원의 가치가 있다고 생각하는 변화, 그런 변화가 20년 내에 오면 그래도 잠재적 천만국가에서 어느 정도 방어선을 칠 수 있다. 그런 변화가 10년 안에 오면, 한국 문명은 이제 세계적인 모범 국가가 될 것이다. 그걸 도덕이나 교육으로 만들 수가 없다. 지금 한국을 지배하는 사람들은 한 해 100만 명씩 태어나던 시절의 사람들이다. 사람이 귀한 것이 아니라, 귀찮은 시대의 사람들이다. 인구가 희소해지면, 인식도 변하고, 생각도 변한다. 나는 그런 변화가 늦어도 20년 내, 빠르면 10년 내에 올 것이라고 생각한다. 선진국 경제의 기본은 사람이 귀한 것을 이해하는 것이다. 우린 그런 기본을 배우지 못하고 덩치만 선진국이 되었다. 다른 선진국에는 왜 우리와 같은 노키즈 존이 전면화되지 않았는지, 그걸 우리가 이해하면 저출생으로 인한 사회적 혼란은 일시적 혼란일 뿐이다. 그게 이해가 안 되면, 천만국가 단계에서도 안정화를 찾지 못하고, 국가 소멸의 길을 걸어갈 것이다. 자본은 상대적으로 넘치지만 인간은 희소해진 상황, 그걸 이해 못했던 야구팀 LG는 암흑의 기간인 흑역사를 걸었다. LG가 돈이 없었겠나? 돈만으로는 안 되는 시대가 벌써 왔다. LG가 그걸 이해하고도 우승을 하는 데 5년이 걸렸다. 이름만 쌍둥이지, 외동이 선수들이 잔뜩 있는 팀에서 일하는 법을 드디어 찾아낸 것 아닌가?

우리가 가야 하는 길은 알바들도 행복한 '알바들의 공화국'이지, 상속자만이 결혼을 하고 자녀를 낳을 수 있게 되는 '상속자들의 공화국'이 아니다. 지금부터 우리가 맞게 될 변화는 사회주의 혁명을 했던 중국도, 메이지유신으로 찬란한 20세기를 열었던 일본도 하지 못한 진짜 변화다. 나는 아직도 책의 힘을 믿는다. 그리고 한국의 가능성도 믿는다. 알바들이 행복하고, 그들도 걱정없이 아이를 낳는 시대, 그 정도는 유럽에서 이미 50년 전에 만든 사회다. 우리가 지금 그걸 해야 한다.

1장

천만국가로 가는가?

루틴

요즘 프로야구에서 '루틴'이라는 단어가 많이 사용된다. 선수들이 시합 전 준비 훈련과 경기에 나서는 과정에서 습관적으로 반복하는 일련의 행동을 말한다. 김현수가 미국 프로 야구에서 돌아온 다음에 그 주변 선수들이 헬스 등 그가 하는 준비 과정들을 따라 하기 시작했다. 많은 선수들이 '타격 기계'라고 불리던 김현수가 미국에 갔다 온 이후 뭔가 더 새로운 것들을 배웠을 것이라고 생각했던 것 같다. 바로 옆에서 김현수의 루틴을 따라하던 연습생 출신 채은성이 LG에서 한화로 옮겨갈 때 6년 동안 90억 원에 계약을 했다. 김현수의 루틴이 채은성에게 얼마나 도움이 되었는지는 알기 어렵지만, 어쨌든 그가 특급 선수 반열에 올라가는 데 한 계기가 되기는 했을 것이다.

만약에 공부를 아주 잘 하는 학생이 휴식 시간에 잠시 게임을 즐기는 게 일상이었다면, 그것도 그의 루틴이라고 말할 수 있다. 아예 게임 시간을 없애고, 공부 시간을 더 늘리는 게 좋은 거 아니냐고 생각할 수도 있겠지만 인간은 기계가 아니다. 긴장을 푸는 시간이 전혀 없이 그 냥 공부만 하면, 사람은 죽거나 미친다. 게임 대신 수영을 하거나 달리 기를 하면 더 좋을 것이라고 다른 사람들은 생각하겠지만, 이미 형성된 루틴을 다른 루틴으로 바꾸기는 쉽지 않다. 그리고 개인차가 있어서 새 로운 루틴이 더 효율적이라고 하기도 어렵다. '길티 플레져guilty pleasure'라 고 불리는 음식들이 있다. 건강에는 좋지 않고, 칼로리 폭탄이라서 피 하는 게 당연하지만, 그런 죄의식이 먹는 기쁨을 오히려 더 크게 해 줄 수도 있다. 모두가 모범생 같이 살 수 있는 것은 아니고, 모범생이라고 24시간 남들이 존경할 만한 일만 하면서 살아가는 것도 아니다. 그게 사람이다. 루틴은 그것이 정답이라서가 아니라 효과가 있기 때문에 생 기는 것이다.

지금처럼 일상에서 루틴이라는 단어가 유행하기 전에 경제학에서도 루틴이라는 단어를 사용했었다. 1980년대 중후반에 진화경제학이 등 장하면서 루틴이 중요한 개념이 되었다. 루틴은 생물학의 DNA에 해당 되는 것을 기업 안에서 찾는 과정에서 선택된 용어였고, 진화경제학의 핵심 개념이 됐다. 어떤 일을 더 잘 처리하는 기업과 그렇지 않은 기업 사이에 있는 차이점을 살펴보니까 다양한 일들을 처리하는 루틴이 다 르다는 사실을 알게 됐다. 요즘 식으로는 좀 더 창의적인 기업과 그렇 지 않은 기업 사이에 '루틴에 차이가 있다'고 표현한다. 비슷한 얘기를 '사회적 학습'이라는 용어로 표현하기도 했다. 개인이 뭔가 배우는 것 과 달리, 사회적으로 배우는 것은 이미 존재하는 제도와 약속 혹은 루 틴 같은 것을 갖춰 나가는 과정이다. 크게 보면 사회지만, 작게 보면 기 업과 같은 조직 내에서 좀 더 빨리 배우는 곳과 그렇지 않은 곳들이 있기 마련이다.

우리의 일상은 수많은 루틴으로 구성되어 있다. 매일 혹은 매주, 주기적으로 반복되는 것들은 대부분 루틴에 의한 것이다. 아침에 일어나서 학교에 가든, 회사에 가든, 몇 가지 루틴들이 반복된다. 술을 마시는 행위는 알코올의 힘을 빌려 물리적으로 루틴을 깨는 일인데, 이것이 반복되면 이번에는 술 마시는 것이 루틴이 된다. 제어할 수 없는 음주가 루틴이 되면, 알코올 중독이라는 진단을 받게 된다. 그 루틴을 깨고 술을 덜 마시거나 안 마시기 위해서는 결국 전문가들의 도움을 받아야 하는 상황에 이르게 된다.

루틴의 현실적 장점은 의사 결정에 따른 시간과 비용을 획기적으로 줄여준다는 점이다. 인간의 특성 중 하나가 합리성이지만, 주어진 짧은 시간 안에 매번 모든 것을 다 계산하다가는 판단 자체가 어렵게 된다. 판단에 따른 비용을 줄이기 위해서 우리는 많은 규칙과 사회적 제도를 만든다. 규칙과 제도를 줄여서 규제라고 한다. 이걸 없애야 한다고 하는 사람도 있지만, 규칙과 제도가 없으면 사회적 행위 자체가 안정적으로 진행될 수 없다. 규칙과 제도처럼 공식적으로 처리하기에 애매한 것들을 위해서 사회는 여러 가지 묵계를 만든다. 루틴은 개인의 판단 영역에 있는 것들이지만, 개인을 넘어서면 제도가 된다. 학생들이 교복을 입을 것인가, 일상복을 자유롭게 입을 것인가, 하는 문제는 개인의 판단 영역 너머에 있는 제도의 문제이다.

시간이 지나면서 루틴의 많은 부분들은 합리성의 영역에 머물지 않고, 정서의 영역으로 들어간다. 그러한 루틴이 오래되면 거기에 익숙해지게 되고, 심지어 그걸 사랑하게 된다. 루틴대로 하지 않으면 뭔가 불편해지고, 기분이 안 좋아진다. 그렇게 오래된 루틴이 집단적으로 굳어지면, 그걸 문화라고 부른다. 문화는 혼자서 만드는 것이 아니고, 집단이 공유하는 것이다. 모든 사회와 모든 국가가 같은 문화를 가지고 있지는 않다. 더운 지역에서는 상하고 변질되기 쉬운 돼지고기 먹는 것을 금지했는데, 이게 일단 제도가 되면 종교라는 더 높은 단계로 가기도 한다. 중동 국가들이 돼지고기를 먹지 않는 것이나, 인도에서 쇠고기를 먹지 않는 것은 법보다 더 중요한 종교적 규율이 되었다. 고래고기와 개고기를 먹는 것은 종종 문화와 문화의 충돌 장면을 만들어낸다. 일본이 고래고기를 먹는 거나, 우리가 개고기를 먹는 것은 문화 단계이지, 아직 종교 단계는 아니다.

대구에서 이슬람사원 짓는 것을 반대하는 사람들이 인근에서 돼지머리도 먹고, 삼겹살 파티도 한다. 문화와 문화가 충돌하고, 종교와 경제가 격렬하게 부딪치는 현장이다. 역사와 종교 그리고 문화가 충돌하는 이 현장에서 단순한 1차원적 합리성만으로 해법을 만들기는 쉽지 않다. 문화가 된 사회적 루틴은 종교 이전 단계와 종교 영역으로 접어드는 초기 단계에는 합리적인 이유가 있었겠지만, 종교의 단계를 넘어선 다음에는 합리성으로만 설명하기 어렵게 된다. 이제 그것은 신의 명령이다. 문화와 종교가 익숙하지 않은 다른 문화, 종교와 충돌하는 순간은 때로 매우 격렬하다.

개인에게도 합리성과 루틴은 때때로 충돌한다. 별로 효과적이지 않은 루틴이 있더라도 이걸 바꾸는 데에는 계산과 결심 그리고 정신적 에너지가 필요하다. 하고 싶은 것을 할 수 없을 때나, 하기 싫은 것을 해야 할 때 꽤 많은 정신적 에너지가 소비된다. 시대가 변하거나 상황이 변하면 루틴도 변화가 필요하다. 그렇지만 그때마다 새로운 루틴을 만들 수가 없고, 또 새로운 것이 더 낫다는 보장도 없다. 루틴이 변화하면서 근면과 성실과 같이 20세기 내내 강조됐던 가치도 바뀌기 시작했다. 20세기 초 대량 생산으로 값싼 자동차를 만들었던 포드 자동차의 생산방식을 포디즘이라 부른다. 그러나 전체적으로 소비 수준이 높아지면서, 다양한 물건을 동시에 만드는 것이 경쟁을 좌우하게 되었다. 이때부터 생산성과 창의성이 돈을 버는 데 더 중요한 가치가 되었다. 새로운 생각을 어떻게 하고, 어떻게 없던 것을 창조할 수 있을까? 이건 분명히 근면하고 성실한 것과는 다른 성격의 가치다. 1938년 하위징아가 『호모 루덴스Homo Ludens(유희적 인간)』라는 책을 낸 지 100년이 채 지나지 않아서 잘 놀고 잘 쉬는 것이 기업들에게 핵심적 가치로 등장하게 되었다. 어떻게 하면 직원들의 창의성을 더 발휘할 수 있을까?

코로나 이후로 이 창의성의 원천에 관한 논쟁이 한창이다. 스티브 잡스는 화장실이 매우 중요하다고 생각했다. 사무실에 틀어박혀 있는 사람들이 잠시나마 만나게 되는 장소는 화장실이다. 그는 화장실이 다양한 종류의 사람들이 예기치 않게 서로 만나는 장소로 기능할 수 있게 건물을 디자인했다. 스티브 잡스가 창립했고, 건물 디자인에도 관여한 픽사 스튜디오는 화장실이 건물 중앙에 배치되었다고 한다. 그렇게라도 만나다보면 우발적으로 창의성이 생겨날 가능성이 높다는 것이다. 이때부터 중앙형 화장실이라는 말이 생겨났다. 코로나 시기 재택근무가 전면화된 이후에 과연 화장실 같은 데서 꼭 만나야만 정보가 교류되고, 의견이 섞이는가, 여기에 대한 반론도 적지 않다. 과연 가상공간에서 만나는 것은 화장실만한 효과가 없는 것인가? 무조건 사무실에 나와서 만나야 하는 것인가? 이런 것도 회사 내부의 루틴에 관한 논쟁이다. 꼭 얼굴을 봐야만 하는가, 안 그래도 되는가? 나이 많은 사람들은 그래도 스킨십이 모든 관계의 출발이라고 생각하고, 젊은 사람들은 온라인에서 몇 시간 수다 떠는 게 화장실에서 잠깐 스쳐지나가는 것보다 의미가 없다는 말을 수긍하기가 어렵다. 코로나 때 비대면 회의로 재택근무 열풍을 선도했던 줌은 2023년 여름부터 직원들에게 출근을 독려하기 시작했다. 아이러니한 일이다. 사무실 근무와 재택근무, 일하는 방식의 루틴을 두고 가장 첨예하게 부딪히는 우리 시대 최첨단의 풍경이다.

한국 문명의 위기

회사의 루틴이 조직의 선택이라면, 프로 야구 선수들의 루틴은 개인의 선택이다. 문화는 개인의 선택보다는 구조적인 속성이 더 강하다. 구조주의를 설명할 때 가장 많이 드는 예가 언어다. 개인이 태어날 때 국가를 선택하는 것이 아니듯이, 언어도 선택할 수 있는 것이 아니다. 어떤 언어든지 모국어를 빨리 습득하는 것이 정상적인 발육에 도움이 된다. 물론 한국에서는 억지로 영어를 선택하고자 한 달에 1백만 원 이상을 내기는 하는데, 그게 실제로 도움이 된다는 연구는 아직까지 별로 없다. 대만은 유아에게 너무 많은 스트레스를 주고, 정서 발달에 방해가 된다는 이유로 6세 미만의 유아에게 영어 과외를 법으로 금지하고 있다. 우리는 왜 못해? 중국은 사교육이 출산율 저하와 관련이 있다는 진단 아래, 2021년 하반기부터 아예 사교육 전체를 전면 금지했다. 우리가 그렇게 못하는 것은, 우리의 문화가 사교육에 관한 한 전 세계에서 가장 관대하기 때문이다. 어쨌든 한국은 사교육을 산업으로 만들었고, 주식회사로 발전시켜온 나라다. 물론 사교육을 금지하면, 비밀과외와 같은 음성 시장이 생기기는 한다. 그렇지만 그건 법을 어겨도 상관없다고 생각하는 일부 고위층과 부유층의 문제다. 어쨌든 우리는 구더기가 무서워서 장을 아예 담그지 않는 방식으로 21세기를 맞았다.

문화보다 더 큰 개념은 문명이다. 정의를 내리기가 쉽지는 않지만, 문화가 정신적인 것 혹은 공동체의 습성이나 습관에 관한 것이라면, 문명에는 물질적인 것과 기술적인 것이 포함된다. 생산력과 생산 관계 같은 것도 문명에는 포함된다. 물론 세계적으로 이 개념이 널리 퍼진 것은 불행히도 제국주의와 연관되어 있다. 문명화된 국가가 비문명 국가, 즉 야만의 국가에 문명을 가르쳐준다는 것이 말이 안 되는 얘기이기는 하지만, 어쨌든 그게 제국주의의 명분이었다. 참고로 문명과 함께 제국주의적 정서를 만든 또 다른 축은 공중보건학이다. 상수도 보급을 통해 수인성 전염병 등과 싸우는 것이 근대 유럽의 중요한 과제였다. 깨끗한 센 강을 만드는 것이 근대 파리 건설의 핵심 축이었다. 이 시기부터 '불결'이라는 단어는 미적 범주를 넘어, 물질적 의미에서 유럽 사람들에게 전염병에 대한 강렬한 이미지를 주는 제국주의의 언어가 됐다. 문명과 보건, 이 두 가지가 제국의 국민들이 식민지에 대한 인식을 규정하는 핵심 용어가 됐다. 물론 실제로 그런 것이냐, 따져보면 또 다른 세계도 나름대로 자기들의 지식이 있고, 도시 생태 문제를 해결하는 방식이 있었다. 삼국통일 이후 경주에 살던 사람들이 워낙 깔끔한 걸 중히 여겨서, 나무가 아니라 숯으로 음식을 해먹었는데, 이 사실은 종종 생태학의 연구 대상이 되었다. 숯은 생나무보다 연기가 덜 난다. 깔끔한 걸로는 통일신라의 수도 서라벌이 조선의 수도 한양보다 훨씬 윗길이다. 그렇지만 일제는 한국에 들어올 때 조선인은 문명도 없는 야만인이고, 공중보건이 제대로 지켜지지 않는 더러운 사람들이라는 전형적인 제국주의 논리를 퍼뜨렸다.

경제가 좀 더 단기적이고 부분적인 시스템에 관한 얘기라면, 문명은 사회적 제도나 정신적인 속성까지를 포함하는 좀 더 장기적이고 포괄적인 개념이다. 국가 운영의 기본적인 사항은 헌법이, 좀 더 세세한 것들은 법률이 정하고 있다. 그러나 사람의 삶을 법이라는 좁은 틀만으로 규정할 수 없다. 법 없이도 사는 사람들이 대부분이다. 그런 사람들의 일상적인 삶에서 법이 말해주는 것은 많지 않다. 많은 사람들은 상식에 따라 살고, 자신의 선호에 따라 선택한다. 헌법은 정말 최소한의 기준이고, 수많은 약속과 관습 그리고 암묵적인 것들에 의해서 개인의 행위가 만들어진다.

한국이라는 나라의 몇 가지 특징 중 가장 중요한 것은 세계적으로 유례가 없는 낮은 합계출산율이다. 문명도 하나의 시스템으로 본다면, 번영과 쇠락과 같은 국면이 있을 수 있다. 그렇지만 가장 기본적인 것은 자신을 다시 만들어내는 시스템의 재생산이다. 이 시스템이 유지되지 않을 정도로 규모가 작아지고 있는데, 이걸 개인의 선택 문제라고 좁게 해석하기에는 그 변화 속도가 너무 빠르다. 개개인의 문화적 취향이나 선호에 따른 선택이라고만 하기에는 집단적 변화가 아주 확실하다. 문명 단위로서 한국에 재생산 위기가 온 것인데, 이는 경제·사회·문화적 변화가 복합적으로 작용한 결과다. 물론 다른 선진국들도 합계출산율이 낮기는 하지만, 한국처럼 1.0 이하로 내려간 후에도 바닥 모를 정도로 끝없이 떨어지는 나라는 없다. 프랑스, 스웨덴, 영국 같은 나라가 출산율 위기를 겪었지만, 어쨌든 반등에 성공했거나 일정 수준을 유지하고 있다. 낮기는 하지만, 한국에 비할 것은 아니다.

〈표 1〉 OECD 주요 국가 합계출산율 추이

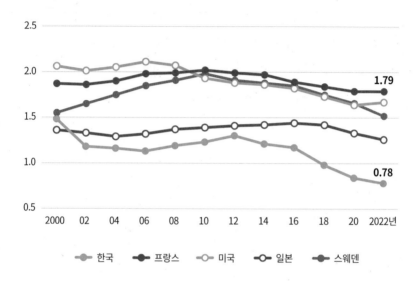

가장 최근에 출산율 반등에 성공한 대표적인 나라는 일본이다. 물론 아직도 출산율이 낮다고 난리이기는 하지만, 한국과는 다르게 일단은 2005년의 1.26에서 조금 위로 올라와 있는 상태다. 2021년 기준 1.3으로 결코 높다고 볼 수준은 아니지만, 그래도 한국의 두 배 가까이 된다. 유럽 국가들에 비하면 다소 낮은 수준이지만, 하락 국면에서 반등한 것만으로도 큰 변화라고 할 수 있다.

일본과 비교해 볼 때 한국의 합계출산율과 비슷한 추이를 보이는 통계가 또 하나 있다. 자살률이다. 일본이 오랫동안 자살률 OECD 1위를 하다가 20여 년 전에 한국이 일본을 넘어섰다. 그 후로 일본은 선두권에서 좀 멀어졌고, 한국은 자살률 OECD 1위 국가가 되었다. 한국도 자살률 수치가 약간 떨어지긴 했지만, 그 기간 동안 다른 나라는 더 많이 떨어졌다. 결국 한국은 다른 나라와는 한참 차이가 나는 독보적 자살률 1위 국가가 되었다. 일본도 여전히 자살을 많이 하는 나라이기는 하지만, 한국과 비교할 정도는 이제 아니다.

이 현상을 설명하기 위해서 '문명'이라는, 이제 막 개발도상국 단계에서 벗어난 한국에는 좀 어색한 단어를 쓸 수밖에 없다. 경제적 요소로만 설명하기가 어렵기 때문이다. 한국은 이제 자살은 많고, 출생은 적은 문명의 나라다. 한국과 일본은 다르다고 하지만, 사회 지표들을 보면 비슷한 점이 훨씬 많다. 두 나라 남성들의 가사 참여율 같은 것도 다른 OECD 국가들하고 비교하기 어려울 정도로 낮다. 두 나라 모두 그 안에 살아가는 사람들이 두루 행복한 문명은 아니다. 지켜야 할 것이 많은, 개성을 유지하며 자유롭게 살아가기에 불편한 사회다. 경제적 성과가 높은 편이기는 하지만, 여전히 노동 시간이 상대적으로 긴, 아주 피곤한 사회다. 밤늦게까지 일하고, 밤새우는 사람들도 많아서 편의점이 성업 중인 나라이기도 하다. 유럽의 주요 도시들에는 편의점이 없고, 오후 6시가 넘어가면 동네 슈퍼들도 문 닫기 시작한다. 일본은 '콘비니'라고 불리는 편의점이 많은 나라이긴 하지만 전혀 편한 나라가 아니다. 1인당 GDP가 5만 달러 넘어가는 나라 중에서 편의점이 성업 중인 나라는 미국밖에 없다. 독일에 관광 갔다가 독일 맥주 한 병 못 마시고 왔다는 사람들이 적지 않다. 유럽 대부분의 나라가 편의점 같은 것은 없고, 동네 구멍가게도 해 떨어지면 문 닫기 시작한다. 시내 중심가 아니면 술집도 저녁 시간 지나면 문 닫는다. 그 시간까지 일하는 사람이 없다. 술집 종업원도 쉬어야 한다. 한국이나 일본은 이러면 불편하다고 하겠지만, 정작 살기에 불편한 곳은 편의점이 성업 중이고, 술집도 밤늦게까지 여는 사회다.

한국의 장시간 노동을 보면 저출생은 어쩌면 너무나 당연한 현상이다. 그렇다고 노동 시간만 줄여주면 합계출산율이 쭉 올라갈 것인가? 20~30대 청년이 감당하기에는 집값은 너무 비싸고, 원 상품인 집값이 비싸니까 월세나 전세 등 파생 상품도 덩달아 비싸다. 그럼 공공주택을 대거 늘리면 출산율이 높아질 것인가? 사실상 모든 국민의 주거권이 보장되는 싱가포르 역시 합계출산율이 1.05로 매우 낮다. 주거 조건이 문제인 것은 맞지만, 그렇다고 모든 걸 털어 넣어서 주거 문제만 해결하면 이 문제가 해소될 것이라는 보장은, 이론적으로든 현실적으로든 없다. 주거 문제는 사회적으로 풀어야 하는 많은 문제 중 하나일 뿐이다.

보수 쪽에서는 홍보를 통한 인식 개선으로 이 문제를 풀어보자는 사람들도 있다. 상상은 해볼 수 있지만, 그런 식으로 저출산 문제가 풀린 경우는 없다. 미국에서 아들 부시 대통령 때 대형 교회들이 출산 캠페인을 대대적으로 벌였었다. 물론 별 효과는 없었다. "결혼하고 아이 낳아라." 이렇게 얘기한다고 풀릴 문제면 이걸 문명 차원의 문제라고 하겠는가? 경제만이 아니라 많은 것들이 복합적으로 작용해서 일종의 사회 법칙처럼 된 것이다. 물리 법칙이 아니라고 해서 실체가 없는 것은 아니다.

시스템 용어로 말하자면, 우리는 저출생에 일종의 '잠김 현상ˡᵒᶜᵏ⁻ⁱⁿ'
이 발생한 것이다. 보통 이 정도 상황이 되면, 동거를 장려하고, 예식을
비롯해 결혼과 관련된 비용을 줄여주기 위한 여러 가지 대책이 나올 법
도 한데, 한국에는 그런 것도 거의 없다. 기왕이면 비싼 것을 사야 하는
혼수 제도가 사라지거나 줄었다는 흔적도 없다. 결혼식 비용도 마찬가
지다. 선물, 즉 증여 경제에 속하는 결혼식 축의금으로 얼마를 내는 게
맞느냐는 논쟁까지 생겨났다. 서로 같은 금액을 내는데, 왜 이자율은
반영하지 않느냐는 문제도 제기됐다. 증여는 그렇게 작동하는 것이 아
니다. 프랑스 인류학자인 마르셀 모스는 『증여론』이라는 고전에서 선
물은 받은 것보다 더 주는 것이 기본이라고 했다. 그래서 거래와 구분
된다. 결혼식 비용이 얼마나 부담이 됐으면, 친구의 결혼 축의금 액수
가 섭섭함을 넘어서 절교의 사유가 되기도 했을까?

두 사람이 결혼을 하기로 결정하면 바로 그 순간부터 문화적이기도
하고 경제적이기도 한 장벽에 부딪힌다. 남자는 집을 마련하고, 여자는
집을 채우는 혼수를 마련하는 것이 21세기에 맞는 방식인지는 잘 모르
겠다. 집 장사와 은행 그리고 가전회사들이나 가구회사들에게는 좋은
문화인지 모르겠지만, 국가적 차원에서도 좋은 것인지 잘 모르겠다. 그
러면서도 부모는 "우리 때는 달랑 수저 한 벌 들고 시작했다."는 얘기를
한다. 결혼과 육아와 관련된 비용을 줄이기 위한 유의미한 사회적 변화
는 아직 없다. 일본의 경우 결혼식 하객은 보통 아주 적은 수의 지인들
만 참석한다.

한국의 문명이 가지고 있는 많은 루틴들은 출산에 불리한 방식으
로 맞추어져 있다. '일생에 한 번'이라는 이유로 많은 비용을 감당해야

하는 결혼 과정에서부터 출산하면 필수 코스처럼 코드화된 산후조리원까지, 한국적인 것들이 즐비하다. 산후조리원은 한국에만 있는 제도다. 외국 여성보다는 우리나라 여성이 산후 조리가 더 필요한 체질이라고까지 주장하는 사람들도 있지만, 유사한 체질인 일본에도 그런 건 없다. 다만 일본에서는 출산 후 산부인과에 있을 수 있는 기간이 조금 더 길고, 산모 관리와 수유 훈련 등 기본적인 교육은 병원에서 하게 되어 있다. 우리도 건강보험을 통해서 산부인과 입원 기간을 조금 더 늘리고, 수유 교육 등 필요한 과정들을 병원에서 처리하면 된다. 두 경우의 비용을 비교해 보면 산후조리원 성업이 이상한 일인데, 이상하다고 생각하는 사람이 거의 없는 게 진짜 이상하다.

다섯 살이 되면 다시 한국에만 있는 영어유치원과 영재 교육용 학원이 기다리고 있다. 거기서 끝이 아니다. 그 다음에는 세계에서 가장 비싸고 체계적인 고비용 사교육이 부모들을 호구 혹은 죄인으로 만든다. 남들 다 간다고 하는 학원에 안 보내면 부모는 집안에서 죄인이 된다. 그리고 나면 역시 세계에서 가장 견고한 대학 서열화가 기다리고 있다. 미국의 하버드 대학도 이렇게 전 분야에서 모든 것을 독점하고 있지 않고, 대학 서열화의 대명사 같은 동경대도 이 정도 수준은 아니다. 일본에는 7개의 제국대학들이 아직도 지방에 버티고 있어서 어지간하게 좋은 대학에 가는 거 아니면 그 지역의 제국대학에 진학한다. 그런 제국대학 중 하나였던 서울대 독점은 한국적 특이 현상이 됐다. 같은 일본의 제국대학이었던 대북제국대학, 즉 대만대학도 우리 정도까지는 아니다. 서울대, SKY, 인서울, 수도권, 지방의 복잡한 서열화 공식과 함께 의대, 치대, 한의대, 약대를 일컫는 '의치한약'의 메디

컬 계열이 그 모든 것 위에 군림한다. 문명적으로 서열 따지는 거 둘째 가라면 서러울 중국도 이 정도는 아니다. 조선 시대에 하급 관리인 의관은 중인이었다.

이 모든 것들이 21세기 한국 문명에 고유한 것이다. 사교육이 지금처럼 분화되고 체계화된 것도 21세기 현상이다. 그 중에 어느 것 하나라도 저출산에 결정적 영향을 주지 않는 것들이 없다. 외국인들이 이런 한국의 고유한 구조를 이해하기는 쉽지 않다. 인크레더블 혹은 크레이지! '아파트 공화국'이라는 단어도 한국에서 박사 논문을 쓴 프랑스 학자가 붙여준 이름인데, 외국 사람이 뭐라고 하지 않으면 우리끼리는 이게 문제라는 생각을 하지도 않는다. 워낙 엽기적인 출산율을 보면서 외국인들은 "한국 망했어요!" 그렇게 말한다. 정작 우리만, 적당히 이렇게 버티다가 이민 받으면 되지, 그렇게 맘 편하게 생각한다.

다른 건 모르겠지만, 문명 단위로서 한국은 자신의 재생산에 실패한 문명이다. 이 문제를 풀 수 있을까? 물론 못 푼다고 해버리면 우리의 미래가 너무 암울해 보이니까 풀 수 있다고 하는 수밖에 없다. 그렇지만 난이도로 치면 문명의 변화는, 법률 몇 개 바꾸거나 헌법 조항 바꾸는 것보다 비교도 안 되게 어렵다. "혼수는 금지하고, 결혼에 필요한 비용은 남녀가 공평하게 마련한다." 이런 것을 법으로 규정할 수는 없는 것 아닌가?

한국이 비교적 평등하게 자본주의적 전환을 이룰 수 있었던 경제적 배경으로 이승만 때 이루어진 토지개혁을 꼽는 사람들이 많다. 이념적 편향을 넘어서 워낙 농지개혁에 대한 역사적 평가가 좋게 나오니까 당시 농림부 장관이던 조봉암이 한 것이다. 아니다, 사실은 이승만이 한 것이다. 그런 논란이 다 생길 정도다. 불행한 것은 조봉암은 결국 간첩죄로 사형 당했고, 아주 나중에야 무죄 판결이 나왔다는 점이다. 난이도로 치면 지금 저출생을 심화시키는 한국 문명을 다른 형태로 바꾸는 것은, 정적 관계였던 자유당의 이승만과 진보당의 조봉함이 긴밀히 협력해서 농지개혁을 하는 것보다 훨씬 더 어려운 일이라고 할 수 있다. 만약 집값을 낮춘다거나 공공 임대주택을 지금보다 10배 이상 늘린다고 해보자. 당장 난리 날 것이다. "개혁이 혁명보다 어렵다."는 말이 지금처럼 실감날 때가 없다. 정치도 문명은 못 바꾼다. 오히려 문명이 정치를 바꾸는 게 더 현실적일 것이다. 문명은 매우 천천히 변화하지만, 한번 굳어지면 또 다른 새로운 균형을 찾아가기가 매우 힘들다.

속도가 문제다

한국에서 인구 구조와 관련 주목할 만한 분기점이 되는 해가 몇 번 있다. 1958년은 처음으로 출생아 수가 1백만 명을 넘은, 그 유명한 '58년 개띠'가 태어난 해다. 통계청이 공식적으로 나름대로 일관성 있다고 발표하는 통계는 1970년부터다. 공식 통계상으로 가장 많은 출생아가 태어난 것은 1971년의 102만 명이다. 2024년 현재 중위 연령은 46.1세인데, 1978년생들이 지금 딱 정 중앙에 있는 나이다. 지역별로 차이가 있겠지만, 앞으로 중위 연령은 계속해서 올라갈 것으로 예측되기 때문에, 1978년 언저리에서 태어난 이들은 나이를 먹어도 상당히 오랜 기간 중위 연령이 될 가능성이 높다. 안정적인 인구 구조에서 중위연령은 변하지 않지만, 1978년생들은 계속해서 한 가운데에 놓일 것 같다. 1978년생 기준으로 그 위로는 아주 오랫동안 시니어 그룹이고, 그 이하로는 나이를 먹어도 주니어 그룹이 된다. 한동안 농촌에 가면 고령화 때문에 환갑이 넘어야 청년회장이 된다는 얘기를 했는데, 이제 우리나라 전체가 그렇게 된다.

외국 사람들에게 한국경제를 설명할 때 가장 많은 공감을 받은 얘기는 속도에 대한 얘기다. 아무것도 없던 곳에서 선진국 경제를 만든 한국은 속도감이 다르다. 뭐든지 빨리 진행되고, 사라지는 것도 빠르다. 한때 철판 볶음밥이 유행을 했다가, 그 자리에 베트남 국수집이 들어섰고, 다시 스파게티 식당이 그 자리에 들어섰다. 전량 수출하던 참치가 내수와 함께 국내 수요로 돌아선 후 참치집이 많아졌다. 그 자리를 다시 연어 무한 리필집이 대체했다. 연어 가격이 올라가자, 이번에는 다시 초밥집이 들어섰다. 재료 가격의 변화와 소득 변화가 취향 변화를 만들고, 유행은 빛의 속도로 바뀌어 나갔다. 인테리어를 비롯한 선투자금의 '턴오버'를 기대하기에는 속도가 너무 빠르다. 그 기간 동안 거의 유일하게 제 자리를 지킨 것은 중국집과 통닭집 정도다. 세계은행은 이걸 '압축'이라고 표현했고, 김대중 정부는 '다이내믹 코리아'라고 불렀다. 마찬가지로 출생아 수 감소도 문제지만, 그 속도가 너무 빠른 데에 문제의 심각성이 있다. 출산율만 들여다보고 있으면, 출생아 수 변화가 만들어내는 속도를 놓치기 쉽다.

〈표 2〉 우리나라 출산율 추이

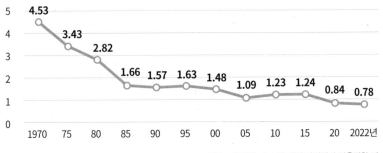

자료 : 통계청. 소수점 셋째 자리에서 반올림한 값

합계출산율을 1970년대부터 한 번 살펴보자. 1972년은 한국 현대사의 중요 전환점인 유신이 있던 해였고, 합계출산율은 4.12였다. 당장 1968년 생인 나의 경우만 보더라도, 지금은 3형제이지만, 아주 어려서 동생 두 명이 세상을 떠났다. 어머니가 다섯 명을 낳으셨고, 그 중 세 명이 남았다. 슬픈 가족사이기는 한데, 그런 집이 아마도 많을 것이다. 다섯 명씩 낳은 집이 꽤 많아야 4.12 정도가 나온다. 이후에 가족계획이 아주 거칠게 진행되면서, 출산율은 확 떨어진다. 인구가 변하지 않는 합계출산율은 성년이 되기 전에 사망하는 비율까지 감안해서 2.1 내외로 본다. 한국에서 이 수치가 마지막으로 기록된 것은 1983년의 2.06이었다. 1984년 1.74로 내려간 이후 40년째 한국은 2.0 이하를 기록하고 있다. 1987년 시민항쟁이 있던 시기에는 이미 1.53으로 위험 수치까지 내려갔는데, 그때에도 가족계획은 계속 진행되었다. 그 시절에는 그게 문제가 될 거라고 생각한 사람은 많지 않았던 것 같다.

정부 차원에서 저출산 대책을 세우기 시작한 것은 2003년도 이후였고, 사회적으로 저출산에 대한 위기의식이 높아졌던 때는 1.08을 기록한 2005년이었다. 출산율 2.0이라는 숫자는 인구 규모에 변동이 없는 수치라서 의미가 있지만, 1.0은 기술적으로 별 큰 의미는 없다. 2006년에 1.0 이하로 내려가는 것에 대한 공포가 잠시 있기는 했는데, 그 다음 해부터 꽤 긴 시간을 1.2 정도가 유지되면서 저출산 문제는 사람들 기억에서 사라졌다. 2018년에 0.98이 나오면서 드디어 1.0 이하로 내려갔다. 그리고 그 뒤로는 작은 반전도 없이 2023년 4분기 합계출산율 잠정 수치가 0.6명대로 내려갔다. 상상하기 어려울 정도로 낮은 수치인데, 그렇다고 해서 지금까지 사회적으로 무슨 주목할 만한 반향이 있지는 않은 것 같다. 워낙 익숙해진 일이라서, 수치가 발표되는 시점에 사회적으로 잠시 주목을 하지만, 금방 다른 이슈에 묻혔다. 빅 데이터로 얘기를 한다면, 매번 나쁜 쪽으로 기록을 세우는 합계출산율은 대통령 해외 순방보다 관심도가 더 떨어지는 이슈다. 피로감이라는 언론 용어를 사용한다면, 저출산이든 저출생이든 우리는 20년째 이 주제에 대해서 피로감을 느끼는 중이다. 특정 주제에 피로감이 생기면, "난 이미 알아." 이렇게 생각하면서 많은 사람들에게 관련 뉴스의 수용성이 급격히 떨어진다. 결국 신문 1면에 갈 일이 별로 없는 뉴스가 된다. 지구가 태양을 돈다는 지동설도 아마 갈릴레이 같은 유명 과학자가 망원경이라는 신기한 물건을 동원하기 전에는 오랫동안 피로감을 주는 이슈였을 거다. "그래도 지구는 돈다." 법정을 나서면서 갈릴레이가 한 혼잣말은 도대체 누가 들었던 걸까?

일본은 아베 정부 때 '1억총활약상'이라는 인구 관련 특임장관을 만들었다. 별도로 장관 자리 하나 더 만든다고 일본의 구조적 문제가 풀리지는 않을 것이고, 그냥 아베의 정치 쇼 정도로 사람들이 생각했다. 그렇지만 그 시절 일본 정부가 세운 대책은 내용이 아주 없지는 않았다. 시간이 좀 지나서 돌아보니까, 어쨌든 일본은 급격한 출생아 수 감소는 일단 막았고, 1.4 수준을 기록하며 추세적 상승세로 돌아섰다. 우리가 우익이라고 흉보긴 했지만, 아베 정권은 이 문제를 진짜로 풀기 위해 고심했던 흔적이 보인다. 1억총활약상을 만들 때 일본의 인구가 대략 1억2천만 명 정도였다. 2천만 명의 인구가 줄어드는 것까지는 감수하겠다는 뜻이다. 하지만 그 이상의 인구 감소는, 외부에서 인구를 끌어오는 방식인 적극적 이민 정책이 아니라 출산율 제고를 위한 자체적 노력으로 극복하겠다는 것이, 이 생소한 부처 이름이 가지고 있는 의미다. 인구는 줄어들 것인데, 경제 규모를 유지하려니까 한 명 한 명의 생산성을 높이는 수밖에 없다. 그게 '총활약'이 가지고 있는 의미다. 한국 보수는 출산율을 높이기는 어려우니 하는 척하다가, 국민 분위기가 전환되면 아베 정부와 달리 적극적인 이민 정책으로 나서면 된다고 생각하는 것은 아닐까?

우리의 경우 정치적 판단을 배제하고 외형적으로만 얘기하면, 이 일을 전담하는 정부 부처를 만들어야겠다고 생각할 정도의 정치 행위는 출산율이 심각한 사회적 의제로 떠오른 최근에야 등장했다. 그렇지만 많은 정책 주제들이 정무적 주제에 밀리듯이 뜨거운 관심을 받지는 못했다. 이 일이 자신의 일이라고 생각하는 사람은 많지 않다. 정당들은 이 문제를 그냥 각 부처에서 하던 것을 조금 더 생색내면서 잘 하면 되는 문제 정도로 생각하는 것 같다. 그 사이에 정권 교체가 세 번이 있었는데, 어느 정권도 이 문제에 대해서 근본적으로 고민한 적은 없었던 것 같다. 경이적인 합계출산율 0.6대가 나온 다음에 여야 두 당이 인구 관련 부처 신설을 총선 공약으로 내세웠다. 물론 지금이라도 하는 게 낫다. 그렇지만 합계출산율 목표가 1.0이라고 하는 것은, 사태의 심각성을 일시적으로 보는 매우 안이한 시각이다. 저출산 국면에 들어간 나라들의 인구 정책의 목표는 어느 나라나 2.1이다. 목표가 2.1인 것과 1.0인 것은, 동원하는 정책의 크기와 수준에서 차이가 날 수밖에 없다. 출생아 수가 줄어드는 하방 압력은 큰데, 이걸 위로 올리기 위한 정책적 힘은 너무 낮다.

한국에서는 합계출산율 그래프보다 출생아 수 그래프가 더 극적으로 나타난다. 1971년에 102만 명이 태어났고, 그해 합계출산율은 4.12 였다. 나는 공교롭게도 동양 최대 규모의 초등학교에 다니게 되었다. 오전반, 오후반으로 나뉘어서 매주 아침과 오후로 등교 시간을 바꿔가면서 학교를 다녔다. 1971년을 변곡점으로 출생아 수는 조금씩 줄어들게 된다. 21세기가 시작되는 2000년에는 출생아 수가 64만 명으로 줄었다. 대략 30년 동안에 출생아 수가 1/3 약간 넘게 줄어든 셈이다.

우리 사회가 그 정도 수준의 인구 감소에는 문제를 크게 느끼지는 않았던 것 같다. 다만 학교가 많이 없어졌다. 5천개가량의 학교가 이미 문을 닫았고, 그 후로도 가차 없이 학교 문을 닫는 일이 계속 되었다. 그리고 많은 학교들이 매물로 나왔고, 폐교를 사서 뭔가를 만드는 일이 그 당시 유행했었다. 그때가 지방의 쇠락을 막을 수 있는 마지막 기회 였을 텐데, 그렇게 생각하는 사람들은 거의 없었다. 학교, 특히 초등학교가 사라진 동네에 젊은 부부가 살 가능성은 이제 거의 없다. 지금 우리가 보고 있는 지방 소멸은 이때 이미 뿌리를 내리기 시작했다고 볼 수 있다. 지역 경제를 생각하면 학교는 가장 마지막에 문 닫는 기관이 되는 게 맞는데, 우리의 '선진' 교육부는 제일 먼저 학교를 철수시켰다. 그렇게 하는 게 경제성이 더 좋다고 했다. 우리가 1인당 국민소득 2만 달러를 향해 달려 나가던 시절이었다.

21세기 들어서도 출산율은 계속 내려갔고, 결국 1.0 이하가 됐다. 2000년에 64만 명이던 출생아 수가 2022년에는 26만 명으로 급감하게 된다. 이전 30년 동안 1/3가량 감소했는데, 그 다음 20년 동안에는 60% 정도 줄었다. 가장 많이 태어났던 1971년과 비교하면 1/4 수준이다. 50년 동안에 출생아 수가 1/4로 줄어든 것은 굉장한 사건이다. 규모도 규모지만 무엇보다 속도가 문제다. 좀 잔인한 비유일 수 있지만, 20년간 머리에서 새로 생겨나는 모발이 1/4로 줄어들었다고 가정해보자. 아마 난리가 났을 거다. 사실 머리카락이야 좀 없어져도 살아가는 데 별 문제는 없다. 그렇지만 만약 키가 1/4로 줄었다고 생각해보자. 옷도 안 맞아 못 입게 될 뿐만 아니라, 식탁, 의자, 각종 가전제품의 크기 등 수많은 것들이 작아진 크기에 맞춰져야 한다.

인구 문제와 관련해서 우리에게 생길 많은 일들은 규모보다는 빠른 속도 때문에 발생하는 것들이다. 여러 선진국들이 1.5 정도의 출산율을 기록하고 있는데, 이런 나라도 오랜 기간이 흐르면, 결국은 우리와 같은 규모의 출생아 수 감소를 경험하게 될 것이다. 합계출산율이 2.0이 안 되면, 결국 총인구는 줄어들게 된다. 그렇지만 그 변화가 20년 동안에 벌어지느냐, 100년 동안에 벌어지느냐 혹은 200년 동안에 벌어지느냐, 이에 따라 사회가 받게 되는 충격은 전혀 다르다. 비록 2.1 이하의 합계출산율을 가진 나라들도 언젠가는 충격이 오지만, 그들은 점진적으로 적응할 시간을 가지고 있다. 우리는 변화의 속도가 너무 빨라서, 법과 제도 그리고 학교 등 기존의 시스템이 적응하고 대응하기가 불가능에 가까울 정도다.

천만국가 가설 1 :
국가 소멸 막는 최후의 방어선

정부의 장래 인구 추계는 2034년까지만 출생아 수가 줄어들고, 10년 후인 2035년부터는 다시 출생아 수가 늘어나는 것으로 되어 있다. 20년 후부터는 다시 출생아 수가 감소하여 2061년까지는 15.5만 명대까지 줄어들게 된다. 그러다가 2062년에는 15.6만 명으로 늘어난다고 한다. 정부 시뮬레이션은 떨어지는 출생아 수가 늘어나는 반전이 두 번 들어 있는 가설이다. 알 수 없는 가정에 의하여 10년 후부터는 출생아 수가 늘어나지만, 그래도 결국 기본 모델은 출생아 수가 15만 명대까지 내려간다는 것이다. 그리고 다시 알 수 없는 가설에 의해서 출생아 수는 15만 명에서 감소를 멈춘다. 이런 데이터를 조작이라고 하고 싶지는 않다. 수많은 정책 효과들이 가설 체계에 들어가게 된다. 어쨌든 정부 추계로도 궁극적으로 출생아 수는 15만 명 선까지는 내려간다. 10년 후에 벌어질 출생아 수 상승이 없다면, 그 시기는 훨씬 빨라진다. 그리고 불행히도 15만 명 선에서 멈출 것이라는 정부의 추계는 사실은 희망 사항에 불과하다.

입증하기 어려운 정책 효과를 전제로 한 모델링 대신, 신생아 수가 빠르게 줄어드는 지금의 추세대로 편견 없이 그냥 데이터만 보자. 지금까지의 변화가 굴절 없이 진행된다면 빠르면 20년 후 한국에서 신생아는 연간 10만 명 정도가 태어나게 된다. 2000년생들이 64만 명이다. 반면 20년 후에 부모가 되기 시작할 2020년생은 27만 명 정도 된다. 최근에 더 가파르게 출생아 수가 내려가기 때문에, 시간이 흐를수록 새로운 출생아 수는 큰 폭으로 줄어들게 된다. 게다가 저출산을 촉진하는 경제적 효과가 더 강력해질 가능성이 높다. 산부인과 병원이 줄고 초등학교가 줄면 아이 키우기는 점점 더 어려워지고, 이와 맞물려 출산율은 더 떨어진다. 여기에 예비 부모들에게 출산을 포기하게 만드는 영유아 사교육비 급증 등 전체 사교육비는 늘어나면 늘어났지 줄어들 가능성은 높지 않다. 정부가 출산율 제고를 위해서 시행하는 정책들의 효과보다 저출산을 강화하는 구조적 요소들이 늘어나거나 강화될 가능성은 더 높다. 지역경제의 붕괴는 출산율을 높이는 다양한 제도 도입의 효과를 무색하게 만든다. 이런 것들을 종합적으로 생각하면 20년 후 출생아 수 10만 명이라는 예상이 무리한 것은 아니다. 비교를 위해서 말하면, 1980년대에 '2만 연세인'이라는 표현을 썼다. 물론 이 수치에는 교직원과 대학원생까지 다 합한 것이기는 한데, 대학 하나에 모여 있는 인구 수가 대략 2만 명 정도다. 20년 후 한국에서는 큰 대학 다섯 개 규모의 신생아가 태어난다는 얘기다. 현재 출생아 26만 명도 낯선 수치인데, 10만 명은 무엇과도 비교하기 어려운 적은 수치다.

연간 10만 명이 태어나고 기대수명이 100년이며, 이 같은 조건이 장기간 유지된다고 가정하면, 한국의 최종 인구수는 1천만 명 정도 된다. 물론 수치상으로는 20년 이후에는 10만 명 선도 깨질 가능성이 있다. 추세로만 보면 잠재인구 1천만 명 선도 무너질 수 있다. 그렇지만 일정하게는 이민도 발생할 것으로 예상하면 1천만 명 정도가 잠재적인 최종 인구가 될 가능성이 높다. 그걸 '천만국가'라고 부르기로 하자.

물론 출생아 수를 중심으로 본 이 수치가 곧바로 실제 총국민수가 되는 것은 아니다. 가장 출생아 수가 많았던 1971년생을 중심으로 보면 그들은 2071년이 되어야 100세가 되니까 2050년경까지는 총인구의 드라마틱한 감소를 보기는 어렵다. 출생아 수 1백만 명 수준에서 10만 명으로 줄어든 국가에서 생겨나는 변화, 그게 한국의 미래를 결정하는 가장 큰 요소일 것이다. 신생아 수가 급격히 줄어든다 해도, 총인구는 증가 추세가 멈춘 뒤 약간씩 줄어드는 점진적인 변화이기 때문에 딱히 체감되는 수치는 아니다. 하지만 한국은 현재 매우 빠른 속도로 연간 10만 명대의 신생아가 태어나는 나라로 가고 있다는 사실만큼은 분명하다. 현재의 구조에서는 이런 흐름을 피하기 어렵고, 좀 더 빨리 올 것인지, 아니면 정부 예측처럼 40년 후에 올 것인지, 그런 시점 차이만 있다.

이 시점에서 많은 연구자들은 당황스러운 현실에 부딪히게 된다. 이 정도 계산을 안 해봤을 리는 없다. 경제 시뮬레이션 모델에서 많이 사용되는 선형 경제 예측 모델을 쓸 수도 있고, 〈로마클럽 보고서〉를 만들 때 사용했던 시스템 다이내믹스 같은 비선형 모델을 쓸 수도 있다. 원 자료가 이렇다면 시뮬레이션 모델들은 계수 보정 방식에 따라 조금씩 차이가 있더라도 연구자들은 결국에는 유사한 결과 값에 도달할 것이다. 모델 유형과는 상관없이 정상적으로 예측을 하면 대부분 '국가 소멸'이라는 결론을 낼 것이다. 이렇게 빠른 속도로 출생아 수가 줄면 결국 국가 자체가 사라지게 된다고 해석하지 않을 도리가 없다. 그런 결론이 싫다면, 언젠가는 출생률이 증가하게 된다는, 입증하기 어려운 가설을 집어넣으면 된다. 우리나라 인구 추계의 경우는 15만 명까지 줄어든 출생아 수가 2062년이 되면 다시 증가한다고 가정하고 있다. 지금까지도 별 효과가 없었던 정부의 저출생 대응 정책이 40년이 지나면 의미 있는 결과를 낼 것이라고 가정하는 것은 좀 낯 뜨거운 일이다. 한국에서는 인구 절벽 혹은 수축 사회 같은 단어들도 이미 사용되었다. 이런 문제를 우리가 모르는 것은 아니다. 하지만 한국 자본주의는 아직까지도 이 문제에 관한 한 속수무책이다. 모든 자본주의가 그런 것은 아니다. 21세기의 한국 자본주의의 수많은 루틴들이 현재 상황을 만든 것이라고 볼 수밖에 없다.

출생아 수가 줄어들면서 모든 영역에서 균등하고 균질적으로 부작용이 발생하는 것은 아니다. '약한 고리'라는 개념은 요즘은 그냥 아무데나 다 쓰지만, 원래는 가장 발달한 자본주의 국가가 아닌 덜 발달한 자본주의 국가인 러시아에서 혁명이 가능한 이유를 설명할 때 레닌이 썼던 핵심 개념이다. 자본주의 체제에서 가장 약한 고리인 러시아라서 오히려 혁명이 발생할 수 있었다는 것이 레닌의 주장이었다. 현실에서도 영국이나 프랑스 등 산업혁명을 이끌었던 나라에서 사회주의 혁명이 발생하지는 않았고, 오히려 자본주의가 제대로 정착하지 않은 나라들이 사회주의 블록이 되었다. 나름 설명력은 높은 개념이다.

한국 자본주의의 약한 고리라고 하면 여러 개를 들 수 있겠지만, 가장 장기적으로 풀리지 않는 문제는 역시 수도권 집중 현상이다. 지역별 경제력 격차는 다른 나라에서도 큰 문제이기는 하다. 북부 공업 지대와 남부 농업 지대 경제력 차이로 종종 연방 해체까지 위협하는 스위스는 물론이고, '내부 식민지' 개념까지 등장하게 된 이탈리아에서도 북부와 남부의 경제력 차이는 심각한 문제다. '잃어버린 10년'을 지나 '잃어버린 20년'을 호되게 겪은 일본도 1990년대 버블 공황 이후로 지역 간 경제 격차로 고민을 많이 하게 됐다. 그래도 서울을 중심으로 한 수도권에 인구의 절반이 몰려 사는 한국 정도로 심하지는 않다. 인구 문제와 관련돼 한국 자본주의가 풀어야 할 가장 큰 과제 가운데 하나는 수도권 집중 완화일 것이다. 수도권 집중이 점점 더 심각하게 되면서 농촌 지역 그리고 점차적으로 지방 소도시까지 청년들이 사라지고, 결국에는 광범위한 읍면 지역에서 영유아가 사라지게 된다. 이 문제를 한국 자본주의는 풀 수 있을까?

일본은 1990년대 버블 공황 혹은 그 당시 천황 연호를 딴 '헤이세이 공황'을 겪으면서 일명 '리조트법'을 만들어 골프장과 지역 테마 공원, 지역 공항 같은 것들을 아주 열심히 만들었다. '토건 국가'라는 이름을 들을 정도로 인프라를 많이 만들었지만, 이런 노력이 문제를 어느 정도 경감시켜주었는지 실제 효과를 검증하기는 아주 어렵다. 그리고 20여 년 정도가 흐른 다음에 '지방 소멸'이라는 개념이 일본에서 대히트를 치게 된다. 2014년 '마스다 보고서'라고 불리는 〈성장을 이어가는 21세기를 위하여: 저출산 극복을 위한 지방 활성화 전략〉이 발표되었다. 이후에 일본은 고용과 복지, 출산 그리고 육아에 대한 지원을 전폭적으로 늘리고, 심지어 최저임금을 높이기 위한 대책을 아베 총리가 직접 추진했다. 한국에도 이런 지방 소멸 개념이 들어와서 충격을 주기는 했는데, 해법은 일본과 거의 정반대였다. 우리는 2010년대 일본의 진단을 보면서, 해법은 1990년대의 일본과 판박이였다. 지방 경제 위기를 빌미 삼아 토건형 인프라 건설로 다시 한 번 달려가는 계기가 되었다. 토건형 인프라가 약한 게 지금 지역에서 태어나는 아이들이 줄어드는 근본적인 이유일까?

안 되는 나라의 정부는 경제가 위기에 처할수록 토건형 인프라 쪽으로 돈을 더 많이 쏟아붓는다. 정부에서 건설사로 돈이 흘러 들어가는 간단한 메커니즘을 가진 토건 사업은 의사 결정도 쉽고, 사회적 인기도 높다. 토건형 인프라는 대체로 자본 투자가 대규모에 집중형인 데 반해, 육아나 교육 인프라 투자는 소규모 분산형이지만 자금이 움직이는 방식은 훨씬 더 복잡하다. 출산을 지원하기 위한 산부인과, 소아과, 어린이집 등은 젊은 사람들에게 우선적으로 필요한 인프라지만, 지방 정부에서 이런 기본 시설들을 유지, 관리하기는 어렵다.

출산 인프라는 경제학에서 말하는 '시장의 실패'가 일어나기 딱 좋은 분야다. 인프라라는 용어 자체가 '긍정적 외부 효과'가 존재하기 때문에 시장 실패 분야에 정부가 지원해야 한다는 의미를 가지고 있다. 외부 효과에 대해서 교과서에서 설명하는 가장 대표적인 사례가 꽃밭과 양봉의 관계다. 벌을 치는 사람들이 꽃밭이나 숲을 직접 만든 것은 아니지만, 거기에서 꿀벌이 꿀을 모을 수 있기 때문에 이를 긍정적 외부 효과라고 부른다. 출산, 육아와 관련된 기관들이 지역 경제에 기여한 몫은 매출액과 같은 1차적인 시장 효과로만 계산할 수 있는 것은 아니다. 의료나 교육도 서비스 산업이지만, 원가와 수익이 제조업처럼 단순하게 움직이지 않는다. 지역 경제에 대한 기여, 특히 직접 거래가 아니 외부 효과로 인해서 이익이 발생하는 경우 그 규모를 파악하는 게 쉽지 않다. 그런 까닭인지 출산 인프라의 중요성도 사회적으로 충분히 인정받지 못하고 있는 것 같다.

지역 경제가 어려워질수록 토건형 인프라로 돈이 더 많이 몰리고, 비토건형 인프라에 해당하는 출산과 육아에 관한 시설들은 열악해지거나 사라지게 된다. 일종의 '포지티브 피드백' 현상이라고 보면 될 것 같다. 어떤 행위의 결과가 기존의 흐름을 더욱 강화시킬 때 포지티브 피드백이 존재한다고 한다(우리말로는 '정의 되먹임 효과' 정도로 번역되는데, 이 용어로는 의미 전달이 어렵다). 예를 들어보자. 어떤 동네에 어린이가 적어서 소아과가 없어지면, 이게 불편해진 부모들은 더 큰 도시로 이사를 가게 된다. 출산 계획이 있는 부부가 살 동네를 결정할 때, 당연히 출산 인프라가 없는 동네는 덜 선호하게 된다. 그러면 영유아와 어린이 숫자도 더욱 더 줄게 된다. 그러면 기존의 소아과는 물론이고 조금 떨어진 지역의 소아과도 고객이 줄어서 운영하기가 어렵게 된다. 마이너스 시그널이 시스템에 새로운 마이너스 시그널로 작용하게 되는 경우, 즉 +와 - 부호가 서로 일치하는 효과가 발생하면 포지티브 피드백이 있다고 말한다. 자연 상태에서 포지티브 피드백은 폭발하거나 크리스털처럼 응고하게 된다. 앰프에서 증폭된 소리가 마이크를 통해서 다시 들어가면, 그 커진 소리가 다시 한 번 증폭되어서 더욱 큰 소리가 나게 된다. 하울링 현상이 생긴다. 사람들이 놀라서 바로 마이크를 끄거나 아니면 앰프를 끈다. 그냥 두면 용량 이상의 출력 때 망가지게 설계된 앰프의 퓨즈가 나가게 된다. 포지티브 피드백이 발생할 때의 전형적인 현상이다. 아파트 값 폭등 때 이런 폭발형 포지티브 피드백이 걸린다. 산부인과나 소아과 그리고 어린이집 같은 보육 기관들에 작동하는 크리스털 방식이다. 물질이 응고하기 시작하면, 응고 현상이 지속돼 결국에는 매우 강력한 결정체로 변한다. 그 이후 더 이상 물질 변환은 없다. 출산 준비, 출산, 육아와 교육에 이르는 일련의 기관들은 일종의 클러스터를 형성한다. 출산 및 육아 생태계라고 표현을 해도 그 의미는 크게 다르지 않다. 산업계에서 생겨나는 클러스터와 다른 점은, 병원과 어린이집, 학교 심지어는 도서관과 같은 서로 연관된 주요 기관들 간에 긴밀한 협의가 존재하지 않는다는 점이다.

출산이나 육아와 관련된 시설들은 종종 서로 연결되어 있다. 학교 앞의 문방구와 분식점, 그 옆의 보습학원과 태권도장 같은 것들은 보완적 관계이고, 서로 연결돼 클러스터를 이룬다. 이런 클러스터들은 형성되는 데는 꽤 긴 시간이 걸리고, 해체되는 데도 오래 걸린다. 그렇지만 한번 사라지고 나면 다시 만들기는 어렵다. 이건 사막화와 비슷하다. 일단 사막이 형성되면 점점 넓어진다. 해양 사막화도 육지 사막화와 비슷한 방식으로 작동한다. 농촌의 읍면 지역에서 시작된 육아 클러스터의 사막화는 지방 소도시로 퍼져나가고, 그 영향이 결국에는 좀 더 넓은 지역으로 퍼져나가게 된다. 이런 '육아 사막화'가 꼭 지방에서만 벌어지는 일은 아니다. 서울의 종로구, 강남구 같은 곳들은 출산율이 전국 평균보다 훨씬 낮다. 농촌의 읍면 지역과 서울의 종로나 강남 지역에 출산이 줄어드는 이유는 조금 다를 것이다. 그렇지만 합계출산율이 내려가기 시작하면서 서울에서도 초등학교가 문을 닫아야 하고, 운영이 어려운 어린이집과 유치원도 문을 닫을지 고민하기 시작했다. 이미 벌어진 일이다.

경제학에서는 기본적으로 가격이 수급의 균형을 만들어줄 것이라고 상정한다. 수요와 공급에 영향을 주는 가격의 역할은 기본적으로 '네거티브 피드백(음의 되먹임 함수)'이다. 가격 상승은 소비자에게는 소비를 줄이고, 생산자에게는 생산을 늘리라는 신호가 된다. 가격 상승으로 소비가 줄면서 생산자는 결국 생산을 줄이게 된다. 가격이 내려가면 반대의 일이 벌어진다. 시그널이 반대 방향의 행동을 만들 것이고, 결국은 균형을 찾는다는 게 가격 메커니즘의 기본 작동 원리다. 경제학자들은 사물을 관찰할 때 기본적으로는 낙관주의적이다. 시간이 문제일 뿐이지, 결국에는 가격 메커니즘이 작동하면서 많은 문제는 균형에 도달할 것이라고 생각한다.

하지만 인구 문제는 좀 다르다. 아무도 아이를 낳거나 키울 수 없는 지역이 형성된 것도 기본적으로는 가격 메커니즘이 작동한 결과다. 장사가 안 되니까 하나 둘 결국에는 유치원이나 산부인과 혹은 소아과가 철수한 것이다. 돈이 안 벌리면 떠나는 것이 판매자에게는 이익이지만, 그 지역에는 치명적 손실이 된다. 육아 인프라가 떠난 지역에는 결국 노인들만 남게 된다. 인구가 줄어들 때 정부와 같은 외부 개입이 없다면, 그 자체로 일종의 포지티브 피드백, 즉 일단 인구가 줄기 시작하면 점점 더 줄어들게 되는 힘이 작동하게 된다. 출산과 육아, 이런 건 편의점에서 먹고 싶은 물건을 사는 것처럼 돈만 있으면 바로바로 해결할 수 있는 게 아니다. 지역에 인프라의 성격을 갖는 육아와 교육 네트워크가 충분히 갖추어지지 않으면 지역 시스템은 재생산 불가 상태가 된다. 개인이 어떻게 할 수가 없다. 정부 출산 대책에 대해서 여성들이 흔히 "돈만 준다고 되는 게 아니다."라고 얘기하는데, 그건 노동 시간을 비롯한 삶의 여건과 함께 육아에 필요한 다양한 인프라 구축이 중요하다는 사실을 지적하는 것이다.

상징적인 수치지만, 합계출산율이 2.0 이하로 내려가면 많은 국가들은 문제의식을 느낀다. 그리고 1.0에 근접하면 정말 국가적으로 소동이 벌어진다. 우리는 2018년에 1.0 이하로 내려간 지 이미 6년을 넘어가고 있지만, 상황의 심각성에 비해서 사회적 위기감이나 긴장감이 높지 않아 보인다.

지금 우리는 전 세계에서 어느 국가도 겪지 못한 미래를 향해 가고 있다. 먼 미래도 아니다. 한 해에 1백만 명 태어나던 사람들이 26만 명으로 줄어드는 과정에서 발생하게 될 사회경제적인 변화는 이미 눈앞에서 벌어지고 있는 일이다. 이건 출산율 변화와 상관없이 이미 출생아 수 26만 명까지 내려온 상황에서 피할 수 없는 문제가 되었다. 2000년대 이후 적게 출생한 사람들이 교육 단계를 넘어 노동 시장 진출 시점이 되어서 생기는 문제가 전형적인 저출생 문제다.

천만국가 가설 2 :
사람 귀한 줄 아는 나라

대체적으로 한국의 장년층들은 4천만 명 정도의 인구 수치에 익숙하고, 좀 더 젊은 사람들은 5천만 명에 익숙할 것 같다. 신생아 수 10만 명에 평균수명 100년, 그렇게 잠재적으로 1천만 명이라는 수치는 우리에게 아주 낯설고 어색하다. 물론 이건 20년 후의 이야기이고, 그것도 직접 눈으로 보는 총인구 기준의 현실 인구가 아니라 그 이후에 만들어질 잠재성에 관한 이야기라서 바로 체감할 수 있는 수치는 아니다.

'천만국가' 가설에 거부감이 적지 않을 것이고, '설마' 하는 사람도 많을 것이다. 국민 모두가 꼭 자국 영토에서 태어난 사람일 필요도 없고, 모두 같은 민족이라는 순혈주의를 고집할 필요도 없다. 이미 우리나라는 산업과 농업 인력의 상당 부분이 외국인 노동자로 구성되어 있기 때문에, 이민을 더 받으면 해결될 문제라고 생각하는 사람들도 많다. 그렇지만 이민 정책 방향에 대한 사회적 합의가 쉽지 않다. 그리고 결정을 한다 해서, 외국인들이 대기하고 있다가 물밀듯이 밀려오는 것도 아니다. 외국인 노동과 이민은 메커니즘이 많이 다르다. 그 나라의 국민이 되어 체류하는 사람들은 결혼 이민인 경우가 많다. 지금 한국에 와 있는 외국인 노동자 대부분은 일정 기간 경제 활동을 한 이후에 귀국한다. 국민소득과 물가 차이에 의해서 생겨나는 일이다. 그렇지만 실제 이민을 하는 경우에는 이게 얘기가 다르다. 일상적으로 벌어지는 많은 이민은 결혼 이민이다. 아래 세대로 내려갈수록 인구 규모가 줄기 때문에, 결혼 이민 역시 크게 늘어나기는 어렵다. 이민이 좀 더 개방되더라도 추세를 극적으로 바꿀 정도의 인구 변화를 기대하기는 어렵다.

그렇지만 1천만이라는 수치를 너무 걱정스럽게만 받아들이지 않는다면 또 다른 현실을 상상할 수도 있다. 1인당 국민소득 6만 달러를 진작 넘어선 스웨덴, 스위스 같은 나라들이 대체적으로 이 정도 규모의 인구를 가지고 있다. 아주 개성 강한 나라들이고, 많은 사람들이 이민 가고 싶어 하는 희망지이기도 하다. 물론 이런 나라들은 이민이 까다롭다. 원래도 이민이 쉬웠던 나라가 아니었는데, 1990년대 동구 붕괴로 사회주의권 난민들이 급증하면서 이민 규정이 아주 까다로워졌다. 동구 붕괴와 함께 늘어난 난민들과 자국 청년들이 노동 시장에서 충돌하면서 청년 극우파가 대거 등장하게 됐다. 이 유럽 국가들도 사정은 크게 다르지 않다. 난민 문제는 아주 민감하다. 설마, 설마 하던 영국의 EU 탈퇴를 이끌어낸 것 역시 난민 문제 처리 방식을 둘러싼 영국 정부와 EU 사이의 갈등이었다. 영국의 보수주의자들은 EU의 가이드라인을 별로 따르고 싶어 하지 않았다.

한국의 인구가 지금 속도로 계속 떨어지지 않고, 잠재성 기준으로 1천만 명 정도에서라도 방어선을 칠 수 있다면, 그나마 다행이라고 할 것이다. 지금 26만 명까지 떨어진 출생아들이 20년 후에는 20대가 된다. 그들을 기준으로 보면, 미래로 갈수록 부모가 될 수 있는 모수 자체가 작아지기 때문에 기계적으로만 계산하면 스웨덴이나 스위스 정도 국가 규모에서라도 방어선을 칠 수 있다면 아주 다행스럽다는 얘기다. 적어도 국가 소멸을 피할 수 있다. 물론 현실에서는 그것도 어렵다.

원래 인구 규모가 작은 나라들은 나름대로 그 안에서 생겨난 제도적 균형 같은 게 있다. 스위스라고 내부 문제나 지역 갈등이 없는 건 아니다. 규모가 작으면 그 안에서 똘똘 뭉칠 것 같지만, 그건 그냥 상상일 뿐이다. 미국의 연방제에 익숙한 우리나라 사람들은 한국처럼 규모가 작은 국가에서는 연방제는 어울리지 않고, 중앙집중형 대통령 중심제가 맞는다고 생각한다. 스위스는 연방제 국가다. 서울보다 인구가 적고, 면적으로는 남한의 절반도 안 되는 국가에서 연방제를 실시하고 있는 것이다. 극단적인 분산형 시스템이 스위스 경제의 특징인데, 그것도 그들이 찾아낸 일종의 제도적 균형 같은 것이라고 할 수 있다. 스위스는 연방제로 오히려 경제가 더 강해졌다. 1인당 GDP가 세계 최고 수준이다.

우리가 체감하기는 어렵지만, 천만국가들이 공통적으로 가지고 있는 특징을 '국민 한 명 한 명을 소중히 여기는 나라' 정도로 요약할 수 있다. 모든 국민들에게 교육 기회를 제공하는 공립 교육에 대한 이론적 틀을 만든 나라가 스위스였다. 대표적인 교육 이론가 페스탈로치가 바로 스위스 사람이다. 스웨덴은 토론식 교육으로 유명하다. 인구 1천만 명이면, 그 안에 개별적으로 움직이는 산업이 별로 없을 것 같은데, 딱히 그렇지도 않다. 세계적 히트곡 〈승자가 모든 걸 다 가져^{Winner takes it all}〉

로 유명한 아바가 스웨덴 그룹이다. 한때 전 세계에 돌풍을 일으켰던 『말괄량이 삐삐』도 스웨덴 동화 작가 작품이다. 작지만 강한 나라라고 하는 이런 북구형 스타일의 국가들은 대체적으로 국민 한 명 한 명을 소중하게 여기는 문화를 가지고 있다. 이런 나라들은 원래 그랬을까? 원래 그런 건 없다. 스위스나 스웨덴은 유럽에서는 대표적으로 가난한 국가들이었다. 가족을 먹여 살리기 위해서 아버지들이 외국에 용병으로 팔려가는 게 스위스의 슬픈 역사였다. 교황청의 공식 용병은 스위스 용병이다. 그게 하고 싶어서 했겠는가? 가난해서 그랬던 거다. 스웨덴은 바이킹의 역사를 가지고 있다. 약탈경제로 유명한 바이킹은, 우리에게 친숙한 비유를 들자면, 과거 농업 생산이 충분치 않아 한국과 중국 연안에 수시로 쳐들어왔던 왜구 같은 존재였다. 규모의 차이가 있지만, 경제적으로는 크게 다르지 않은 구조에서 발생한 현상으로 볼 수 있다.

이런 유럽의 작고 가난한 나라들이 지금처럼 잘 살게 된 것은 1929년 세계 대공황부터 2차 세계대전 이후 경제 재건 과정에서 행해진 수많은 결정들의 결과다. 스웨덴의 '라떼파파'가 우리나라에서도 유명해졌다. 커피를 들고 유모차를 끄는, '육아 아빠'를 뜻하는 말인데, 이것도 원래 그랬던 것은 아니다. 바이킹 투구를 쓰고 열광적으로 축구를 응원하는 스웨덴 축구광들은 이미지로만 보면 유럽 마초를 대표하는, 그야말로 마초 중의 마초였다. 키 크고, 어깨 딱 벌어진 푸른 눈의 강한 스웨덴 남성들의 모습은 주변 나라를 침범하는 해적 바이킹을 연상하게 한다. 원래 그런 거? 현대 유럽 각국의 다양한 경제를 보면, 역사적으로 원래 그런 건 별로 없다. 장하준은 자신의 책에서 '부지런한 독일 사람'의 이미지에 대해서 여러 번 얘기한 적이 있다. 지금은 근면성실의 대명사로 언급되지만 자본주의가 어느 정도 형성되기 전까지 독일인은 대표적으로 게으른 노동자라는 이미지를 가지고 있었다고. 우리가 '국민성'이라고 흔히 얘기하는 많은 것들 중에 원래 그런 것은 없다. 근면한 한국인이라고 말들 하지만, 일제강점기 일본인들은 한국인을 게으른 민족이라고 했다.

문명 단위로서 한국 모델은 북유럽 모델과 정반대 특징을 가지고 있다. 사람을 막 대하는 것, 특히 노동자를 막 대하고, 가능하면 돈을 적게 주고, 일을 막 시키는 것이 한국 문명의 특징 아닌가? 우리는 일하다가 너무 많이 다치고, 죽는다. 윤석열 정권에서 주 69시간 노동을 둘러싸고 격론이 벌어졌다. 근로기준법 50조를 잠시만 살펴보자.

제50조(근로시간) ①1주간의 근로시간은 휴게시간을 제외하고 40시간을 초과할 수 없다.
②1일의 근로시간은 휴게시간을 제외하고 8시간을 초과할 수 없다.

정상적인 한국의 노동 시간은 주 5일, 하루 8시간, 그렇게 해서 주 40시간 일하도록 되어 있다. 1999년까지는 토요일 근무 4시간이 있어서 44시간이 법정 근로시간이었다. 주5일제와 함께 토요일에 일하는 게 사라지면서 근로시간은 자연스럽게 40시간이 되었다. 물론 이것도 21세기하고도 20년이 지난 지금은 길다. 근무시간의 기본은 이렇지만, 최대 노동 시간을 52시간에 맞추는 게 지금까지 국내 노동계의 흐름이었다. 여기서 튀어나온 주 69시간 논란은 한국적 흐름에서도 이상하고,

세계적 흐름으로 봐도 많이 어색하다. 현실에서 많이 통용되는 포괄임금제가 도입된 곳에서는 일을 더 한다고 돈은 더 주지 않는다. 휴가는 더 하다. 있는 휴가도 다 못 쓰는 경우가 많은데, 모아서 나중에 쉰다는 것은 탁상공론에 가깝다.

1920년대 대공황을 극복하는 과정에서 이끌어낸 사회적 대타협 이래로 스웨덴은 노동자들이 사회를 이끌어나가는 중요한 축이 됐다. 거기에 비교할 것은 아니지만, 한국은 한 명 한 명의 가치가 극단적으로 낮아진 국가다. 그리고 많은 것이 개인의 책임이고, 사회적 책임은 담론으로만 존재할 뿐, 현실에서는 아주 약하다. 일단 국가가 국민 한 명한 명을 존중하는 주체라는 사실을 믿는 국민이 별로 없다. 국가보다는 가족이 안전망 역할을 해왔다. 특히 출산, 육아, 교육 부분에서는 더 그렇다. 이제 가족의 의무는 부담스러운 것이 됐고, 국가 대신 무한책임을 떠맡을 수밖에 없는 가족을 만드는 것도 부담스러운 일이 됐다. 아이를 낳는 것이 무서운 것이 아니라, 가족을 만드는 것 자체가 무서운 나라가 됐다. '맞춤형 복지'는 중산층에게는 국가가 아무것도 안 해주겠다는 말과 같다. 혼자 사는 1인 가구가 무서운 속도로 늘고 있고, 혼자 사는 솔로가 국민의 절반이 넘는 '초솔로', 소위 초솔 사회가 그렇게 멀지 않다.

현재 5천만 국가가 천만국가 수준에서 방어선을 친다는 것은 인구가 1천만 명 규모가 된다는 것만을 의미하는 게 아니라, 그렇게 줄어든 상태에서 또 다른 균형을 찾아야 한다는 것을 의미한다. 그런 내부적인 변화가 없으면, 1천만 명이라는 수치도 그냥 지나가면서 통과하는 한 구간에 불과하다. 지나온 과거를 보면 1백만 명이 태어나는 국가에서

26만 명이 태어나는 국가로 바뀌는 동안 사회문화적으로 큰 변화는 없었다. 출생아가 1/4로 줄어들 때에도 별 변화가 없었는데, 26만 명에서 10만 명 정도로 줄어들 때 무슨 큰 사회적 변화가 있을 것이라고 생각하는 게 오히려 더 어색하다. 지금까지 매우 드문 동거가 갑자기 늘어날 것인가? 사회적으로 늘어난 엄마 혐오와 아동 혐오가 줄어들 것인가? 그럴 리는 없다.

줄어든 한 명 한 명에 대한 사회적 가치와 함께 경제적 가치가 높아지지 않으면, 잠재 인구수가 1천만 명이라는 것은 '작고 강한' 강소국이 아니라 그냥 작은 국가가 된다는 말이다. 인간 한 명 한 명이 소중하다는 생각이 그렇게 어려울까? 지금 한국으로서는 아주 어려워 보인다. 그게 문명의 힘이다. 문명은 잘 변하지 않는다.

21세기의 한국 문명은 통합적이고, 관용적이고, 휴머니즘적인 것과는 사실 거리가 좀 멀다. 우리 모두 다 아는 사실이다. 결코 아름답지 않은 대표적 사례가 임대 아파트에 주민들에 대한 차별이다. 거주 공간을 경제적 격차에 따라 분리하면 나중에 더 큰 사회적 문제가 생겨나게 된다는 것이 외국인 2세 문제 등으로 엄청난 홍역을 겪은 유럽이 내린 결론이다. 빈부 차이가 있는 집단이 같은 공간에서 사는 것을 고상하게는 '소셜 믹스'라고 부른다. 상식적으로도 맞고, 자녀 교육을 위해서도 이게 맞다. 그렇지만 많은 사람들은 정서적으로 이를 받아들이기 어렵다. 그리고 집값 측면에서는 절대로 이걸 받아들이지 않는다. 아파트 평수에 의해서 계층이 나뉘고, 살아가는 집의 형태에 의해서 계급이 나뉘는 그런 문명을 우리가 만들었다. 그러다 보니까 초등학생들끼리 '빌라거지'라는 말을 하는 그런 상황이 된 것 아니겠는가?

임대주택 주민의 시선으로 보자. 차별 받고, 고통 받을 확률이 높은 환경에서 자녀를 출산하고 싶은 부모가 있을까? 타인을 대하는 태도에서 우리가 노르딕 국가와 가장 큰 차이는, 빌라거지 혹은 '임대거지'와 같은 표현에서 나타나는, 저소득층에 대한 노골적인 차별이다. 사회학자 오찬호가 『우리는 차별을 찬성합니다』라는 책을 썼다. 어느덧 우리에게 차별은 생활의 지혜와 같은 것이 되어버렸다. 어쩔 수 없이 생겨나는 것이 아니라 이제는 적극적으로 찬성한다는 것 아닌가? 임대주택에 대한 차별적 단어들은 정말 많다. LH공사는 한국주택공사와 토지공사가 합쳐서 만들어진 회사다. 통합 이전에 주택공사는 주공이라는 브랜드를 휴먼시아로 바꾸었다. 꼭 임대주택만 휴먼시아라는 이름을 가졌던 것은 아니다. 그런데 이제는 '휴먼거지'는 휴먼시아에 사는 사람들을 칭하는 이름이 되었다. 합병 이후에 한동안 LH휴먼시아라는 브랜드도 사용했지만, 이 브랜드에는 사회적으로 임대주택의 이미지가 강했다. 결국 휴먼시아는 떼고 LH 브랜드만 사용하게 되었다.

1인당 국민소득 3만 달러가 넘어가던 시기에 한국 사회는 포용적이거나 다양성을 존중하는 방향으로 가지 않았다. 원래 그런 나라는 없다. 모든 문화와 문명은 물질적이거나 경제적인 이유로 상황에 맞게 적응하고 변화하면서 만들어지는 것이다. 그런 변화가 한국에서는 이루어지지 않았다. 경제성장이 진행되면서, 소득이 늘어났지만, 그와 함께 차별도 같이 늘어나는 나라가 되었다.

최저임금제를 매개로 국가별 제도와 문명적 차이에 대해서 잠시 생각해보자. 한국의 임금 결정에서 가장 중요한 기준 가운데 하나가 최저임금이다. 우리나라에서 최저임금제는 1953년 근로기준법 제정 때 도입됐지만 당시에는 임의 규정에 불과했다. 1986년 최저임금법이 별도로 제정됐고, 1988년부터 시행되었다. 최저임금이 결정되면 여기에 맞춰 저임금 노동자들의 연봉이 순차적으로 결정된다. 낮은 직급의 공무원 등 공공 부문 임금도 영향을 받게 된다. 최저임금이 중요한 이유다. 우리나라만 그런 것은 아니다.

일본에서 출산율 문제를 집중적으로 다뤘던 아베 정권은 최저임금 인상을 아베노믹스의 핵심 정책으로 삼았다. 일본의 보수도 한국의 보수만큼 최저임금제에 반대했지만, 청년들의 삶이 개선돼야 출산율이 오를 것이라는 이유로 결국은 최저임금 인상에 적극 나섰다. 물론 최저임금제가 우리가 상상할 수 있는 궁극의 사회적 제도는 아니다.

EU 집행위원회는 2020년 회원 국가에 최저임금제 일괄 도입을 추진하였다. 그러자 덴마크, 핀란드, 스웨덴 등 일부 국가들이 일제히 반대하고 나섰다. 이런 나라에는 최저임금제가 없다. 이탈리아와 오스트리아도 없다. EU 국가는 아니지만, 스위스도 최저임금제가 없었는데, 코로나 팬데믹 기간을 지나면서 전격적으로 도입되었다. 한국은 물론 미국이나 일본에서도 최저임금은 단순한 인도주의적 사회 정책 정도가 아니라 거시 경제의 기조와 연관된 아주 큰 주제다. 북유럽 국가들이 유럽 전역에 최저임금제를 도입하는 데 반대한 사건은 우리에게는 좀 의아하게 보인다. 사실 최저임금제가 어려운 사람을 돕고 지원하는 유일한 제도는 아니다. 오히려 최저임금제가 없어도 별 문제가 없는 사회가 더 이상적이다. 문화적으로 또는 관습적으로 대부분의 일하는 사람들이 최저임금 이상을 받고 있다면, 굳이 법이나 제도로 뭔가를 강제할 필요가 없다. 스웨덴 등 많은 나라들에서 최저임금제가 본격적으로 논의되지 않은 이유다. 어차피 그 이상 준다면?

선진국임을 말해주는 경제적 징표를 딱 하나만 꼽자면 바로 '최저임금제가 필요 없는 사회'라고 할 수 있다. 최저임금제가 있는 사회와 없는 사회의 차이는 인건비, 특히 적은 인건비를 받고 일하는 사람들의 조건을 그 사회가 다루는 방식 아니겠는가? 그건 시장이나 계약만으로 설명하기 어렵다. 경제학 기본만 본 사람이라면 낮은 임금을 주는 쪽을 선택하는 것이 당연하겠지만, 임금 결정에는 노동력 확보를 위한 장기적 안정성이나 숙련도 등 기술적 요소와 함께 문화적 요소도 많이 작용하게 된다. 식당에서 서빙하는 사람에게 팁을 주는 나라도 있고, 주지 않는 나라도 있다. 팁을 주는 나라 중에서도 기본급은 식당 주인이 지급하고, 팁은 보완적 성격인 나라도 있다. 그건 그 나라 혹은 그 사회가 걸어온 과거의 많은 것들이 누적되어 결정된 것이다. 팁을 메뉴 가격에 포함시킬 것인가, 그렇지 않을 것인가, 결국은 같은 돈을 주는 다른 문화적 방식에 관한 것이다. 대부분의 나라에서 식당에서 일하는 노동자들은 그 나라의 임금 체계에서 숙박업과 함께 가장 아래쪽에 위치하게 된다. 한국에서만 예외적으로 복지 관련 직종의 임금이 식당업보다 더 아래쪽에 있다.

쉽게 표현하기 위해서 천만국가라고 하지만, 이건 단순하게 인구 숫자만을 의미하는 것은 아니다. 그 규모의 국가가 되면 경제 운용 방식의 변화는 물론 문명적 전환도 발생한다는 의미를 함축하고 있다. 그렇다고 스웨덴, 스위스 같은 나라 국민들과 한국 사람들 개개인의 속성, 예컨대 인성에 대해서 말하려고 하는 것은 아니다. 기본적으로는 사람은 다 거기서 거기다. 구조주의를 정립했던 인류학자 레비 스트로스가 낯선 사회를 분석할 때 가졌던 가설이다. 호모 사피엔스라는 종의 특징을 생각하면, 어떤 나라에서는 인종적으로 천사 같고 현명한 사람들이 살고, 다른 나라에서는 악랄하고 무식한 사람들이 사는 게 아니다. 서로 다른 제도와 문화를 통해서 서로 다른 특징을 가진 문명이 구조적으로 형성되는 것이다.

현재 한국이 겪고 있는 구조적인 소득 격차와 저소득층에 대한 차별 문화를 보면, 인구가 1천만 명 규모로 감소해도, 그곳에 새로운 방어선을 치는 게 쉽지 않아 보인다. 저출산 상황에 이르게 만든 루틴을 바꾸는 건 그만큼 어렵다. 하나의 문명에서 다른 문명으로 전환하는 것은 경제 시스템을 바꾸는 것보다 더 어렵다. 유럽의 천만국가들이 지금의 번영을 이룰 수 있었던 것은 2차 세계대전 이후의 재건 과정에서 새롭게 만들어낸 자신들의 전통과 문명 덕이다. 북유럽 국가나 스위스 같은 나라 이야기를 하면 거기는 원래 잘 사는 유럽 나라들이어서 우리와 비교 대상이 못 된다고들 한다. 그렇지만 그들도 1950년대까지는 유럽의 대표적 빈국이었다. 원래 그런 사회와 문화를 가진 나라가 아니다. 여기서 지금 우리의 모습을 잠시 돌아보자.

아동에 대한 차별과 혐오

1969년 1월 30일, 역사적인 비틀즈의 마지막 공연 날이다. 나중에 '루프톱 콘서트'로 불리게 될 이날 공연은 런던에 있는 비틀즈가 만든 기획사 '애플' 건물 옥상에서 진행됐다. 팀 해체를 얼마 남겨 놓지 않은 시점이었다. 영화 〈반지의 제왕〉을 만든 피터 잭슨이 이 공연을 중심으로 다큐멘터리 영화를 만들었다. 후반기 비틀즈는 대중 공연을 전혀 하지 않고 스튜디오 작업만 했다. 더벅머리 청년 시절 비틀즈가 어른 비틀즈로 성장하는 과정에서 더 이상 공연을 하지 않게 만든 사건이 하나 있다. 1960년대 중반 미국 남부 지역을 중심으로 비틀즈 앨범에 대한 대대적 불매 운동이 벌어졌는데, 1964년 잭슨빌 공연이 도화선이 됐다.

1964년 비틀즈는 미국 잭슨빌에서 공연할 예정이었는데, 청중석이 흑백으로 분리되었다는 것을 알았습니다. 잘못이라고 느꼈습니다.

우리는 "공연하지 않겠다."고 밝혔습니다. 그리고 그날 그 공연장 역사상 처음으로 흑백이 분리되지 않는 콘서트가 되었습니다. 그 후 우리는 계약서에 흑백 분리 공연은 하지 않겠다는 것을 분명히 밝혔습니다. 우리는 그것이 상식이라고 생각했습니다. _폴 매카트니 페이스북, 2020년 6월 6일, 조지 플로이드 사건에 대해 쓴 글 중 일부

슈퍼볼이 열렸던 잭슨빌 공연장에 도착한 비틀즈는 관객이 백인석과 흑인석으로 분리되어 있는 것을 보고 경악했고, 이에 항의해 공연을 거부했다. 당시 영국의 상식으로는 받아들이기 힘든 일이었다. 결국 주최 측은 비틀즈의 항의를 받아들였고, 흑백으로 분리된 좌석을 합치고 나서 공연이 시작됐다. 그렇지만 이 얘기의 끝은 해피엔딩이 아니었다. 이 일로 미국 남부 지역의 강력한 분리주의자들은 비틀즈에게 강한 거부감을 갖게 됐다. 남부는 분리주의 지역이기도 했지만, '바이블 벨트'라고 불릴 정도로 기독교의 영향력도 강한 곳이었다. 영국에서는 아무 문제도 없었던 존 레논의 "비틀즈가 예수보다 유명하다."는 발언이 신성모독으로 간주되면서 미국 남부 지역을 중심으로 비틀즈 불매 운동이 강력하게 펼쳐졌다. 비슷한 사건들이 연이어 일어나면서 결국 비틀즈는 공연을 중단하고, 이후 스튜디오 작업에만 몰두하게 되었다. 그리고 이때부터 비틀즈 후반부의 명곡들이 연이어 나오게 되었다. 역사의 아이러니다.

흑백 인종 간 공간 분리에 대한 인상적인 장면은 나사에서 일하던 흑인 여성 엔지니어들을 다룬 영화 〈히든 피겨스〉에도 나온다. 정식 직원이라도 흑인들은 백인과 같은 화장실을 쓸 수가 없었고, 커피를 같이

마실 수도 없었다. 화장실 차별을 뒤늦게 알고 나서 격노한 나사 국장 케빈 코스트너가 "여기 나사에서 모든 직원은 같은 색깔의 오줌을 눈단 말이야!"라며 큰 망치로 유색인용 화장실 팻말을 부수는 장면이 정말로 인상적이었다.

1955년 로자 파크스는 버스 뒷자리에 앉아 있다가 백인에게 자리를 양보하라는 버스 기사의 요구에 불응했다가 경찰에게 체포되었다. 로자 파크스는 대대적인 버스 보이콧을 추진하는 흑인 인권 운동가가 되었고, 이때 결성된 단체의 대표가 된 사람이 바로 마틴 루터 킹이다. 이 사건은 대법원까지 올라가 결국 버스에서의 인종 차별은 위헌이라는 판결을 이끌어냈다. 시간은 걸렸지만, 공간에서의 차별이 순차적으로 사라지게 되었다. 몽고메리 버스 회사에서 시작된 이 사건은 세계 인권사에 결정적인 한 페이지로 남았다.

인간 사회에는 어차피 많은 부류의 사람들이 동일한 공간을 사용하게 된다. 누군가를 출입 금지시켜 공간을 분리하는 문제가 인류에게 오랫동안 고민거리이기는 했다. 신분 사회에서는 많은 공간들이 분리되었고, 근대와 함께 신분제가 사라지기 전까지는 그걸 자연스럽게 받아들였다. 중국 칭화대학 쑨리핑 교수는 농민공 문제 등 경제 성장에 따른 급격한 사회 변화 속에서 '단절' 문제를 제기했다. 중남미에서는 이러한 분리가 좀 더 본격적이고 구조적인 형태로 발생했다. 빈부 격차에 따라 사는 공간이 분리되고, 외부인을 완전히 차단하는 건물이 생겨났다. 이걸 '요새 주택fortress house'이라고 부른다. 우리나라의 경우 외부인의 접근을 철저하게 배제하는 것을 마케팅 포인트로 삼았던 대치동의 타워팰리스가 처음으로 등장한 본격적인 요새 주택이라고 볼 수 있다.

공간의 분리가 이루어지면서 이제는 도로까지 분리되는 경우가 있다. 요새 도로다. 결국 부자들만 다니는 유료 도로들이 이런 별칭을 가지게 되었다.

한 국가가 경제적으로 불안정해지고, 빈부 차이가 너무 심해지면, 계급 간 분리 현상뿐 아니라 여러 가지 유형의 분리가 발생한다. 주거 지역이나 도로에서만 분리 현상이 나타나는 것은 아니다. 음식점과 각종 소비 공간에서도 때로는 자연스럽게, 때로는 거친 방식으로 분리된다. 세계 최초의 백화점이었던 파리의 봉마쉐는 프랑스어로 좋은 가격, 즉 '싸다'는 의미지만, 그곳에서 파는 상품의 가격은 전혀 싸지 않다. 처음으로 등장한 고급 백화점이었다. 자본주의가 형성되면서 이른바 명품은 다른 재화와 차별적 요소를 내세우면서, 공방과 장인 시대의 '럭셔리' 산업으로 등장하게 됐다. 고급 재봉을 뜻하는 오트쿠튀르라는 패션 용어는 부자들만 입을 수 있는 옷이라는 느낌을 준다. 가격에 의한 분리 현상이라 할 수 있는데, 이런 현상은 소비의 다양한 영역에서 발생한다. 기성복과 맞춤복 사이에 발생하는 자본주의적 분리는 계급 분리라는 무서운 말 대신에 계층 분리라는 부드러운 용어가 사용된다.

한국에 등장한 '노키즈존'은 아주 최근의 일이다. "버릇없는 아이, 진상 부모", 노키즈존을 옹호하는 사람들이 흔히 하는 얘기다. 그리고 그들은 실제 피해 사례를 열거한다. 버릇없는 아이 때문만이 아니라 좀더 고급스러운 분위기를 내서 고급 손님을 유치하기 위한 마케팅 차원에서 노키즈존을 내건 카페도 있기는 하다. 어쨌든 '버릇없는 아이'를 통제하지 못하는 부모 그리고 그들의 자식과 함께 커피를 마시거나 식사하기 싫다는 사회적 분위기가 노키즈존 등장의 배경이 되었다. 꼭 이상한 카페 주인이나 식당 주인이 있어서 이런 일이 벌어졌다고 생각하지는 않는다.

그렇다면 과연 노키즈존을 따로 내걸어야 할 만큼 지난 몇 년 사이에 중대한 사회적 변화가 생겨났을까? 1970년대 100만 명 넘게 태어나던 신생아가 2000년대 들어서 60만 명대로 내려갔고, 이후 20년 동안 20만 명대로, 매우 빠르게 줄어들었다. 문제를 일으킬 아이들의 전체 숫자 즉 모수도 급감한 셈이다. 이미 산부인과나 소아과 운영이 어려워질 정도다. 한국 최초의 여성 전문병원으로 출발한 제일병원은 산부인과가 아주 강했지만, 결국 경영난을 이기지 못하고 해체됐다. 1970년대에 비하면 '키즈'는 20%대로 줄어들었다. 별 특별한 일이 없다면 관련된 모든 수치도 20%대로 줄어든다고 보는 게 타당하다.

'키즈' 전체가 줄어든 조건에서는, 카페나 식당 같은 곳에서 '버릇없는 아이'가 말썽을 부리는 비율이 출생아 감소 비율 이상으로 늘어났거나, 일부러 사람들을 불편하게 하는 진상 부모의 비율이 지난 20년 동안 매우 빠르게 늘어났어야 '노키즈존'의 등장을 범죄학적으로 설명할 수 있다. 하지만 이건 사회과학적으로 입증하기가 아주 어려운 일이다. 그 기간 동안 한국은 국민소득 2만 달러 구간을 지나 4만 달러를 육박하는 선진국이 되었다. 중진국에서 선진국이 되는 동안 집단적으로 교양이 없거나 몰지각해진 진상 부모가 급증했다는 사회과학적 가설은 채택하기가 너무 어렵다. 외동이가 형제가 있는 경우보다 유달리 버릇이 없다는, 그런 별도의 가설이 필요한데, 그렇다고 하더라도 모집단이 20% 정도로 줄었는데, 외동이가 만드는 문제가 그걸 상쇄할 정도로 크다는 사실을 입증하기는 어렵다.

한국이 개도국일 때 '졸부' 가설이 있었다. 졸지에 많은 돈을 벌었고, 부에 걸맞은 교양과 예절을 갖추지 못한 사람들을 졸부라고 불렀다. 21세기에 아이를 낳은 부모들 중에는 예절을 갖추지 못한 졸부 같은 사람들이 많다는 주장을 할 수는 있다. 그렇지만 그런 사람은 소수에 불과할 것이며, 전국적인 현상인 노키즈존을 설명하기에는 허약한 가설이다. 신생아가 감소하면 공공장소에 오는 어린이 숫자와 버릇없는 아이의 총수도 줄어든다고 보는 게 더 자연스러운 설명이다. 출생아수 1백만 명 때보다 26만 명 시절의 '요즘 애들'이 더 버릇이 없어졌고, 그 비율이 매우 높아졌다는 가설은 입증하기 어렵다. 2000년대 이후로 출생아가 줄어들었으니 카페에서 '난장' 피우는 어린이들의 숫자가 늘었다고 보기도 어렵다. 그렇다고 1980~90년대의 한국 어린이들이 유례없이 얌전하거나 부모들 중에 진상이 전혀 없어서 공공장소에서 모두 고귀하고, 품격 있고, 우아하게 행동했다고 보기도 어렵다. 실제로 그렇게 볼 이유도 없고, 지나간 시절의 일을 입증하는 건 사실상 불가능하다. 가끔 선진국 카페에서는 아이들이 얌전하게 있는데, 한국 아이들은 그렇지 않다고 하는 사람들도 있다. 어느 선진국을 얘기하는지 잘 모르겠다. 한국 어린이는 선진국 어린이들에 비해서 전반적으로 버릇없다는 얘기는, 일제감정기 때 일본인들도 하지 않았던 얘기다.

그런 가설들보다는 한국 사회가 차별을 더 선호하거나 아니면 더 쉽게 용인하는 쪽으로 변했기 때문이라는 분석이 더 설명력이 높을 것이다. 외형적으로만 보면, 노키즈존과 백인 전용 화장실은 다를 게 없다. 흑인들이 교양 없고, 위생적이지 않고, 범죄율이 높다는 주장은 흔했다. 사실 그런 일이 일부는 있었을지도 모른다. 모두가 청결하고 교양 있게 사는 것만은 아니다. 물론 백인도 포함된다. 흑인들에 대한 차별적 주장들은 서구 문명이 중남미는 물론이고, 인도와 아프리카로 들어가면서 했던 말이다. 제국주의 시절에 일본이 '조선인'에게 했던 말이기도 하다. 외국인 범죄에 대해서도 비슷한 종류의 편견은 우리에게도 있다. 하지만 외국인 범죄율이 내국인 범죄율에 비해서 더 높다는 증거는 별로 없다.

노키즈존이 몇 개 늘어났다고 해서 그게 바로 아이를 키우기 어려운 환경을 만들었다는 애기를 하려는 건 아니다. 제주도 의회에서는 노키즈존을 금지하는 조례 제정 안건을 공식적으로 다루기도 했다. 그만큼 노키즈존은 사회 현상이 되었다. 불행하게도 우리 사회는 선진국이 된 이후 관용과 포용과는 좀 먼 쪽으로 가고 있는 중인 것 같다. 전체적으로 보면, 혐오와 차별이 '키즈'를 중간 다리로 증폭되고 있는 것 같다. 엄마를 중심으로 보면, 김치녀, 된장녀 같은 차별적 용어가 자연스럽게 '맘충'이라는 말로 확장되어 갔다. 이 흐름이 노키즈존을 만나면서, 한국에서 차별은 좀 더 대중적이고 일상적인 현상이 되어갔다. 키즈들을 막아선 공간 역시 불편하고 교양 없고, 진상 짓을 하는 '시니어'로 넘어갔다. 노키즈존이 유행한 지 몇 년이 지난 후, 이제는 노시니어존이 유행하기 시작했다. 엄마는 엄마라서 싫고, 어린 것들은 어려서 싫고, 나이 들면 나이 들어서 싫다고 하는 한국의 이 상황을 봤다면, 흑백 분리 객석을 반대하며 잭슨빌 공연을 거부한 비틀즈는 과연 무슨 말을 했을까? 존 레논이라면 노키즈존인 레스토랑에서 식사를 할까? 리버풀이나 런던에서 이런 건 본 적이 없다고 질색을 했을 가능성이 높다. 아줌마에서 맘충으로 건너가던 혐오 에너지가 키즈를 연결 고리로

시니어로 넘어갔다. 이 일련의 상황을 관통하는 키워드는 혐오와 차별이다. 그리고 그 반대말은 포용과 관용이다. 이걸 꼭 노키즈존이나 노시니어존을 선택한 자영업자 사장만의 문제라고 하고 싶지는 않다. 고객은 물론이고, 좀 더 넓게는 우리 사회 자체가 차별에 대해서 너무 무감각해졌고, 혐오가 오히려 돈이 되는 그런 문화를 만들어내고 있기 때문이 아닌가?

노키즈존의 급증이 말해주는 또 다른 사실은, '키즈' 자체가 줄어들고 있는 동안에도 한국에서 어린이의 희소성에 대한 문화적 변화가 없었다는 점이다. 노키즈존이 제주 전역에서 유행하는 동안 제주도 합계 출산율도 급감하고 있었고, 같은 시기에 제주도 관광 경제도 안 좋아지고 있었다. 노키즈존이 장기적으로 경제에 도움이 된다는 것도 입증하기 어렵다. 노키즈존을 경험한 부모들이 다시 그곳을 관광 목적으로 찾을 것이라고 기대하기는 어렵다. 경제학은 희소해진 자원의 가치가 높아질 것이라고 하지만, 적어도 문화적인 측면에서 한국은 그렇게 움직이지는 않았다. 키즈는 줄어들고 희소해졌지만, 문화적으로는 차별의 대상이 되었다. 많은 재화들은 공급이 줄어들면 희소성이 높아지고, 더 귀하게 대접 받는다. 그렇지만 한국에서는 어린이들이 줄어들었어도 문화는 반대 방향으로 움직였다. 모수가 줄어들었기 때문에 어린이들이 카페에서 뭔가 불쾌한 일을 벌였을 확률도 줄어들었다고 추정하는 게 당연하지만, 사람들은 이걸 매우 불쾌하게 생각했다. 이게 우연일까? 한국 사회에서는 어린이 수가 줄어드는 현상과 노키즈존이 늘어나는 일이 동시에 벌어졌다. 아이들이 문제라고 생각하는 사람도 많고, 부모가 문제라는 사람도 많다. 차별과 혐오를 너무 당연하게 받아들이는 사회적 변화에서 원인을 찾을 수도 있다. 혹은 카페나 식당에서 지켜야 하는 공중 예절을 제대로 가르쳐주지 않은 영유아기의 교육 프로그램에서 문제를 찾을 수도 있다. 설명도, 해법도 다양할 수 있다. 그렇지만 신생아 수도 급감하고, 당연히 어린이의 숫자도 급감하는 시기, 노키즈존이 급증했다는 팩트는 변하지 않는다.

노키즈존 설정이 그 자체로 해롭다거나 절대로 해서는 안 되는 일이라고 생각하지는 않는다. 어느 사회에나 정도의 차이는 있지만 일정 정도 차별도 있고, 혐오도 존재한다. 사람 사는 사회에서 혐오가 완전히 진공 상태인 그런 곳은 없다. 호주 시드니의 작은 호텔에 갔다가 근처 카페에서 한 시간이 넘도록 주문을 받지 않아 결국 그냥 나온 적이 있다. 동네의 작은 카페에 가면 여전히 습관적인 차별의 흔적이 남은 곳들도 있다. 그렇지만 한국의 노키즈존처럼 전면적이고 전국적이며 공개적인 방식으로 "아이는 들어오지 마세요." 이렇게 내건 적은 없었다. 여기서 우리가 주목해야 할 것은 꽤 오랫동안 우리 사회가 이 문제를 자신의 문제로 생각하지는 않았다는 점이다. 거기에 사태의 어려움이 존재한다. 어린이들은 줄어드는데, 어린이들이 장난치고 노는 것을 불쾌하게 생각하는 사람이 늘어나고 있다. 한국에서 아동과 어린이는 이제 더 이상 환영 받는 존재가 아니다.

모두의 문제는
아무의 문제도 아니다
당사자 없는 사회 문제

1990년대 중후반은 한국에서 시민운동이 새롭게 형성되던 시기였다. 그런 흐름 속에서 장애인들이 스스로 운동의 주체가 되는 과정이 있었다. 그전에 장애인 문제를 풀기 위해 주로 나섰던 이들은 그들의 부모나 의사 혹은 간호사 같은 관련된 사람이었다. 우리는 이를 '대리인 운동'이라고 불렀다. 그리고 장애인들이 스스로 자신의 일을 해결하기 위해 나서는 것을 '당사자 운동'이라고 불렀다. '부모가 얘기하는 것과 자식이 얘기하는 것 사이에 무슨 본질적인 차이가 있을까?' 당시에 나는 그런 의문이 있었다. 세상이 뭔지 너무 모르던 시절이었다. 의사나 간호사들이 나서는 것에 대해서는 특별히 '전문가 운동'이라는 용어를 쓰기도 했다.

시간이 흐르고 나서 중요한 변화가 생겨나기 시작했다. 회의하는 건물에 엘리베이터가 없더라도 부모나 의사 같은 대리인들은 별 어려움을 느끼지 않았는데, 장애인들이 직접 회의에 참석하기 시작하면서,

엘리베이터가 없거나 휠체어 접근이 어려운 건물을 회의 장소로 선택하면 회의 주최 측이 크게 혼나는 일이 종종 벌어졌다. 장애인들이 직접 움직이기 시작하면서 접근성 문제가 당장 드러난 것이다. 가난한 시민운동 단체 사무실은 대부분 엘리베이터가 없거나 매우 비좁은 계단을 돌아 들어가야 하는 경우가 많았다.

그 당시 나는 장소 접근성 문제로 회의 주최 측에 강하게 항의하는 사람을 본 적이 있었다. 휠체어를 타고 있었던 그는 지금도 장애인 이동권, 다시 말하면 교통수단 접근권을 위해 싸우고 있는 전국장애인차별철폐연대(전장연)의 상임공동대표인 박경석이었다. 그 즈음부터 나도 대리인과 당사자의 차이에 대해서 처음으로 진지하게 생각하기 시작했다. 비용편익 분석을 기준으로 하면 지하철 역사에 설치하는 엘리베이터는 경제성이 나오기가 어렵다. 하지만 이건 장애인 접근권과 이동권이라는 기본권 문제이기 때문에 비용만 기계적으로 적용할 문제는 아니라는 의견이 등장하기 시작했다. 휠체어를 탄 상태에서 버스를 탈 수 있는 저상버스가 운행되기 시작한 것도 이런 흐름이 이뤄낸 결과였다. 물론 장애인의 접근성이 충분히 확보됐다고 말하기엔 여전히 미흡하다. 그렇지만 대리인 운동만 있고 당사자 운동이 없었다면, 그나마 지금의 수준에도 미치지 못했고, 문제 해결이 훨씬 더 지연되었을 것이다.

사실 이동권 문제는 궁극적으로는 장애인의 문제만은 아니고, 모든 사람의 문제이기도 하다. 우리 모두 나이를 먹고, 노화가 진행되면 더 이상 혼자서 걸을 수 없는 삶의 순간이 온다. 치매 등 중증 질환이 있으면 좀 더 일찍 온다. 아버지가 암으로 쓰러지신 후, 휠체어 없이 움직이실 수 없게 되면서 결국 집으로 돌아오시지 못하고, 마지막 몇 달을 요양병원에서 보내실 수밖에 없었다. 장애인들만의 문제는 아니고, 너무 어리거나 너무 나이가 많거나, 사실 모든 사람에게 해당되는 문제다. 유모차와 휠체어, 모두가 한 번쯤은 경험하게 되는 일이다. 이동권은 좁게 보면 장애인들이 당사자이지만, 넓게 보면 모든 사람들이 당사자다.

청각장애인의 자녀를 코다라고 부른다는 걸 알게 된 것은 영화감독 이길보라의 책을 읽고 난 뒤였다. 장애인 운동에서 이동권 문제는 좀 알았고, 시각장애인 문제는 그들 사이에서 벌어지는 갈등 문제에 관심이 생겨서 조금 살펴본 적이 있다. 그렇지만 청각장애인 문제를 진지하게 고민한 적은 없었고, 코다라는 단어가 있는 것도 몰랐다. 농아 부모를 통해서 세상을 배우고, 수어를 말보다 먼저 배운 사람들의 얘기도 몰랐다. 2016년 촛불 집회 현장에서 이길보라가 수화 방송에 대해서 강하게 문제를 제기했는데 반응은 별로였다는 사실도 책에서 읽었다. 그런 당사자들의 노력이 쌓여서 코로나 때에는 수화 방송을 보다 많은 사람들이 볼 수 있었다.

『88만원 세대』를 쓸 때, 나도 주체 문제에 대해서 꽤 많은 고민을 했었다. 청년 문제라고 했지만, 그 시절에는 아직 관련법도 만들어지지 않은 상태라서 그 주체가 매우 한시적이고 임시적인 것이라는 생각을 했었다. 그 시절 나는 30대 후반이었다. 모든 사람은 한때 청년이 되지만, 그 시기는 결국 지나간다. 영원히 청년인 사람은 없다. 그래서 청년 문제의 주체는 장애인 문제에 비해서 당사자성이 약할 것이라고 생각했었다. 정부에서 청년위원회를 만들었는데, 한동안 위원장은 청년과는 상관이 없는 나이 많은 사람들이었다. 어쨌든 그 후에 시간이 많이 흘렀고, 청년 운동에서 당사자 운동은 이제 하나의 흐름으로 자리를 잡았다.

당사자를 의도적으로 배제하는 경우는 재개발 과정에서 종종 볼 수 있다. 이론적으로는 재건축은 집을 다시 짓는 것이니까 집주인들이 당사자라고 할 수 있다. 그렇지만 지역을 다시 개발하는 재개발은 집주인만이 당사자는 아니다. 그 지역에 거주하는 모든 사람이 당사자다. 정부에서 지역 전체의 개발 방향을 정하는 지구단위 계획을 세우고, 이때 도로와 학교 및 필요한 시설은 정부가 돈을 들여서 짓는다. 재개발은 지역을 다시 만드는 것이라서 개인들이 새 집을 짓는 것과는 전혀 다른 제도적 절차를 거친다. 우리나라의 현실에서 재개발 과정은 주로 집주인과 지주들 중심으로 이루어지고, 세입자들은 투명인간 취급을 받는다. 집주인이 당사자가 되는 재건축 과정에서 공익은 무시되고, 살기 좋은 마을보다는 집값을 많이 받을 수 있는 방향으로 진행되게 된다. 뉴타운이라고 불렀던 재개발 과정이 가졌던 오류다. 실제 거주하고 있는 세입자들의 의견이 많이 반영되면, 지금보다 살기 좋은 지역이 될 가능성이 높다. 의도적으로 당사자 일부를 과정에서 배제하는 일이 실제로 벌어진다. 그래서 살기 좋은 마을보다는 집값을 최대한으로 높일 수 있도록 재개발 방향이 결정되는 경우가 많다.

환경 문제는 당사자와 대리인이 혼재되어 있는 경우에 해당하며, 대부분 공공재와 관련이 있고, 외부 효과가 발생하는 대표적인 분야다. 공기와 물, 멸종 위기 동식물 그리고 지구 환경 같은 것들은 소유자가 없는 것들이다. 그렇다면 누가 당사자가 될 것인가? 다음 세대가 당사자가 될 수 있지만, 다음 세대 중 아직 존재하지 않는 사람들은 누가 대표하고, 대변할 것인가, 이런 문제가 발생한다. 지역 환경 문제는 그 지역에 거주하는 주민들이 당사자가 된다. 여기에서는 계속 거주하고 싶어 하는 주민들과 좀 더 많은 보상을 받으면 떠나도 문제없다고 생각하는 주민들 사이에 이해가 엇갈릴 수 있다. 피해 규모가 훨씬 큰 기후변화와 같은 지구 환경 문제처럼 당사자가 불분명한 문제보다는 원전 건설, 골프장 개발 문제 같은, 당사자가 명확하고, 이해관계가 첨예하게 엇갈리는 운동이 더욱 더 격렬하게 되는 경향이 있다. 어떤 문제인가 만큼 누구의 문제인가가 문제를 해결해나가는 데에서 중요하다. 스위스에서도 원전 건설 문제가 첨예하게 부딪힌 적이 있었다. 이때는 원전 온배수로 인해서 안개 일수가 늘고, 결국 인근 포도 재배에 영향을 미치게 될 수도 있다는 것을 우려한 포도 재배 농민들과 포도주 생산자들이 결정적인 역할을 하였다. 정치적으로는 보수적인 스위스 농민들이지만, 원전 피해에서는 결정적인 당사자들이었다.

인구 문제는 기간은 장기적이지만 변화는 구체적이다. 우선적으로는 영유아 감소에 따른 관련 분야가 1차적으로 타격을 받는다. 2차적으로 그들이 자라나면서 청소년 시장이 점점 줄어들게 되고 10대용 산업이 어려워진다. 그리고 이미 지방 대학들이 어려워졌듯이, 인구 감소를 겪는 지자체도 법적·경제적 지위를 유지하기 어려워진다. 10대들의 감소로 발생하는 문제 역시 이미 진행 중이다. 시간이 좀 더 지나서 20대가 감소하게 되면 문제는 산업 전반으로 퍼져 나가게 된다. 청년 노동인구가 1/4 정도로 감소하면, 경제 운용을 이전과는 전혀 다르게 해야 한다. 인구 규모에 기반해서 설계된 국민연금이나 상비군 운용을 비롯해서 국가의 기본적인 시스템도 변화해야 한다.

그리고 이러한 변화는 2000년부터 지금까지 발생한 것만으로도 기존 시스템에 충분한 충격을 주었다. 2000년에 태어난 영아들이 이제 노동인구가 되었고, 그들이 고등학교나 대학을 졸업하고 본격적으로 노동시장에 나서기 시작하면서 우리 사회는 과거와 다른 시대가 오고 있다는 것을 느끼게 될 것이다. 흔히 'MZ' 현상이라고 부르는 일련의 현상이 있고, 노동 시장 자체가 변해나가게 된다. 이것을 피해라고 표현하든 변화라고 표현하든, 사람들이 기존의 한국 사회라고 인식했던 모습과는 달라지는 많은 변화가 생겨날 것이다.

우리나라가 특히 더 심하지만, 다른 선진국들도 인구 문제에서 어려움을 느끼는 것은 마찬가지다. 인구 정책은 원하는 만큼 효과가 잘 나타나지 않는다. 아주 많은 것을 바꾸어야 약간의 가시적 효과를 볼 수 있을 뿐이다. 그나마 프랑스가 조금 낫고, 미국, 독일 심지어 스웨덴 같이 경제 정책이 관련 분야에서 나름의 방식으로 성과를 내고 있는 나라들도, 인구 문제에 관한 한 딱히 이게 모범 답안이라는 해법을 찾아내지 못하고 있는 게 현실이다.

인구 문제는 그 사회의 수많은 현상들이 복합적으로 얽혀 있기 때문에 효율적 해법을 찾는 것이 대단히 어렵다. 경제학에서 흔히 설정하는 '최적' 개념이 잘 적용되지 않는다. 최적 인구? 그런 건 존재하지 않는다. 게다가 꼭 많다고 좋은 것만도 아니고, 작다고 문제가 되는 것도 아니다. 인구 문제 대응이 어려운 또 다른 중요한 이유는 당사자가 존재하지 않기 때문이다. 누가 인구 문제의 당사자인가? 모두가 당사자이기는 하지만, 사실 아무도 당사자가 아닐 수 있다.

한국에서 진행되고 있는 출생아 급감 현상은 격렬하고 빠른 노동 시장 변화와 소비 수요 감소를 통해 결국은 모두가 부정적인 영향을 받는다. 이득을 볼 사람도 있을까? 생태적으로는 긍정적 효과가 생기지만, 정치적으로는 좀 다르다. 노년층 비율이 늘어나면서 노인들에게 지지를 받는 정치인이 결정적 이익을 볼 수는 있다. 그렇지만 이런 것은 매우 부차적인 것이고, 경제에서 부정적인 영향은 연령이 어린 집단부터 시작해서 서서히 전체 집단까지 미친다. 서울과 경기도 등 수도권 그리고 산업부나 외교부처럼 영향을 덜 받거나 늦게 받는 곳도 있고, 도시 인프라에서 떨어진 농촌 지역과 교육부, 교육청처럼 많이 받고, 먼저 받는 곳도 있다. 하지만 경제성장률 특히 잠재성장률이 떨어지고, 소비가 점차적으로 줄어들면서 장기불황 국면이 펼쳐지면 결국은 국내 금융도 영향을 받는다. 결국 '모두의 문제'가 된다.

그렇다면 사회적, 경제적 주체의 측면에서 출생아 감소 문제의 당사자는 과연 누구일까? 이런 질문을 던져보지 않을 수 없다. 부모가 당사자일까? 부모가 되는 것은 선택의 문제이고, 설령 출산을 선택했다고 해도 저출생 문제의 당사자라고 보기는 어렵다. 육아와 보육의 상당한 역할을 부모가 하는 것은 맞지만, 저출생을 둘러싼 구조적 문제까지 책임질 당사자는 아니다. 육아 정책에 문제가 있거나, 국가가 너무 아무것도 안 하면 정책에 영향을 받는 부모가 당사자가 된다. 그렇지만 저출생 문제는 좀 다르다. 어떤 부모도 자신이 이 문제의 당사자라고 생각하지 않을 것이다.

이미 태어난 영유아들에게는 적절한 육아와 교육이 필요하다. 하지만 그들 역시 저출생의 당사자라고 할 수는 없다. 앞으로 태어날 아이들이 결국은 이 문제의 직접적인 당사자들인데, 그들은 현실적으로 존재하지 않기 때문에 유의미한 당사자가 될 수가 없다. 현대적 정의론의 기틀을 만든 존 롤스의 신사회계약론을 연상하게 하는 장면이다. 그는 아직 태어나지 않은 태아의 영혼들이 맺는 계약, 즉 가장 불리한 조건을 개선하는 것이 정의의 출발이라고 생각했다. 철학에서는 태어나지 않은 아이들에 대한 사유를 전제로 논리를 전개할 수는 있지만, 현실에서 그들이 당사자가 될 수는 없다.

영유아와 학생이 줄어들 때 제일 먼저 가장 큰 피해를 입는 곳은 교육계다. 하지만 그들은 피해자일 수는 있어도, 육아 정책의 주체가 되는 것도, 그렇게 할 생각을 갖는 것도 어렵다. 태어난 아이들을 잘 키우는 것이 그들의 책무이지만, 태어나기 좋은 여건을 만드는 것은 교육계의 의무도, 사명도 아니다. 물론 아이 키우기에 좋은 여건을 만드는 교육이라는 측면에서 그들도 중요한 이해 당사자이지만 원칙적인 의미에서의 당사자는 아니다. 당사자보다는 대리인에 가깝다.

군 체계의 대대적 구조조정이 없을 경우, 사병이 줄어들면 지휘관의 숫자도 줄어든다. 그렇다고 국방부와 군인들이 저출생 문제의 당사자가 될 것인가? 궁극적으로 그들이 인구 감소에 관심이 있고, 인구가 늘어났으면 좋겠다고 생각할 수는 있지만, 그렇다고 이 문제의 당사자는 아니다. 문화계도 마찬가지다. 아동문학을 비롯해서 많은 문화 분야도 영유아와 청소년 감소에 직격탄을 맞지만, 그렇다고 그들이 저출생 문제의 당사자라고 하기는 어렵다. 피해자에 가깝다.

그럼 이미 시작된 저출생 국면의 당사자는 누구인가? 모두의 문제이지만, 사실 아무의 문제도 아니다. 한 명 한 명, 시민의 입장으로 돌아가면 그들 모두가 임금 문제, 노동 문제 혹은 환경 문제에 대해서는 당사자가 되지만, 저출생 해결이 자신의 1차 과제라고 생각하는 사람은 없다. 이건 누가 나쁘고 좋고의 문제가 아니다. 모두의 문제지만, 결국 아무의 문제도 아닌 것이 되어버리는 구조적 특징을 가지고 있다. 그리고 최소한 한국의 현실은 그렇게 흘러왔다. 합계출산율 감소라는 국가적 문제를 논의해온 지난 20년 동안에도 출생아 수는 급격히 줄고 있음에도 노키즈존이 늘어난 것이 현실이다. 모두의 문제이기는 하지만, 사실은 아무의 문제도 아니라는 논리적 구조를 가지고 있기 때문이 아닌가?

논리적인 얘기를 떠나서 개개인의 문제로 가보자. 인구가 줄면 많은 문제가 생겨나지만, 이게 자신이 풀어야 할 우선순위 1번이라고 생각할 개인이 있는가? 개인뿐 아니라 운동 단체에게도 마찬가지다. 환경이나 인권 같은 일상적인 문제에 비하면 저출생 대응은 항상적인 문제가 아니다. 시민단체 중에서 저출생 문제에 관심을 가질 수 있는 곳이 있겠지만, 어디까지나 부차적이다.

> "저출산 대책을 전담하는 '청'을 신설해야 한다는 주장도 있지만 저출산 대책은 보건복지부, 여성가족부, 고용노동부, 교육부 등 여러 부처가 서로 연계해서 추진해야 하는 과업…"_김영미 저출산고령사회위원회 부위원장, 〈헤럴드경제〉 인터뷰 중. (2023. 4. 28)

"이건 우리의 1차 문제가 아니야." 위 인터뷰 인용에서도 알 수 있는 것처럼, 정부 부처 등 공공 기관도 저출생에 관한 한 이런 생각을 가지고 있다. 냉정하게 얘기하면 한국 사람들이 저출산고령사회위원회(저출산위원회)라는 게 있는 줄 알게 된 것은 전임 부위원장이었던 나경원이 밀려나던 순간 아니겠는가? 저출산위원회 위원장은 대통령이다. 아주 관심 있는 사람 일부 빼면 그런 게 있는 줄도, 실질적 총책임자가 나경원이라는 것도 몰랐던 것 같다. 그리고 그 후임이 거의 처음 언론 인터뷰에서 한 얘기는 "인구청, 그런 건 필요 없다"는 내용이었다. 지금 이대로도 충분하다는 말 같다. 과연 그럴까? 인구 문제는 지금 어떤 정부 부처의 일도 아닌 것으로 돼 있다. 가장 직접적인 영향을 받는 국민경제를 담당하는 기획재정부가 담당 부처 같지만, 스스로 그렇게 생각하는 것 같지도 않다. 인구 특히 노동 인구가 줄면 잠재성장률이 내려간다. 치명적이다. 잠재성장률과 관련된 1차 부처는 기획재정부지만, 아직은 경제부처들이 이 문제가 자신들이 풀어야 할 과제라는 인식이 약하다.

자신이 당사자가 아니라고 생각하는 곳은 개인, 사회단체, 정부 부처만이 아니라 정당도 포함된다. 정당에서 가장 우선순위가 높은 것은 안철수가 처음 정치에 등장하면서 '새 정치'를 내세웠던 것과 같이, 정치 개혁을 비롯한 정치 과정이다. 이런 걸 정당에서는 '정무적' 사안이라고 하는데, 한국에서는 대체적으로 정책이 정무적 사안보다 우선순위에서 밀린다. 그리고 정책들 중에서도 특정 직업군이나 계층의 득표와 직결되는 정책들이 우선순위가 훨씬 앞선다. 역대 대선 공약 중에서 가장 파괴력이 높았던 것은 노무현 후보의 행정수도 이전이었고, 이 공약은 선거 흐름을 바꿔놓았다. 2010년 지방선거에서 나왔던 무상급식 공약은 당시 민주당의 1번 공약이었는데, 정책이 선거 흐름과 결과를 바꾼 거의 마지막 선거였다. 그 뒤부터는 정당의 1번 공약이 선거 흐름을 바꾼 경우는 없었고, 부차적 혹은 보완 효과 정도만 발생시켰다. 저출생 관련 정책들은 때때로 공약으로 등장하기는 하지만, 핵심적으로 선거 판세를 바꾼 적은 없다. 누군가 이런 공약을 내면 상대방이 "나도", 그렇게 비슷한 것을 같이 내게 된다. 저강도의 정책이 '모양내기' 수준에서 가끔 제시될 뿐이다.

한국 사회가 지금부터 겪게 될 저출생에 의한 경제 및 사회 구조의 변화 그리고 여기에 대한 우리 사회의 적응은 모두에게 문제가 될 사안 이지만, 현실에서는 아무의 문제도 아니다. 문제가 작아서가 아니라 당 사자가 없거나 장기적 문제라는 인식 때문에 관련자들의 움직임이 사 회적으로도 정치적으로도 관심을 덜 받기 때문이다. 지난 20년간, 한 국에서 저출생 문제는 아무의 문제도 아닌 것으로 방치되었다. 나경원 이 저출산위원회 부위원장 자리에서 쫓겨나고, 후임 부위원장인 김영 미가 누군지, 거기서 뭐하는지 아무도 관심을 갖지 않게 된 것도 이런 구조적 이유 때문이다. 한국의 인구 문제에 대해서 오히려 한국 내부보 다 외부에서 더 많은 관심을 갖고 있는 것처럼 보인다. 한국 정도 규모 의 선진국에서 이런 현상이 나타나는 것은 전 세계적으로 처음 겪어보 는 일이기 때문이다.

노벨문학상을 수상한 솔 벨로의 『오늘을 잡아라』는 잘 풀리는 일이 거의 없는 어느 한 사나이의 절망과 파국이 벌어지는 한나절을 묘사한 소설이다. 영어로는 'Seize the day!', 라틴어로는 '카르페 디엠'이다. 지금의 한국 문명은 솔 벨로의 소설 제목과 같다. 우리는 지난 20년 동 안 벌어진 문제들이 어떻게 될지 관심이 없는 상태에서 어제와 같은 오 늘 그리고 오늘과 같은 내일이 이어질 것이라고 생각하면서 현재를 최 대한 즐기고 있다. "오늘을 잡아라."라고만 말하면서. '모두의 문제는 아무의 문제도 아닌' 채 방치되고 있다. 그렇지만 당사자가 없다고 해 서 문제가 사라지는 것은 아니다.

2장

10대들이
만나게 될 미래

행복한 중학생
즐거운 중학생

솔직하게 고백하면, 나는 한국의 출산율 하락에 대해서 어느 정도 예상은 했지만, 이 문제를 연구하는 것이 내 일이나 과제가 될 것이라고 생각한 적은 없었다. 앞으로 벌어질 일을 내가 전부 알고 있었다거나, 오래전부터 생각하고 있었다고 말할 형편도 아니다. 아마 한국에서 인구를 다루는 대부분의 사람들은 20대나 30대 혹은 40대, 즉 부모들의 출산과 관련된 행동 패턴에 시선을 맞출 것이다. 출산율에 직접적인 영향을 미치는 이들이기 때문이다. 그렇지만 내가 10대와 그보다 더 낮은 연령대 어린이들의 삶과 미래를 더 민감하게 보게 된 것은 우리 집 두 어린이들이 딱 그 나이이기 때문이다. 아무래도 부모로서 더 신경을 써서 보게 된다.

한국의 50대, 특히 남성들은 요즘 젊은이들이 결혼을 너무 안 하고, 또 결혼을 해도 아이를 너무 적게 낳는 게 문제의 출발이라고 생각하는 것 같다. 그래서 결혼과 출산을 권장하고 싶어 한다. 물론 효과는 전혀 없다. 그렇게 해서 해결될 일이면, 앞선 언급했던 것처럼 대형 교회들의 영향력이 매우 큰 미국에서 저출산 문제 같은 것은 벌써 해결되었을 것이다. 결혼과 출산은 개인의 삶에서는 아주 큰일이다. 결혼할 때 느끼는 스트레스의 크기가 부모 죽음 때와 거의 같다는 논문을 예전에 읽은 적이 있다. 최근에는 결혼이 주는 스트레스를 기본 단위로 다른 충격적인 사건들이 주는 스트레스 강도를 비교하는 연구들이 진행되기도 하였다. 한국에서는 자식의 죽음, 미국에서는 배우자의 죽음이 가장 스트레스도가 높다는 연구가 있었다. 결혼은 행복한 일이고, 축복만 있을 것 같지만, 현실에서는 스트레스 지수 역시 매우 높은 사건이다. 나이 먹은 사람이 몇 마디 한다고 해서 혹은 TV나 교회에서 뭐라고 한다고 해서 아이를 낳기로 결심할 사람은 거의 없을 것 같다.

어린이집에 다니던 둘째가 어느 날 정말 무감하게 말했다. "저는 결혼 안 하려고요." 집안의 할머니들이 난리가 났다. "좀 편하게 살려고요." 왜 결혼을 안 하려고 하느냐는 외할머니와 친할머니의 물음에 둘째는 담담하게 대답했다. 아직 어린이집에 다니는 이 아이가 무슨 대단한 철학이나 깊은 생각이 있어서 한 말은 아닐 것이다. 그냥 그 또래의 분위기가 그런 것이겠거니 생각했다. 그 시절에 TV 뉴스에서는 집값 상승 얘기가 거의 매일 나오고 있었다. 어린이집 다니던 시절부터 둘째는 자기가 커서 집을 사는 게 매우 어려운 일이라는 것을 이미 알고 있었던 것 같다. 집을 사지 않아도 되려면 결혼을 하지 말아야 한다는 사실을 아이들은 어린이집에 다니면서 이미 알게 된다. 아마 그 또래들의 집단적 분위기가 그랬던 것 같다.

이미 결혼하지 않겠다고 굳게 결심한 중학교 학생들을 보는 게 그리 어려운 일이 아니다. 특히 결혼할 마음이 있다는 여중생을 만나기는 쉽지 않다. 연애나 결혼에 대한 생각 대신 그즈음부터 남학생의 경우는 여혐, 여학생의 경우는 남혐이 시작된다. 대체적으로 중2 정도가 되면 선행 학습을 통해서 특목고로 진학하려는 학생들과 그렇지 않은 학생들 사이의 분리가 어느 정도 완료된다. 물론 독일의 경우처럼 상급 학교로 진학하는 학생과 실업계 진학 학생이 아주 일찍 분리되는 경우도 있다. 어느 직업을 선택하든 정상적이고 행복한 시민으로 살아가는 데에 큰 문제가 없다면 이런 분리 자체가 문제는 아니다. 유럽에는 현실적으로 직업에 대한 귀천 의식이 우리처럼 크지 않다. 프랑스 국립대학에 다닐 때, 임명된 지 얼마 되지 않은 경제학과 교수보다 경제학과가 있는 건물의 나이 많은 수위 월급이 더 많은 걸 본 적이 있다. 국립대학 교수는 공무원이고, 명예가 있다. 수위는 명예가 없는 대신 부족하지 않은 월급을 받게 된다. 그러나 우리의 경우는 사정이 좀 다르다. 직업에 따른 기대 수익률 차이가 굉장히 크다. 당연히 의대나 법대처럼 학생들이 몰리는 학과가 생겨난다. 명예와 돈을 다 가질 수 있는 직업들이 존재한다. 이런 상황에서 고등학교 때부터 학생들이 분리되는 것은 사회적으로 옳은 방향은 아닐지라도, 경제적 측면에서는 피하기 어려운 현상이다.

21세기에 한국이 만들어낸 아주 독특한 교육과 경쟁 시스템은 '행복한 어린이' 혹은 '행복한 10대'와는 거리가 멀다. 경쟁에서 이겼든 졌든, 우리나라가 10대들에게 행복한 나라는 아닌 것 같다. 이렇게 10대를 보낸 청년 대부분이 갑자기 선배 세대보다 결혼과 출산을 더 원하게 될 것이라고 생각하기는 어렵다. 물론 매우 행복하고 유능하게 이 모든 경쟁에서 살아남아 성공적으로 20대에 안착하는 사람이 없는 것은 아니다. 그렇지만 평균적으로, 중고등학교까지의 의무 교육 기간이 끝나면, 한국의 20대는 정서적이고 심리적인 스트레스보다 경제적인 압박감을 더욱 크게 느낄 확률이 높다.

우리나라 전체적으로는 자살이 줄어드는 경향을 보이고 있는데, 10대와 20대의 자살은 조금씩이지만 증가하는 추세를 보이고 있다. 30대 이상의 자살은 세계 1위다. 20대 이하의 자살은 평균치보다 많이 높기는 하지만, 세계 최고까지는 아니다. 그렇지만 자살 시도에 대한 수치를 보면, 그렇게 단순하게 "높지 않네."라고 볼 일은 아니라는 생각이 들 것이다.

2021년 자해 혹은 자살을 시도해서 응급실에 내원한 수를 보면, 20대 11,336건으로 전체의 31.0%이고, 10대는 5,457건으로 14.9%에 해당한다. 10대 이하는 자살이 없지만, 자살 시도는 11건이 있다. 충격적인 일이다. 20대의 자살 시도가 워낙 높아서 10대의 자살 시도가 적어보이지만, 20대를 제외하면 전 연령대에서 10대의 자살 시도가 가장 많다. 그 다음으로 자살 시도가 많은 것은 30대로서 14.2%다. 10대의 자살 시도 자체가 매우 높아서 놀랄 정도인데, 이 비율은 연령별 인구 비중을 고려하지 않은 단순 비율이다. 아동·청소년(~17세) 인구 비중이 2000년 25.7%에서 14.1%로 줄어들은 것을 고려하면, 10대의 자살 시도는 그 규모가 상대적으로 더 크다고 볼 수 있다. 통계청이 2022년에 발간한 〈아동·청소년 삶의 질〉 보고서는 좀 더 충격적인 사실 하나를 보여준다.

"학교급: 2021년에는 중학생이 고등학생보다 자살 생각 비율과 자살 시도율이 더 높게 나타났다. 자살 생각 비율은 학교급별 차이가 뚜렷하게 나타나지 않는 반면, 자살 시도율은 2020년을 제외하고는 전반적으로 중학생이 더 높다."

〈표 3〉 성·학교급별 자살 생각 비율과 자살 시도율(2021) (단위: %)

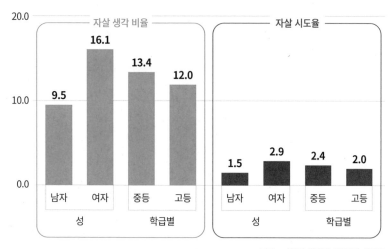

자료 : 〈아동 청소년 삶의 질〉 2022

이 수치들에 너무 절대적인 의미를 부여할 필요는 없지만, 10대 미만에서는 없던 자살 시도가 20대에 절정에 달하는 흐름에서 중학생들의 자살 시도가 고등학생보다 높은 현상은 자연스럽지 않다. 초등학교에서 중학교, 고등학교로 갈수록 스트레스가 더 높아지다가, 20대가 되면 절정에 달한다는 가설이 자연스러운 것 같은데, 현실은 그와 다르다. 대학 입시를 앞둔 고3이 가장 스트레스가 높고, 대학에 들어가면 행복까지는 아니더라도 어느 정도 해방감을 느끼게 될 것이라는 게 통상적인 우리의 상식이다. 하지만 자살 시도 비율로 보면, 이런 안일한 상식은 깨어진다. 20대 자살 시도율이 다른 연령대보다 높은 것은 한국에서 청년의 삶이 워낙 고단한 것이라, 어느 정도 이해할 수는 있다. 그렇지만 중학생의 자살 생각과 자살 시도 비율이 고등학생보다 높은 것은 뭔가 다른 구조적 문제가 있기 때문이라고 볼 수밖에 없다.

이와 관련해 우리가 주목해야 할 점은 진로에 따른 학생들의 분리 과정이 중학교 단계에서 본격적으로 진행된다는 사실이다. 예능 계열의 일부는 초등학교 졸업과 함께 분리가 시작되지만, 대부분의 경우는 중학교 졸업 이후 특목고 진학과 함께 분리가 시작된다. 특목고에 갈 학생과 그렇지 않은 학생이 중학교에 같이 모여 있는데, 중학생들에게는 이 시절이 우리가 생각하는 것보다 훨씬 더 많은 스트레스를 받는 과정일 수 있다. 이미 선행 학습으로 영어나 수학 등 주요 과목의 학교 수업이 무의미하게 느껴지는 학생들과 그렇지 않고 학교 수업을 꼭 들어야 하는 학생들이 한 공간에 모여 있는 상황은 서로에게 피곤한 일이다. 그런 환경으로부터 생겨나는 스트레스들이 여러 증폭 장치들을 만나면, 자살 생각 혹은 자살 기도로 연결될 수 있다고 추정할 수 있다. '중2병'이라는 말이 괜히 나온 게 아니다. 중등교육의 출발 단계인 중학교에 대규모의 개혁이 필요하다. 중학교는 그냥 고등학교에서 분리되기 전에 잠시 스쳐 지나가는 정거장이 아니다. 우리는 한 개인의 성장에서 가장 중요하고 가장 결정적인 중학교 시절에 학생들을 이다지도 스트레스 가득한 공간 속으로 밀어 넣은 채 방치하고 있는 것이 아닐까?

이제 중학교 단계를 지나면, 학생들은 구조적인 모순의 중심부로 들어가게 된다. 특목고에 간다고 해서 행복한 시간이 기다리고 있다고 할 수 없다. 어쨌든 더 이상 우리가 제어하지 못하는 경쟁은, 우리가 받아들여야 할 하나의 덕목이 되어버렸다. 우리는 스트레스를 당연하다고 생각하지만, 사실 이 상황이 일반적인 것은 아니다. 특목고에 입학한 학생은 그들대로, 그렇지 않고 그냥 일반 고등학교에 남은 학생들은 그들대로 모두 외롭고 괴롭다. 과연 자본주의가 원래 이런 것인가? 한국 자본주의만 이렇다.

시급한 것은 중학교 개혁이다. 물론 개혁이 쉬운 일은 아니다. 그렇지만 우리 시대에 중학교를 중심으로 한 교육 개혁이 가능할 수 있는 물질적 조건이 있기는 있다. 학생 수가 급격하게 줄어들 것이라는 점은 명확하고, 이건 주어진 상수다. 보통의 경우는 학생 수가 줄면, 학교도 줄이고, 예산도 같이 줄인다. 기계적인 예산 논리로는 그렇다. 그렇지만 초등학교와 대입을 앞둔 고등학교 과정 사이에서 그냥 스쳐 지나가는 정거장 같이 간주되는 중학교 단계의 독자성을 살리기 위해서, 예산을 줄이지 않는다면, 추가적인 조치를 취할 수 있는 가능성이 생긴다. 돈이 없는 것은 아니다. 지금 우리는 10대들의 삶, 특히 중학생들의 삶에 대해서 너무 무신경하고, 그들이 어떻게 지내고 있는지 잘 모른다. 그렇지만 자살을 생각하는 중학생들이 적지 않고, 그게 고등학생보다 많은 지금의 상황을 그대로 방치하는 것은 곤란하다. 지금 한국의 중학생은 고단하고 외롭다.

두 가지만 얘기하고 싶다. 선행 학습은 지금도 금지되어 있다. 다만 학교 밖을 나서면 아직 법적으로 강제할 방법이 마땅치 않다. 최소한 중학교 단계까지는 사교육을 통한 선행 학습을 금지할 수 있도록 제도적 조치를 취하는 것은 예산이 크게 들지 않는 일이다. 사교육의 폐해에 관해서는 여러 가지 지적이 가능하지만, 그래도 부모들이 어쩔 수 없이 사교육에 지갑을 여는 가장 큰 이유는 선행 학습 때문이다. '행복한 중학생', 개인들이 갖는 교육의 권리와 기본적인 인권이 충돌하는 순간이다. 지금까지는 교육이 더 중요하다는 사회적 흐름이 강했다. 그렇지만 중등교육에서 생기는 문제들이 지금의 저출생 국면의 중요한 요소라고 생각하면, 최소한 중학교 단계에서의 선행 학습에 대해서 다른 판단을 할 수 있다.

또 다른 한 가지는 학생이 준다고 중학교 예산을 기계적으로 줄이지 않고, 기존 규모를 유지한다면 '즐거운 10대'를 위해서 이 사회가 사용할 수 있는 예산 여력이 늘어난다는 점이다. 그런 여력으로 즐거운 10대를 위한 교육 정책들을 개발하고 만드는 게 사회적으로는 도움이 될 것이다. 예를 들면, 학교에서 영화제를 만들고, 지역별로 청소년 영화제가 생기고, 이걸 다시 전국 단위로 확대하는 것을 생각할 수 있다. 지금 우리가 중요하게 생각하는 교과 과목들은 근대 이후 생겨났지만, 21세기가 되면서 새로운 과목을 교육할 필요성이 생겨났다. 그렇지만 학교에서는 기존 과목 외에 적절한 교육을 추가로 다루기가 쉽지 않다. 영화, 로봇, 스포츠 등 필요하지만 예산 부족으로 하지 못한 교육 활동들이 많이 있다. 기존의 주요 교과목 이외의 즐겁고 의미도 있는 교육 활동은 대학 진학에 별로 도움이 되지 않고, 예산도 부족하다는 이유로 현장에 도입되지 못했다. 영화제를 학교에서 시작해서 전국 단위로 만들 때 필요한 경비는 학생이 줄어들 때마다 예산을 깎지 않고 기존 규모를 유지하면 확보할 수 있다. '즐거운 중학생', 우리는 필요성도 느끼지 못했지만, 정책 목표와 예산이 생기면 해볼 수 있는 일이다. 100만 명 이상이 태어나던 시절과 지금은 다르다. 지금은 중학생을 경쟁에 몰아넣어야 하는 시기가 아니다. 그들이 조금이라도 행복하고 즐겁게 지낼 수 있게 하는 것이 시급한 정책 목표가 되어야 할 때다. 지금 중학교는 대입 예비 단계 정도로 가볍게 생각하기 때문에, 경쟁은 과잉이고, 학생 개개인의 행복과 개성은 별 가치를 인정받지 못한 채 방치되고 있다. 그래서 생겨난 결과가 '외로운 중학생' 그리고 '괴로운 중학생' 현상이다.

부모나 예비 부모의 눈으로 중학교를 보자. 보육 단계도 고달프지만, 중학교 단계도 부모의 보살핌이 필요한 시기다. 물론 영유아나 초등학교 시절부터 조기 교육을 시키겠다고 마음먹은 사람들에게는 중학교에서의 선행 학습과 특목고 트랙 선택이 당연하게 여겨질 것이다. 그렇지만 모든 부모들이 그럴 수 있는 것은 아니다. 많은 예비 부모들은 보육이나 교육을 포기하는 것이 아니라 아예 출산, 아니 출산 계획 자체를 포기한다. 특목고를 보낼 여력이 없거나 그럴 생각이 없는 부모들도 중학교 단계에서 자신의 자녀들이 외롭고 괴로운 삶이 아니라, 행복하고 즐거운 삶을 가지게 될 것이라는 희망을 갖고 싶어 할 것이다. 우리는 외롭고 괴로운 중학생들이 드러내는 일련의 현상을 그저 '중2병'이라는 가벼운 농담으로 치부하며 넘어갔다. 그리고 사춘기 연령이 내려온 것일 뿐이라고 가볍게 분석하고, 문제의 구조적 성격에는 눈을 감으려고 하였다.

이제 2010년 이후 출생아들, 좀 지나면 2020년 출생아들이 10대가 된다. 100만 명씩 중학생이 되고 고등학생이 되던 시기와 지금 방식이 크게 다르지 않다. 세상의 많은 일들은 변한 게 문제가 되는데, 이 경우에는 변하지 않은 게 문제가 된다. 적당히 버리고, 남은 학생들만 챙겨도 큰 문제가 없던 시기는 이제 지났다. 한국의 저출생 문제는 총체적 난국이지만, 궁극적인 약점은 10대에 있다. 영유아가 어린이집을 떠난다고 그냥 어른이 되는 것은 아니다. 어른에 이르는 중간 단계에 구멍이 숭숭 뚫려 있다. 그리고 가장 큰 구멍은 중학생 때다. 21세기 한국에서 태어난 많은 사람들은 이 시기에 괴롭고 외로운 그리고 때로는 아주 돈이 엄청나게 많이 드는 시기를 보낸다. 청소년들이 겪는 가장 불안하고 위태로운 시기는 공교롭게도 중학생 시기라는 점을 우리는 놓치고 있다.

몇 년 지나기는 했지만, 아주 유명했던 사람의 중학생 자녀가 자살한 사건으로 많은 사람들이 충격을 받았다. 그 이후로 학생 부모의 삶은 많이 바뀌었다. 실제로 내 주변에서 경험한 중학생 자살 사건은 그게 유일하지만, 중학생 자살 시도는 몇 번 더 보았다. 자살의 경우, 징조가 보인다고 하지만, 내가 본 사례들은 부모들이 눈치 챌 정도의 징조가 없어서, 더 당황스러웠다. 어쩌면 그런 징후와 호소들을 우리는 사춘기 현상 정도로 가볍게 봤고, '중2병'이라고 조롱이 담긴 언어로 혀만 차고 말았다. 우리는 행복한 10대 그리고 행복한 중학 시절을 만드는 데에 문명적으로 실패했다. 이걸 그냥 두고 가도 좋을까? 불행히도 우리는 이 시기에 많은 학생들이 만나게 되는 구조적 문제를 보는 대신에, 오히려 일탈하는 학생은 가차 없이 때려잡자는 '촉법소년' 문제에 열심이었다.

중학교 때 행복을 느끼지 못했는데, 고등학교에 가서는, 아니면 대학교에 가서는 행복할 수 있을까? 정서적인 트라우마가 깊이 남는다. 지금까지 한국 문명은 중고등학생 몇 명이 일탈하거나 혹은 자살을 고민하더라도, 그건 소수의 문제라고 생각하고 그냥 하던 대로 하는 데에 익숙해져 있다. 그렇지만 출생아 수가 줄면서 10대의 숫자도 줄어들고, 당연히 중학생의 숫자도 줄어들게 된다. 이미 많이 줄어들었다. 그렇지만 우리의 인식은 물론 행위에 변화가 생기지는 않았다. 상황은 변화했는데, 기존의 루틴이 변화하지 않는 것이라고 할 수 있다. 행복한 중학생, 우리는 건국 이후 그런 과제를 한 번도 생각해보지 않았다.

한국 남자들의 여성 혐오 혹은 여성들의 남성 혐오를 젠더 갈등 측면에서 설명할 때, 주로 20대, 30대를 분석 대상으로 한다. 그렇지만 혐오의 기원은 많은 경우 중학교 시절로 거슬러 올라가게 된다. 극도로 불안하고, 외로운 중학교 시기, 남혐 혹은 여혐이 자리를 잡게 된다. 그렇게 고등학교를 거쳐서 대학생이 되면, 이제 '완성형 여혐'이 된다. 그리고 10년이 지나면 이들이 20대가 되고, 부모 나이가 되기 시작한다. 그때가 되면 젠더 갈등이 지금보다 완화되고, 청년들의 연애가 지금보다 늘어날까? 그렇게 전망하기는 어렵다. '행복한 10대', 지속가능한 사회를 위해서 이제는 우리가 심각하게 생각해야 하는 문명적 과제가 됐다.

청소년 책 시장
사라지는 것들

별로 과학적이지는 않은 얘기일지도 모르지만, 많은 사람들이 어린이용 책 시장과 청소년용 책 시장이 엄청나게 커질 것이라고 전망하던 시절이 있었다. 1980년대에 대학생들은 책을 많이 읽었고, 그 시기부터 1997년 IMF 경제 위기 때까지가 사회과학 서적의 전성기였다. 하지만 IMF 경제 위기 이후 다른 분야의 매출액은 줄었다가 다시 회복되었지만, 사회과학 책은 그렇지 않았다. 이렇게 사회과학을 읽던 소위 386이 부모가 되면, 어린이용 도서와 청소년용 도서가 호황기를 맞을 것이라고 전망을 하는 사람들이 많았다. 독서를 많이 했던 사람들이 부모가 되면, 자녀들에게도 더 많은 독서 교육을 할 것이라는 예측에 근거한 것이었다. 그래서인지 아닌지는 알 수 없지만, 2000년대로 넘어오면서 청소년 독서 시장이라는 특징적인 시장이 존재했었다. 『청소년 토지』는 그 시절을 상징하는 책이라고 할 수 있다.

소설가 박경리는 한국 문학사의 한 페이지를 장식하는 작가다. 『토지』는 1969년 연재를 시작하여, 1994년에 완성되었다. 25년간 한국 사회와 『토지』는 뗄 수 없는 관계를 맺게 되었다. 16권에 걸친 이야기는 최서희라는 매우 강렬한 캐릭터를 만들어냈다. 세 번이나 드라마로 만들어졌다. 이때마다 누가 최서희를 맡을 것인가가 초미의 관심사였다. 원작 『토지』의 분량을 좀 줄이고, 중고등학교 학생들이 읽기 편하게 다시 만든 것이 『청소년 토지』다. 2003년에 나왔다. 대표적인 청소년 권장 도서다.

청소년용 책은 아니지만, 청소년들이 가장 많이 읽었던, 한비야가 쓴 『지도 밖으로 행군하라』가 공전의 히트를 기록한 해는 2005년이다. 그 시절에는 청소년용 책 시장이라는 게 분명히 존재했다. 2004년에는 황석영의 『장길산』 청소년용이 10권짜리 세트로 나왔다. 청소년용으로 만들어진 것은 아니지만, 이문열의 『삼국지』 역시 1,700만 부가 팔려 나간 대형 히트작이었고, 청소년 필독서였다. 당시의 인구 규모를 생각하면 거의 모든 가구가 『삼국지』 한 세트씩 샀다고 해도 과언이 아니다.

얼마 전 다시는 청소년용 토지 같은 책이 한국에서 나오지는 않을 거라는 얘기를 들었다. 주요 서점들이 더 이상 청소년 책을 별도의 항목으로 노출시키지는 않는다는 얘기는 좀 충격적이었다. 물론 10대를 위한 책이 아예 안 나오는 것은 아니지만, 앞으로 박경리의 『토지』 같은 16권짜리 대작이 청소년용으로 나오기는 어렵다. 이 사실 자체로는 아무 사건도 아니다. 여전히 『토지』의 원래 버전은 판매되고 있고, 박경리의 소설을 보고 싶은 사람은 12권짜리 축약본이 아니라 현재 유통 중인 20권짜리로 볼 수 있다.

그렇지만 특별한 사건이 없었음에도 불구하고 점차적으로 한국에서 『청소년 토지』와 같은 10대 책 시장이 점점 위축되어 가고 있는 것은 간단한 일이 아니다. 밀물과 썰물이 교차할 때, 별 특별한 징조 없이 바닷물이 잔잔해지는 순간이 있다. 지금이 그런 때와 비슷하다. 약간의 유의미한 변화를 보고 앞으로 닥쳐올 흐름을 해석하고 전망할 수 있다. 출생아 수 감소가 발생시킬 수많은 문제들을 해결하기 위해 미리 해보는 연습 문제 풀이 같은 것이다.

10대 책 시장 실종에 대한 가장 쉬운 해석은 '책의 종말' 가설이다. 동영상에 더 익숙하고, 텍스트가 불편한 새로운 세대가 등장했고, 그래서 청소년용 매체, 특히 청소년용 책 시장이 먼저 위축된 결과 나타난 현상이라는 분석이다. 결국 '올드 매체'인 종이책은 사라지고, 학습서나 자기개발서 같이 인기 있는 장르가 아닌 문학이 먼저 사라졌다고 해석하는 게 가장 편하고 쉬운 설명이다. "요즘 책 보는 학생이 어디 있어요?" 이런 직관적인 문장 하나로 쉽게 설명이 된다.

여기에 추가 설명을 붙일 수도 있다. 독서에 관한 조사들을 살펴보면, 우리나라 학생들은 중학교 2학년을 경계로 독서량이 급격히 줄어든다. 초등학교 때 책을 많이 보다가, 중학교 때 확 줄어들고, 고등학교에 올라가면 거의 성인 수준으로 책을 안 본다. 책은 결국에는 사라질 것이고, 청소년들이 책을 덜 보니까, 10대용 책 시장이 없어진 것이다. 이렇게 생각하면 올드 매체와 뉴 매체 교체기에 발생하는 자연스러운 사건으로 볼 수 있다. 필름 카메라가 디지털 카메라로 대체되면서, 필름을 만들던 회사들은 사라졌다. 시간이 좀 더 지나서 핸드폰의 카메라에 다시 디카들이 밀려나서, 전문가용 고급 카메라 정도만 살아남게 되었다. 이런 변화가 종이 책에 오고 있는 것이라고 설명할 수 있다. 여기에 한국의 공교육 교사들은 무능하고, 그래서 10대들의 독서 교육은 실패한 것이다, 이런 가설 하나를 더하면 거의 완벽한 설명이 된다. 적어도 외형적으로는 그렇다.

하지만 이 설명은 외형적으로는 맞는 것 같지만, 뭔가 이상하다는 생각을 지우기는 어렵다. 『청소년 토지』 같은 책이 더 이상 나올 수 없게 된 이유를 책의 종말과 10대를 위한 독서 교육 실패만으로 설명하는 것이 불충분한 것은 속도 때문이다. 언젠가 종이책이 상업적으로 존재하기 어려운 순간이 올 수도 있고, 더 이상 청소년 독서 시장이 버티기 어려운 순간이 올 수도 있다. 사회과학 등 문사철 계열의 책들은 지금도 어렵다. 그런데 왜 바로 지금인가? 속도가 너무 빠르다.

정말로 책의 종말 때문에 10대 책 시장에 변화가 온 것이라면, 비록 속도는 다르더라도 다른 나라에서도 비슷한 징조가 나타나야 이런 설명이 자연스럽다. 외국에서도 비슷한 변화가 나타나는 중인데, 우리가 다른 나라보다 약간 빠른 정도라면 이 가설이 맞는다고 할 수 있다. 우리나라에서는 크게 성공하지 못했지만, 『해리 포터』와 함께 한동안 세계적 열풍을 만들었던 『레모니 스니켓』 시리즈는 여전히 세계적으로 잘 팔리는 스테디셀러. 부모들이 자녀들에게 사 준 책으로는 『해리 포터』가 최고지만, 자녀들이 자기 손으로 직접 산 책으로는 『레모니 스니켓』이 더 많다는 전설 같은 얘기도 있다. 홈즈 여동생의 맹활약을 그린 소설 『에놀라 홈즈』가 선풍적인 인기를 끌자, 넷플릭스가 이를 두 편의 영화로 만들었다. 새로 생긴 이런 트렌드에 의해서 '영 어덜트'라는 새로운 장르가 생겨났다. 기존의 청소년이 주로 10대를 지칭한다면,

영 어덜트는 10대 후반에서 20대 초반까지를 포함한다. 일본에서는 한국의 웹 소설에 해당하는 라이트 노벨이 실제 책으로 만들어져서 새로운 장르를 개척하고 있다. 10대들이 주 소비자인 이 시장에서 책이라는 형식은 나름대로는 여전히 그 자체로 장르이고, 트렌드이기도 하다.

한국에서 10대 책 시장이 급격히 축소된 현실이 해명되려면 한국의 10대들이 최소한 다른 OECD 국가들에 비해서 유독 소설과 같은 문학을 더 이상 읽지 않는다는 특수 가설을 집어넣어야 한다. 하지만 이건 좀 부자연스러운 설명이다. 물론 사회과학 영역에서도 선진국 사례를 보여준 뒤 "우리는 안 돼." 혹은 "우리는 다르다."는 식의 특수 가설을 내세우는 경우가 있기는 하다. 그렇지만 한국의 10대만 유독 책을 안 읽어서 10대용 책이 상업적으로 만들어지기 어렵다고 하는 건 너무 특수 가설에 의존한 설명법이다.

다른 분야 마케팅에서 흔히 하는 것처럼 소비자 집단의 변화를 근거로 이 현상을 설명하는 것이 더 자연스럽다. 이건 어렵지 않다. 2000년대에 10대가 된 1990년대 출생아 수를 보면 1990년에 65만 명 정도(합계출산율 1.57), 가장 많았던 1992년에 73만 명 정도(1.76) 태어났다. 30년이 지났고, 2010년에 태어나 지금 10대인 인구는 47만 명이다. 그동안 10대들이 35% 가량 줄어든 것이다. 한국 기업의 영업이익률이 5~6% 정도면 괜찮은 편인데, 그래도 매출액이 35% 줄어들면 버티기 힘들다. 인구가 줄어들면 소비자가 그만큼 줄어들기 때문에, 그걸 상쇄하기 위한 다른 마케팅 요소를 찾아내지 않는다면 매출액은 감소한다. 물론 10대 책처럼 사교육도 마찬가지 문제점에 부딪히지만, 나름대로는 해법을 찾아냈다. 영유아 사교육으로 마케팅 대상의 범위를 넓혔고,

선행 학습으로 시장을 넓혔다. 장기적으로는 청소년 절대 인구의 감소로 사교육도 결국엔 어려움을 겪기는 하겠지만, 아마 국민 경제가 무너지는 게 그보다 빠를 것이다.

문제는 이 변화가 일시적인 것이 아니라는 사실이다. 2020년 출생아는 27만여 명으로 더 많이 줄어든다. 10년 후가 되면 10대 소비자는 더 드라마틱하게 줄어들 것이다. 그냥 마케팅 차원에서만 보면 10대용 책 시장은 취향 변화에 따른 일시적 위기 정도가 아니라 전형적인 사양 산업의 특성을 가지고 있다. 일시적 현상이 아니라 구조적이고 추세적으로 줄어든다. 관련 인력 및 자본도 이 같은 인구 변화를 예상할 수 있기 때문에 선제적으로 시장에서 빠져나오게 된다. 물론 키즈 어덜트, 즉 '키덜트'처럼 어른이 되어서도 10대용 굿즈를 소비하는 사람들이 존재하기는 하지만, 실제로 나이가 든 어른들이 『청소년 토지』를 사서 읽을 것 같지는 않다. 10대용 출판 시장은 조금만 더 지나면 디지털 카메라가 대세가 되면서 필름 카메라가 맞게 된 운명이 될 수 있다. 아날로그의 상징과도 같은 LP가 극적으로 부활했고, 턴테이블이 다시 팔리기 시작했지만, 그것들은 일종의 팬시 용품이다. 복고적 취향인 레트로 마켓이 존재하기는 하지만, 전면화되기는 어렵다. 저장 매체인 CD는 소멸 중이고 음원 시장이 그 자리를 대체해가는 중이다. LP시장은 흔히 틈새시장이라고 부르기도 하는 니치 마켓의 모습에 가깝다. 청소년 인구 감소가 진행되면서 청소년 책과 같이 소비 인구 변화의 영향을 직접적으로 받는 시장에서 신규 투자가 이루어지기가 어렵고, 기존 인력들도 결국에는 철수하게 된다.

정책 시뮬레이션에서 종종 쓰는 용어 중에 'BAU'라는 표현이 있다.

Business-As-Usual, 늘 하던 대로 전망하는 것을 의미한다. '정글의 법칙'을 좀 고상하게 표현하는 방식이라고 생각하면 된다. 정부나 사회가 특별하게 개입하거나 대응하지 않는 경우를 BAU라고 부른다. 요즘은 아주 많이 쓰는 용어가 되었다. 기후변화에 대응하는 국제적 노력이 없다면, 온실가스가 얼마만큼 발생할 것인가? 이런 걸 'BAU 시나리오'라고 부른다. 한국에서 10대들이 읽는 책 시장은 BAU 시나리오대로라면 조만간 사라질 사양 산업이다. 그럼 이게 그냥 없어져도 사회적으로는 아무 문제도 없는 것인가? 우리는 이 질문 앞에 서 있다.

모든 10대 대상 시장이 책 시장처럼 어려워진 것은 아니다. 그 와중에도 사교육 시장에는 스타 강사들이 건재하다. 그 중에 흔히 '일타 강사'라고 불리는 사람들은 몇 십억 원대 연봉을 올리고 있다. 그들은 신이다. 진심으로 그 능력을 존경한다. 그러나 정상적인 재화와 용역을 제공하는 많은 일상적인 경제 주체들 모두가 그렇게 신의 능력을 가질 수는 없다. 소비자로서 10대 숫자는 점점 더 줄어들 것이고, 10대를 대상으로 만든 제품들도 점점 더 줄어들게 될 가능성이 높다. 그러면 안되는 것인가? 물론 10대들에게 별 문제는 없다. 한때 박경리를 비롯한 유명한 작가들이 쓴 책의 10대 버전을 만드는 것이 유행이었다는 얘기들만 전설처럼 남을 것이지만, 그렇다고 해서 10대들에게 바로 문제가 일어나지는 않는다. 그렇지만 우리 글로 우리나라 얘기를 하는 10대들을 위한 책이 사라지면 문화적 풍성함의 일부가 사라지게 된다.

물론 한국에서 10대가 사라지는 것은 아니다. 많아야 20만 명 대, 현실적으로는 10만 명 대가 매년 태어나고, 중고등학생 합쳐서 100만 명 내외의 청소년 시장 규모가 된다. 그들 중 1/10이 열독하는 독서 청소년이라고 생각하면, 한국의 청소년 독자 규모는 10만 명 정도가 된다. 이 시장도 작은 것은 아니다. 천만국가 정도의 강소국들이 그 정도 규모에서도 자신의 청소년 책 시장을 유지하고 있다. 작은 규모 그 자체보다는, 큰 시장에서 작은 시장으로 전환하는 과정에 적응하기 어렵다는 점이 문제다. 원래부터 작았던 시장은 그 안에서 버티는 나름대로의 노하우와 경쟁력을 가지고 있다. 그렇지만 큰 시장에서 작은 시장으로 전환될 때에는 이런 노하우가 없기 때문에, 작아지는 것이 아니라 그냥 사라질 위험성이 더 크다. 그게 한국의 10대, 청소년 혹은 영 어덜트 시장이 맞게 되는 진짜 위기다.

아동 문학이나 청소년 문학이 필요한가, 아닌가, 여기에 대한 정책적 판단이 요구된다. 만약 필요하다면, 인구 변화에 따라 청소년 책 시장이 겪을 어려움에 대한 적절한 보호 장치가 설계되어야 한다. 그렇지 않다면, 한국에는 청소년 문학은 물론 청소년들에게 권하고 싶은 소위 청소년 양서가 더 이상 등장하지 않게 될 것이다. 책을 만들기 위해서는 작가만 필요한 것이 아니라, 책을 기획하는 전문 기획자와 출판사, 다양한 종류의 디자이너들이 참여하게 된다. 경제적으로는 큰 규모가 아닐지 몰라도, 적은 규모의 전문가들이 네트워크를 형성하면서 아동 및 청소년 책 생태계가 만들어지고 유지되는 것이다. 대뜸 청소년에 대해서 뭔가 잘 이해하고 있는 천재적인 작가 한 명이 번개처럼 등장한다고 해서 시장이 생겨나는 것은 아니다.

10년 또는 20년 후에도 우리 사회는 청소년들에게 양서를 권장도서로 만들고, 독서를 권유할 것인가? 프랑스나 독일과 같은 유럽은 물론이고, 미국과 일본도 여전히 청소년용 권장 도서를 다양한 형태로 만들고, 자라나는 청년들이 책을 통해서 지식과 인성을 갖추게 될 것을 기대할 것이다. 그때 한국의 청소년들은 외국 책만을 보고, 가벼운 오락용 도서로 일본이나 중국에서 나온 라이트 노블을 소비하고 있을 가능성이 크다.

생각해보자. 우리는 일제 강점기에 '어린이'라는 용어를 만들었고, 동요와 동시를 열심히 만들었다. 그리고 심훈의 『상록수』처럼 청소년들이 열광했던 소설들이 나왔다. 어린이와 청소년이 건강하게 자라나야 빼앗긴 나라도 되찾을 수 있다는 간절함이 있었다. 그때도 풍성하게 만들어냈던 아동 청소년 문학 장르가 사라지는 것이 자연스러운 일인가? 한국의 청소년이 어떻게 시간을 보내고, 문화적으로 무엇을 소비할 것인가, 그 문화 밥상에 대한 고민이 지금 절박하다.

만년필 스타일 경공업의 미래

영화 〈뷰티풀 마인드〉는 천재지만 외롭게 살았던 수학자 존 내쉬의 삶을 그렸다. 그는 게임 이론을 정립하는 데 기여한 공로로 수학자로서는 이례적으로 노벨경제학상을 받았다. 영화에서 가장 인상적인 대목은 내쉬가 수상 소식을 처음 들었을 때, 그 자리에 같이 있었던 많은 동료 학자들이 자신들이 쓰던 만년필을 내쉬에게 선물하는 장면이었다. 노벨상 수상에 그런 전통이 있다는 것은 이 영화를 보고 처음 알았다. 누군가에게 축하하는 마음을 전달하는 여러 가지 방법 중에서 특색이 있으면서도 기억에 오래 남을 방식이었다. 만년필은 오래 쓰면 손에 익숙해지기도 하고, 자기 스타일로 길들일 수 있다. 그런 물건을 기꺼이 누군가에게 내어준다는 것, 그야말로 아날로그 방식으로 하는 최상위급 존경의 표시다.

나의 첫 만년필은 초등학교 6학년 때 외국 출장을 다녀온 이모부에게 선물로 받은 쉐퍼 만년필이었다. 당시 대한항공은 승객들에게 이 만년필을 나눠주었다. 그 이후 많은 만년필을 써봤고, 또 선물로도 많이 받았다. 지금도 입학식이나 졸업식처럼 좀 신경을 써야 할 때 중고등학생에게 만년필 선물을 자주 한다. 그런데 요즘 이걸 받는 아이들이 즐거워하는지는 잘 모르겠다.

만년필 시장에는 저가에서 고가까지 각양각색의 제품이 공존한다. 명품 용어를 빌리면, 초보자용인 엔트리 레벨부터 럭셔리 제품과 하이엔드 제품까지 존재한다. 몽블랑 같은 값비싼 만년필은 주로 유럽이나 미국에서 만든다. 한국도 만년필을 만들던 나라였다. 환경적으로 보면 튜브나 컨버터로 잉크를 채워가면서 거의 영구적으로 사용하는 만년필이 더 유리하다. 그렇지만 관리하기가 쉽지 않고, 자주 잃어버리는 사람도 적지 않다. 영국 국왕 찰스 3세가 대관식 때 사인하면서 손에 잉크가 묻는다고 불평하던 게 세계적 화제 거리가 되기도 하였다. 만년필을 쓰면 손에 잉크 묻히고 다니는 것 정도는 감수하는 수밖에 없다.

디지털 시대가 오면서 화려했던 만년필 산업도 이제는 많이 위축되었지만, 마치 LP가 디지털 전환 이후에도 살아남았듯이 만년필 시장도 어느 정도는 재정비를 하면서 나름 안정된 시장 구조를 다시 만들었다. 세계적인 명품을 만드는 일본의 경우 만년필 수출은 오히려 늘었다. 그깟 만년필 하나 만드는 게 뭐가 그렇게 어렵겠냐고 할 수도 있지만, 나름 숙련공의 노동이 필요한 산업이다. 우리나라는 한때 볼펜심 끝에 들어가는 바로 그 0.7mm 작은 '볼'을 만들 수 있는 정밀 가공 기술이 없어서 볼펜 하나도 못 만들던 시절이 있었다. 따지고 보면 권총을 만드는 기술과 만년필을 만드는 기술이 그렇게 크게 다르지는 않다. 금속을 정밀하게 가공할 수 있어야 펜촉과 펜대를 만들 수 있다. 지금 수준에서는 만년필 제조가 고급 기술이 아닐지 몰라도, 여전히 만년필을 만드는 나라는 그렇게 많지 않다. 만년필용 잉크도 펜촉과 만년필 관 안에서 너무 쉽게 굳거나, 너무 잘 말라도 안 된다. 그리고 써놓은 글씨가 변질되지 않아야 하며, 글자 색상을 오랫동안 보존할 수 있어야 한다. 때로는 지울 수 있는 특수 용도의 잉크가 필요하기도 하다. 난이도로 볼 때 만년필용 잉크를 만드는 화학 지식이 권총 실탄에 들어가는 화약 만드는 지식보다 결코 간단한 것은 아니다. 대기업이 "이제부터 우리는 만년필을 만든다."고 해서 곧바로 만들 수 있는 물건은 아니다.

일본은 여전히 많은 브랜드의 만년필을 만들고 있고, 가격도 꽤 비싸다. 우리와 많은 것이 비슷한 대만도 만년필 산업이 여전히 유지된다. 한국의 경우는? 필기구 시장이 있으니까 입문용 만년필을 만들기는 하지만, 고가 만년필 산업은 이제 존재하지 않는다. 이건 지식이나 기술의 문제가 아니라 수요의 문제다. 만년필을 사려고 하는 사람이 줄어들었으니까 더 이상 고가 만년필을 만들지 않는다.

소재를 만년필에서 치즈로 바꾸면 어떨까? 수천 종 이상의 치즈가 있는 나라와 치즈는 아예 안 먹는 나라 사이에는 무슨 차이가 있을까? 경제학적으로는 수요의 차이가 있고, 그 수요 뒤에는 선호 혹은 선호함수라고 부르는 개개인의 판단과 선택이 있다. 마르크스는 『자본론』에서 이런 문제는 심리학이나 인류학의 대상이지 경제학의 관심은 아니라고 말했었다. 전통적으로 경제학은 생산을 어떻게 할 것인가에 관심을 가졌을 뿐 무엇을 생산할 것인가에 대해서는 별 관심을 갖지 않았다. 수요가 공급을 결정한다는 간단한 설명 방식을 선호했다. 그렇다면 수요는? 역시 이론적으로 큰 설명은 없다. 수요는 그냥 소비자가 원하는 것이고, 그걸 좀 고상하게 말하면 '소비자 주권'이라고 부르기도 한다. 누가 어떤 제품을 왜 원하는가, 그건 소비자 마음이지만, 소비자의 개인적, 주관적 결정이 사실상 자본주의를 이끌어나가는 근본적인 힘이라는 시각이 깔려 있는 설명 방식이다. 소비자가 원하면 생산자가 그 물건을 공급하는 것, 이게 하이에크가 자본주의의 최대 강점이자 미덕이라고 오랫동안 설명해온 얘기다. 똑똑한 사람들이 모여서 막강 성능의 컴퓨터와 함께 사전에 계획을 세우는 계획경제는 소비자들의 욕구를 그대로 반영하며 꿈틀거리는 유럽 도시에 있는 슈퍼마켓 앞에서 결국 무너졌다. 몇 종류 안 되는 기본적인 생필품, 그나마도 비어 있는 진열대가 많은 사회주의 국가 사람들은 유럽의 다양하고도 풍성한 슈퍼마켓을 한 번이라도 보고 나면 예전의 삶으로 돌아가고 싶은 마음이 사라진다. 사회주의 정부가 그건 '자본주의 마약'이라고 아무리 선전해도, 소비의 욕구는 즉각적이고 본능적인 매력 같은 것이다. 이 부분에서는 하이에크가 맞게 본 것인지도 모른다. 북한에서 남한 드라마를 보면 엄중한 처벌을 받는다. 과거 남한의 군사정권도 금지된 '불온문서'를 읽은 사람에게 똑같이 했다. 생각이 다른 것, 취향이 다른 것을 폭넓게 허용하면서 자본주의가 더 풍성해졌고, 더 강력해졌다.

글씨를 쓰는데 굳이 만년필이 필요해? 물론 없어도 그만이다. 심지어 미래에는 필기구 자체가 없어질 수도 있다. 현대자동차 등 많은 회사는 '서류 없는 사무실'을 구현하는 중인데, 목표는 개인별 고정 책상을 없애는 것이다. 프린터를 없애고 서류를 없앴더니, 직원들이 자기 자리를 고집하지 않게 되었다고 한다. 프린터가 있으면 수많은 인쇄물과 서류가 생겨나고, 이것을 보관할 고정적인 자리가 필요하다. 서류가 없어지고, 메모도 사라지고, 호치키스가 필요 없고, 당연히 직접 펜으로 쓰는 서명도 필요 없게 된다. 사무실의 궁극의 모습이 이렇게 될 수도 있다. 그렇지만 여전히 많은 어린이집과 초등학교에서는 연필을 사용하고, 색연필을 사용하고, 크레파스도 사용한다. 물감도 사용하고, 심지어는 파스텔도 사용한다. 아마 인간이 다음 세대에게 똑바르게 글씨 쓰는 법을 알려주는 교육적 전통은 꽤 오래 갈 것 같다. 손으로 직접 수학 문제를 푸는 전통도 최소한 앞으로도 100년 이상은 갈 것 같다. 수학 초보자가 사칙연산을 암산으로 풀 수는 없다.

필기구끼리 형성하는 그들만의 생태계를 상상해본다면, 가격 기준 최하위에 고무지우개로 지울 수 있는 연필이 있고, 바로 위에 흔히 모나미 볼펜이라고 부르는 한 가지 색깔이 나오는 유성 볼펜이 있다. 다음으로는 그보다 약간 더 비싼, 여러 가지 색으로 밑줄을 그을 수 있는 형광펜 등 다채로운 펜들이 있을 것이다. 그리고 그보다 조금 더 비싼 수성볼펜이 있고, 더 위로 올라가면 최상위 가격대에 만년필이 있다. 여기서부터는 가격이 갑자기 위로 치솟는 우상향 그래프가 나타난다. 전형적인 하이엔드 현상이다. 약간의 품질 향상을 대가로 몇 배의 돈을 내야 한다. 원가와도 별 상관이 없이 가격이 책정되고, 때때로 한정판 혹은 스페셜 판이 나와서 가격은 더 올라간다. 게다가 아직 품종이 많지는 않지만 디지털 펜까지 등장했다. 디지털 펜은 비쌀 이유가 전혀 없을 것 같지만, 만년필 등 필기구 회사들이 들어오면서 가격이 기능성 필기구 수준을 넘어서게 되었다. 종류로만 따지면 아마 지금이 필기구 역사에서 가장 제품 다양성이 높은 시기일 수 있다. 깃털 펜을 쓰던 시절에도 이 정도의 다양성은 확보하지 못했을 것이다.

하지만 앞으로는 사무실이나 학교에서 아날로그 방식 펜을 덜 사용하게 되고, 지금과 같은 '펜 다양성'을 보기는 어려울 것으로 보인다. 서류 없는 사무실이 늘어나듯이 언젠가 학교에서도 종이가 사라질지 모른다. 이건 매우 큰 트렌드에 관한 것이다. 한국에서 만년필을 더 이상 만들지 않게 된 것은 상대적으로 작은 트렌드다. 크게 주목하는 사람도 없고, 조용히 진행되는 변화다. 언젠가 만년필의 종말이 올 수도 있겠지만 지금은 아니다. 문화적으로나 경제적으로 한국은 다양성이 높지 않다고 할 수 있는데, 우리는 특히 문화 다양성이 취약하다. 대만 인구는 2,400만 명 정도로, 한국의 절반 규모다. 물론 대만은 우리보다 중소기업이 버티기에 좀 더 용이한 경제 구조를 가지고 있기는 하다. 대만은 우리보다 절반의 국내 시장을 가지고도 만년필 산업이 버티는데, 우리는 그렇지 않았던 것, 그게 한국경제의 강점이면서 동시에 약점이 아닐까 싶다. 현재 한국에서는 경공업을 지킬 아무런 동인이 없다. 하지만 대부분의 '작은 선진국'들은 이런 종류의 경공업이 여전히 강하다. 공구는 스웨덴제가 최강이고, 시계는 스위스제를 최고로 친다. 스위스 만년필 역시 예쁘고 성능도 좋다. 스위스와 대만, 일본은 만드는데 한국은 못 만드는 것 중 하나가 고가 만년필이다.

'다이내믹 코리아'로 불리는 한국의 역동성은 속도를 높이는 대신에 많은 것을 포기하면서 얻은 것이다. 우리는 정의롭지 않았고, 부드럽지도 않았다. 깊지 않았고, 다양하지도 않았다. 그 대신 빨랐고, 성과도 높았다. 선진국이 되면 많은 것들이 정상적으로 돌아올 것이라는 것이 지금까지 우리가 가졌던 꿈이다. 영유아 그리고 10대들의 인구가 줄어들면서 눈에 크게 띄지는 않지만, 가장 크게 영향을 받을 것이 다양성이다. 『청소년 토지』와 같은 청소년 도서가 사라지거나 줄어들고, 중고등학생의 입학 선물로 많이 사용되던 국내 만년필 생산이 사라지는 변화에 주목하는 사람은 별로 없다. 그리고 그 변화를 해석하기도 아주 어렵다. 책의 위기, 디지털로의 전환, 이런 트렌드 변화와 청소년 인구 감소라는 두 가지 요소가 동시에 발생했기 때문이다. 다른 나라에서도 유사한 변화가 있을 수 있지만, 우리나라의 경우는 속도가 너무 빠르다. 청소년 인구의 급격한 감소가 진행되고 있고, 많은 사람들이 그 추세가 변하지 않을 것으로 예상하고 있다. 그런 상황에서 이 분야의 혁신 기술을 위한 투자가 이뤄지기도 어렵고, 여기에 인생을 걸겠다며 새로운 인재가 들어오기도 어렵다. 세계 최고의 만년필을 만들어보는 게 꿈인 중고등학생이 한국에 등장할까?

수많은 만년필 회사가 망하더라도 럭셔리급의 몇 개 회사는 결국 남을 가능성이 높다. 만년필은 필기구이면서 동시에 '프레스티쥬prestige goods' 상품(위풍재)이기 때문이다. 대통령급 정상들이 주요 서류에 서명할 때 여전히 만년필을 쓴다. 미국 제품인 크로스는 오랫동안 미국 대통령의 서명용 만년필이었고, 타운젠트 모델은 오바마 만년필로 아주 유명해졌다. 물론 예외도 있다. 트럼프도 오바마와 같은 모델을 쓰기는 했는데, 만년필이 아니라 볼펜이었다.

트렌드와 인구 변화가 합쳐져서 사라지는 것들은 많다. 대표적으로 골목마다 있던 문방구 아니겠는가? 학교 자체도 버티기 어려운데, 문방구는 무슨 수로 버티겠는가? 게다가 인터넷 쇼핑이라는 또 다른 트렌드의 벽을 만났다. 지역 공동체가 끈끈하게 살아 있으면 버틸 수 있겠지만, 한국은 『나 홀로 볼링』의 저자 로버트 퍼트남이 얘기한 공동체의 붕괴를 동시에 겪고 있는 중이다. 유사한 위기를 맞고 있는 유럽 동네 서점의 경우 지역 공동체의 구심 역할이 강화되면서 버티고 있는 반면, 한국의 골목 문방구는 형편이 다른 것 같다.

우리나라에서 고급 만년필을 만들지 않는다고 큰일 나는 것은 아니다. 럭셔리 브랜드에 대한 수요가 여전히 튼튼하지만, 수입해서 써도 되고, 해외 직구를 해도 아무 상관없다. 그렇지만 국내 생산 기반은 그만큼 취약해진다. 당연히 일자리도 줄어든다. 그렇게 산업 다양성은 줄어든다. 많은 산업들이 만년필 산업 유형처럼 국내에서 사라지거나, 아니면 점점 더 어려워질 것이다. 그렇지만 그때그때 위기라는 신호는 나오지 않는다. 세계 최초의 10대용 화장품은 일본 시세이도에서 나온 '틴즈'였다. 2000년대 초반에는 한국에서도 10대용 화장품이 연이어 등장했었지만, 지금은 10대용 화장품 시장이 많이 위축됐다. 10대들의 소비가 주축인 시장 심지어는 보조축인 시장에서도 수요 감소에 의한 변화가 조금씩 생겨나는 중이다. 하지만 이걸 트렌드의 심각한 변화로 인식하는 경향은 거의 없다. 인구 문제가 워낙 이렇다. 수십 년에 걸쳐서 점진적으로 진행되기 때문에 변화를 인식하기가 쉽지 않다.

10대들이 화장품을 사용하지 않는다고 엄청난 일이 벌어지는 건 아니다. 아예 화장품을 쓰지 않는, '탈코르셋' 운동이 새롭게 등장하는 시기다. 하지만 이런 현상이 20대 시장에서도 생겨날 것이라고 생각하면, 한국 경공업의 위기를 생각하지 않을 수 없다. 1960년대 경제 개발 이후 한국은 필기구와 노트 등 국내에서 소비되는 간단한 상품들을 직접 만들었고, 그런 게 경공업의 기반이 되었다. 한국이 맞는 경제적 위기는 경공업 특히 아동과 청소년용 제품을 만드는 곳의 붕괴부터 서서히 진행될 것이다. 한국은 간단한 학용품 정도는 만드는 나라였지만, 청소년 인구의 감소로 이런 기반이 무너져간다. 그리고 이런 건 별로 눈에 안 띈다. 결국은 노트에서 만년필에 이르기까지, 수입해서 쓰는 나라로 변하게 된다. 고가 만년필 시장이 그렇다. 그전에 세계적인 업체가 되어서 로컬 마켓이 없이도 버틸 수 있는 일부를 제외하면, 한국 경공업 특히 청소년 시장이 기반인 업체는 아주 어려워지게 될 것이다.

언론의 위기
미래 세대의 지불 의사

초등학교 5학년이 된 큰애가 어느 날 신문을 보고 싶다고 했다. 여행 갈 때 대문 앞에 수북이 쌓이는 신문 관리가 어려워서 한동안 신문을 안 봤었다. 아이는 처음 얼마간은 신문을 읽더니, 어느 날부터 신문을 안 보기 시작했다. 그래서 신문을 그만 봐야 하나 싶었다. 그러다가 생각을 좀 해봤다. 결국 스포츠면 제목만이라도 보는 걸로 타협을 보고 신문을 계속 봤다. 저 또래의 어린이들은 신문을 차분히 읽는 연습을 하기 매우 어려울 것이라는 얄팍한 생각 때문이었다. 긴 글을 읽고, 신문을 종합적으로 읽는 것만으로도 경쟁력을 가질 수 있을 것이라는, 별로 창의적이거나 건설적이지 않은 얕은 생각으로 우리 집은 계속 신문을 보게 되었다.

2022년 실시된 한국언론진흥재단의 '10대 청소년 미디어 이용 조사'는 나같이 얄팍하게 생각한 부모들이 적지는 않았지만, 현실적으로는 그렇게 효과적이지는 않다는 사실을 보여준다. 지난 1주일간 종이 신문을 읽은 적이 있는 사람들의 비율을 열독율이라고 부른다. 열독이라는 용어는 엄청나게 집중해서 신문을 읽는 것 같은 어감을 주지만, 실제로는 1주일에 한 번 이상 보면 열독이다. 초등학생은 13.3%, 중학생은 12.7% 그렇게 점점 줄어가다가 고등학생은 8.6%로 10%에도 못미친다. 전체적으로는 11.4%이다. 해석이 쉽지는 않지만 초등학생들과 중학생들의 신문 열독률은 최근에 약간 증가하는 추세다. 2022년 기준 전체 국민 열독률은 9.7%다. 종이신문을 가장 많이 보는 연령대는, 서로 다른 조사이기는 하지만, 13.2%인 60대보다 13.3%를 기록한 초등학생이다. 60대 13.2%이고, 가장 안 보는 연령대는 3.5%의 열독률을 기록한 20대. 고등학생만 놓고 보면 종이신문을 덜 보는 것 같지만, 사실 일반 국민보다는 많이 보는 것이다. 독서 패턴도 이와 비슷한 양상이다. 초등학생이 책을 가장 많이 보고, 점차적으로 줄어서, 고등학생이 되면 거의 성인 수준으로 독서를 하지 않게 된다. 책이든 종이신문이든, 학교나 부모가 보라고 해서 보다가 스스로 결정하는 연령대가 되면, 종이신문이나 책을 덜 소비하거나, 덜 구매한다고 할 수 있다. 물론 그렇다고 해서 20대와 30대가 종이신문에 나오는 뉴스를 전혀 소비하지 않는 것은 아니다. 컴퓨터나 스마트폰 심지어는 AI 스피커 등을 통해서 어떻게든 신문 기사를 접한 결합열독률은 20대 91.0%, 30대 93.0%로, 전체 평균 84.1% 보다 훨씬 높다(2022년 언론 수용자 조사).

현대 사회에서 뉴스의 가치는 거의 무한대라고 할 정도로 중요하다. 독일 철학자 하버마스가 얘기한 공론장은 20세기 후반부, 발달한 자본주의와 민주주의가 어떻게 같이 갈 수 있는지에 대한 거의 유일한 설명이었다. 비록 최적의 상태나 이상적인 상태에 도달할 수는 없다고 하더라도, 많은 사람들이 공공장소에서 같이 논의를 하고 소통을 하다 보면 생각보다 많은 문제를 풀 수 있다는 것이 공론장 개념이 제시한 가능성이다. 물론 실제로 그리스 시대처럼 물리적으로 사람들이 한 장소에 모일 수 있는 것은 아니기 때문에 실제로 공론장은 주로 언론을 의미하게 되었다. 뉴스 자체는 팩트에 관한 얘기이지만, 사회적으로 더 큰 의미를 두는 것은 뉴스를 보고 사람들이 어떻게 생각하느냐는 것이다. 그냥 기사만 전달해도 되는 뉴스에 굳이 댓글을 달 수 있게 한 것은, 그런 공론장에 대한 전 세계적인 기대가 있었기 때문이다. 그야말로 인류의 미래를 결정하는 것은 과학기술이 아니라 언론일지도 모른다. 지금은 전쟁을 할 건지 말 건지, 이러한 중요한 결정도 소수 엘리트의 계산과 이해관계가 아니라 여론의 향방이 더 많은 영향을 미친다. 그런 점에서 뉴스의 가치는 단순한 팩트 전달의 유용성 정도가 아니라 사회적 의사 결정의 가치만큼 크다고 할 수 있다. 언론의 중요성은 아무리 강조해도 지나치지 않다.

20세기 후반에서 21세기 초반까지 전성기에 도달했던 언론이 지금은 위기다. 무엇보다도 젊은 세대들에게 별 인기가 없는 것이 근본적인 위기다. 청년들의 뉴스 소비 자체가 적은 것은 아니지만, 구매 행위가 동반되는 종이 신문을 적게 보는 것은 결국 "돈을 내고 뉴스를 볼 생각은 없다."는 한 문장으로 요약된다. 어떤 특정한 재화에서 진짜 가치와 경제적 가치가 반드시 일치한다는 보장은 없다. 뉴스 자체는 점점 더 중요해지지만, 경제적 가치는 내려가고 있다. 일본 드라마 〈신문기자〉에는 신문사 입사 준비를 결심한 대학생에게 면박을 주는 장면이 나온다. 이렇게 말하면서. "요즘 누가 신문을 본다고."

환경경제학에는 시장 가격으로 평가하기 어려운 환경 재화 가격을 산정하는 방식으로, 소비자들에게 물어보는 '지불의사법'이라는 가치평가 기법이 있다. 방법은 어이없을 정도로 간단하다. 소비자들이 한라산 관광에 얼마를 지불할 의도가 있는가, 관악산에 관광에 얼마를 지불할 것인가? 그런 것들을 직접 여론 조사 방식으로 물어보는 것이다. 매우 주관적이고, 과학적으로는 부정확한 방식이지만, 결과는 자산 가치 '제로'보다 높게 나온다. 잘 알려진 환경 재화에 대해서는 당연히 지불 의사가 높게 나오고, 생태적으로는 중요하지만 대중들에게 덜 알려진 것들은 지불 의사가 낮게 나오게 된다.

이것보다 조금은 더 객관적인 가치 추정 방법은 '여행비용법'이다. 요금이 무료인 노인이 지하철을 타고 서울에 있는 관악산에 간 경우 여행비용은 0원이다. 그렇지만 같은 사람이 비행기를 타고, 승용차도 빌려서 한라산에 갔다면 여행비용이 아주 높게 나온다. 물론 이것도 매우 인간 중심의 방식이기는 하지만, 실제로 지불하는 비용을 추정하기 때문에 단순 여론 조사보다는 조금 더 객관적이다. 입장료를 받는 시설은 경제적 가치가 더 높게 나온다. 갯벌, 특히 도시에서 가까운 갯벌은 입장료도 없고, 모래 해변인 백사장에 비하면 사람들이 덜 가기 때문에 여행비용이 낮게 나온다. 당연히 소비자 지불 의사는 상대적으로 적게 나온다. 하지만 소비자 지불 의사가 적다고 갯벌의 생태적 가치가 백사장에 비해서 적은 것은 결코 아니다. 만약 인근 지역 갯벌이 이미 훼손되었다면, 남은 갯벌의 생태적 가치는 더 높아진다. 그렇게 중요한 갯벌이라고 해서 사람들이 여행을 더 가는 것은 아니니까, 여행비용법으로 추정된 경제적 가치는 이런 진짜 가치를 덜 반영한다.

뉴스의 가치에 대해서 생각해보자. 종이 신문의 가치는 여행비용법 같은 객관적 방식으로 추정하면 독자들이 지불하는 신문 가격 때문에 상대적으로 높게 나올 것이다. 인터넷 기사에는 월별 회비를 받거나 기사별 요금제를 채택하지 않는 이상 종이 신문보다 높은 경제적 가치가 나오기 어렵다. 그렇다고 인터넷에 올라간 기사의 가치가 덜한 것은 아니다. 돈을 지불했든 지불하지 않았든, 소비자에게 뉴스의 효용은 같다. 여기에서 딜레마가 나온다.

불법 복제된 음악이나 영화가 효용이 떨어지지 않는 것과 같다. 음원이나 영상은 그래도 기술적인 장치로 어느 정도 규제할 수 있지만, 뉴스는 그렇게 하기 어렵다. 공유지의 비극과 유사한 딜레마가 생긴다. 미국 〈뉴욕타임즈〉의 경우 유료 구독자가 최근 1천만 명을 넘었다. 우리와 문화적으로 많은 것을 공유하는 일본의 경우도 주요 신문의 경우는 홈페이지에서 뉴스 전문을 읽기가 어렵다. 물론 그렇게 유료화 전략을 사용한다고 해서 신문의 위기가 없어지는 것은 아니지만, 우리보다는 형편이 좀 낫다. 그렇다고 정부에게 무작정 이 비용을 지불하게 할 수도 없다. 자연 상태에서 공기나 물에 대한 지불 의사가 0원인 것처럼, 언론도 지금의 구조에서는 지불 의사가 제로로 수렴하게 된다.

톰 행크스가 나오는 영화 〈뉴스 오브 더 월드〉에는 미국 남북전쟁 직후 많은 위험을 무릅쓰고 서부를 횡단하며 동네마다 신문을 읽어주는 얘기가 나온다. 퇴역 군인이 여러 신문에서 고른 기사 몇 개를 낭독해주면 사람들은 마치 공연을 보는 것처럼 1인당 10센트씩 내고, 천막이나 강당에 모여서 뉴스를 듣는다. 슬픈 뉴스에는 다 같이 한숨을 내

쉬고, 즐거운 뉴스에는 자리에서 일어나서 환호하기도 한다. 하지만 받는 돈이 넉넉하지 않아서, 낡은 역마차를 겨우겨우 운용할 정도이고, 역마차를 보호해줄 총잡이를 고용할 수 있을 정도는 아니었다. 전쟁 후에 상처투성이인 사람들의 마음을 서로 묶어주고 싶어서 퇴역 군인이 작은 마을을 돌아다니며 사람들에게 신문을 읽어주는 감동적인 실화다. 이렇게 뉴스를 들었던 사람들의 만족감은 높지만, 지불 비용은 그렇게 높지 않다. 그렇지만 공급자의 여행비용은 극단적으로 높다. 심지어 톰 행크스는 뉴스를 읽어주기 위해서 병에 걸린 아내의 임종도 지키지 못한다. 뉴스를 가지고 오는 사람의 여행비용이 매우 높아진 경우다. 영화는 부모를 잃고, 인디언 손에 키워졌던 한 소녀가 톰 행크스의 도움으로 다시 사회로 돌아오는 이야기를 중심축으로 하고 있는데, 여기서 뉴스는 전쟁 이후 단절되고 고통 받는 미국 남부 사회를 연결하는 일종의 가교 같은 역할을 한다. 뉴스가 가지고 있는 사실 전달 기능 외에 사회를 연결하고 화해시키는 문화적 기능, 즉 의도하지 않은 공익적 기능에 관한 영화이기도 하다.

뉴스를 만드는 비용과 뉴스를 소비하는 사람들이 지불하는 비용이 일치해야 이 산업의 수요와 공급 방정식이 성립하지만, 실제로 사회와 국가가 교차하는 경우에 이런 균형은 매우 어렵다. 게다가 언론은 기본 투자가 필요하고, 유지해야 하는 네트워크가 방대하다. 규모에 의한 진입 장벽도 존재한다. 필요에 따라 규모를 마음대로 늘렸다 줄였다 할 수 있는 탄력적인 사업은 아니다. 광고라는 변수가 중간에 개입해서 생산과 소비 사이의 수익성 공백을 위태롭게 메우고 있는 게 현실이다. 뉴스에 대한 사람들의 지불 의사 부족을 광고 상품에 대한 구매 의사가 보완하고 있는 셈이다. 자본주의가 만든 언론 상품 생존의 불안한 해법인 셈이다. 아날로그 자본주의와 아날로그 언론은 잘 맞았고, 황금시대를 구가했다. 그렇지만 인터넷의 등장과 함께 종이 신문의 전성기는 사실상 끝났고, 새로운 황금법칙은 아직 등장하지 않았다.

한국에서 인터넷 뉴스에 대한 사람들의 지불 의사는 아마 제로이거나, 매우 미약한 수준일 것이다. 세계적으로도 그렇다. 종이 신문의 경우는 더 하다. 아날로그에서 디지털로 전환되는 과정에서 종이 신문은 상품으로서 자기 기반을 심각하게 상실했다. 특히 20대 이하의 젊은 세대일수록 이런 흐름은 더 강력하다. 같은 텍스트이지만 종이 신문 텍스트는 모니터나 모바일의 텍스트에 비해서 사람들이 뉴스 가치를 덜 느낀다. 종이에 인쇄되는 순간, 새로운 뉴스가 아니라 이미 지난 뉴스라는 이미지를 준다. 종이 신문을 만들기 위해서는 윤전기가 돌아야 하고, 종이와 잉크가 필요하고, 트럭과 사람을 거쳐서 배달해야 한다. 비용도 비용이지만, 인쇄 속도가 인터넷 뉴스의 '발행' 속도를 따라갈 수가 없다. 뉴스 생산 과정에서 핵심은 인쇄와 배달이 아니라, 취재하고 기사 형태로 만들어내는 과정에 들어가는 비용이다. 이 일을 하는 사람들을 우리는 기자라고 부른다. 이는 전형적인 화이트 컬러 노동이고, 굳이 분류하면 사무전문직 노동이다.

종이에 인쇄된 텍스트든 모바일의 전자 텍스트든, 사건을 취재하고 정리하고 그걸 텍스트로 바꾸는데 들어가는 노동 시간은 기본적으로는 동일하다. 이 노동 시간 비용은 뉴스의 판매 원가로 녹아들어가야 한다. 그런데 여기에 인터넷 뉴스에 대한 소비자의 지불 비용이 제로로 수렴하면, 취재 활동과 거기에 지불한 돈을 제작자가 회수할 방법이 없다. 이건 코로나 기간에 팔리지 않았던 한식 뷔페에 있던 음식들의 가치와 같다. 훌륭한 음식들이기는 하겠지만, 돈을 지불하고 먹어줄 손님들이 없으면 경제적 가치는 몇 시간 후에 사라져버린다. 식사 시간이 지난 뷔페 음식들의 가치가 급격히 사라지듯이, 기사에 돈을 지불할 소비자의 의사가 사라지면 뉴스의 경제적 가치도 현저히 줄어들게 된다. 시간이 지난 스트레이트 기사들은 뉴스로서의 가치는 사라지고, 기록으로서의 가치만 남는다. 서비스 산업은 시간이 지나면 가치가 완전히 사라지는 소멸성이라는 특징을 가지고 있다. 뉴스도 예외는 아니다.

20대와 10대에게 뉴스 매체로서의 종이 신문 가치는 아주 미미하다. 이건 디지털 전환이라는 트렌드로 쉽게 설명할 수 있다. 그리고 불행히도 이 디지털 전환은 경제적으로도 종이 신문에 불리하다. 인터넷 뉴스라도 종이 신문과 마찬가지로 기사의 생산은 사적인데, 많은 사람들은 공기와 물과 같은 사회적인 공공재로 인식하고 있다. 기자는 공무원이 아니다. 신문사도 정부 기관이 아니다. 이 딜레마를 우리는 풀 수 있을까? 좋은 언론은 정부와 갈등을 하면서 성장했지, 〈대한뉴스〉 스타일의 정보 홍보 방송이 아니다. 영화 〈더 포스트〉는 지역 신문에 불과했던 〈워싱턴포스트〉와 〈뉴욕타임즈〉가 베트남 전쟁의 정부 비밀 보고서 보도를 놓고 국방부와 한판 승부를 벌이는 내용이다. 재판에서 이기면 무사히 넘어가지만, 패배하면 신문사 문을 닫아야 하는 절체절명의 위기에 몰린다. "다들 당신 뒤를 따라서 신문을 발행하고 있어요. … 내일 어떻게 되든 간에, 우린 이제 작은 지역 신문이 아니에요." 과감하게 비밀 보고서를 공개한 〈워싱턴포스트〉를 지지하기 위해서 다른 신문사들이 정부의 협박에도 불구하고 보고서 내용을 일제히 보도한다. 국가

안보와 국민의 알권리가 정면에서 부딪힌 것인데, 대법원은 6:3으로 〈워싱턴포스트〉의 손을 들어준다. 뭐든지 감추려고 하는 정부에 대한 감시자로서 언론의 역사는 지금의 언론을 만든 과정 그 자체다. 우리에게도 전두환 시절 박종철 고문치사 사건을 감추려던 정부와 어떻게든 이 진상을 찾아내려던 언론 간 갈등의 역사가 존재한다. 영화 〈1987〉에서 보수지로 분류되던 〈중앙일보〉 편집국이 사건 취재에 적극적으로 나서면서 사태가 극적으로 전환된다. "경찰에서 조사받던 대학생 쇼크사"라는 기사 하나가 이전과는 전혀 다른 세상을 여는 단초가 되었다. 헌법을 중심으로 보면 우리는 그때 만들어진 9차 개정헌법 체계에서 아직도 살고 있다. 공적인 기능을 가지고 있다고 해서 정부 기관처럼 언론을 운용할 수는 없다.

결국은 광고비와 포털 등 뉴스를 콘텐츠로 활용하는 인터페이스 업체에서 받을 수 있는 뉴스 판매 수입금으로 생존해야 한다. 장기적으로는 이것도 쉽지 않다. 영유아부터 시작해서 10대를 거쳐 20대로 이어지게 되는 출생아 수 감소는 총 소비자 수 감소로 이어져 결국은 구매력 감소로 귀결된다. 무한히 성장할 것 같던 광고비 총액 규모도 소비자들의 구매 능력과 규모에 의해서 결정된다. 그리고 시간이 지날수록 이 숫자는 점점 더 줄어든다. 결국은 포털 내에서 뉴스에 대한 검색 숫자가 줄면서 어느 순간 뉴스가 포털의 주요 아이템에서 사라질 가능성도 배제할 수 없다. 뉴스 소비 자체가 심각하게 줄어들 가능성도 매우 높다. 한 명당 뉴스 소비가 줄지 않더라도 이걸 볼 인구 자체가 줄면 조회 수도 같이 줄게 된다. 미래를 위해서는 심층 보도나 기획 기사 같은 게 매우 중요하지만, 그날 그날 사건만 겨우 취재할 정도의 인력 규모로는 긴 시간을 두고 추적하고 취재하기 어렵고, 이를 보완하기 위한 인력 등에 투자할 여력도 부족하다.

지금 한국의 언론은 종이 신문과 친숙하지 않은 미래 세대의 등장과 그들의 수 자체가 줄어드는 이중의 변화 앞에 서 있다. 시간이 지날수록 새로 등장하는 세대는 종이 신문은 물론 뉴스 자체에 대해서도 그렇게 친밀하지 않을 뿐더러 청소년의 규모 자체가 줄어들게 된다. 다른 나라 언론이 언젠가 만나게 될 절벽을 한국 언론은 좀 더 일찍 만나는 셈이다. 결국은 역시 속도의 문제다.

물론 20년 후 한국은 언론 없는 국가가 될 것이라는 극단적인 말은 하고 싶지 않다. 줄어든 광고시장 속에서도 몇 개의 언론은 결국 살아남을 것이고, 정부가 조건 없는 보조금을 직접 주거나, 공익성 광고 등을 통한 간접 지원을 통해서 최소한의 버팀목을 만들기는 할 것이다. 그렇지만 언론이 다양해지고, 성숙하고, 질적으로도 발달하게 되는 그런 '선진국'다운 변화를 한국에서는 보기 어려울 것 같다. 과연 20년 후에도 한국 사회 곳곳을 누비는 기자들의 다양한 활동을 볼 수 있을까? 지금 수준을 유지하기도 쉽지 않아 보인다. 해외 특파원 규모를 보면 과연 20년 후에도 한국의 언론들은 뉴욕, 워싱턴, 동경, 베이징, 파리, 런던, 모스크바 같은 주요 도시들에 특파원을 파견할 경제력을 가지고 있을까? 차라리 인공지능을 통해서 관련 정보를 알아보는 게 낫다고 생각하는 사람들은 특파원 파견 비용 같은 건 필요 없다고 말할 가능성이 높다.

한국 언론의 위기는 궁극적으로는 뉴스 구독 비용 지불 의사의 하락에서 오는 것이지만, 저출생 현상은 그 속도를 매우 빠르게 하는 효과를 갖는다. 60대 이상의 지지층을 갖는 보수 언론과 40대~50대에 폭넓은 지지를 받는 진보 언론 모두 20대는 물론이고, 10대들로부터도 사회적 유용성을 거의 인정받지 못하고 있는 것이 우리의 현실이다. 근대를 구성하는 핵심 축 하나가 언론이지만, 디지털 전환과 저출생이라는 두 가지 조건이 결합되면, 기자들의 활동을 경제적으로 지탱해줄 방법을 찾기가 아주 어려워지게 된다. 인구가 준다고 해도 신문의 생산 원가가 크게 줄어들지는 않는다. 사회, 정치, 경제, 문화 등 주요 취재 대상이 되는 분야가 주는 것은 아니라서, 지면을 줄이기도, 기자를 줄이기도 어렵다.

서울에서 발행되는 전국지 몇 개는 어떻게든 버틴다고 하더라도 풀뿌리 민주주의의 한 축이라고 할 수 있는 지방 언론은, 지금도 어렵지만 앞으로 점점 더 어려워질 것이다. 다양성은 뉴스 생태계에서 중요한 환경인데, 우리는 시간이 지날수록 언론 다양성이 줄어드는 시대를 살게 될 것이다. 25만 명이 채 안 되는 2022년생 신생아가 20년 후에 20대가 된다. 그때 한국 언론의 모습은 어떻게 될 것인가? 뉴스에 대한 지불 의사도 줄고, 지불할 사람도 줄어든다. 한때 우리 주변을 가득 채웠던 잡지들이 사라진 것과 같은 길을 걷지 않을 것이라고 말할 수 있을까? 저출생 시대, 한국 언론이 적응력을 키우며 안착하기에는 변화의 속도가 너무 빠르고 깊다. 그리고 많은 사람들이 이러한 미래를 이미 예측할 수 있기 때문에 언론 산업에 새로운 투자가 등장할 가능성도 그렇게 높아 보이지 않는다.

저출생의 여파는 여러 분야에서 좋지 않은 영향을 미칠 것이지만, 종이 신문을 비롯한 언론에 미치는 영향은 단순히 상품 시장 하나가 위축되는 정도의 문제를 넘어선다. 청년들의 소비 감소로 만년필이나 화장품 시장이 축소되는 것과도 비교가 안 되는 큰 문제다. 좀 더 근본적이고 구조적이다. 20세기에는 종이 신문을 비롯해 라디오와 TV 등 핵심적인 매체들이 나름대로 매력적인 공론장을 형성시켜왔다. 우리 언론 역시 공론장 형성에 중요한 기여를 하였다. 그러나 이제부터 진짜 공론장의 위기가 온다.

출입이 제한적인 국회 본회의장은 무엇인가를 결정하는 자리이기는 하지만, 공론장이라고 하기에는 너무 폐쇄적이다. 자유로운 시민들이 논의하는 것이 아니라 누군가를 대변하는 대리인들의 논의 공간이다. 대통령과 장관들이 모여서 논의하는 국무회의는 행정부 최고의 의사결정 기구이고, 정의상 매우 공적이다. 가끔 대통령의 인사말과 모두발언이 공개되기는 하지만, 대통령과 장관들이 모여서 논의하는 것을 하버마스가 얘기한 공론장이라고 보는 사람은 아무도 없다. 학술대회의 논의와 여기에서 나온 얘기들을 모은 간행물 이름은 '저널', 매일 매일의 일상적인 것에 대한 기록이라는 뜻이 있지만, 전혀 일상적이지는 않다. 아무나 참여할 수 있고, 모두가 읽을 수 있게 공개되어 있지만, 읽는 사람은 전 세계에서 수백 명이나 수천 명에 불과한 경우가 많다. 그리고 몇 사람만 그 내용에 관심을 가지고 있거나, 이해할 수 있다.

SNS나 유튜브 같은 매체들은 대중적이기는 하지만, 담론 생산 차원에서 한 사회의 대표성을 갖기 어렵다. 같은 의견을 가진 사람끼리 소통하거나 의지를 전달하는 데에는 효율적이지만, 자신과 다른 생각 혹은 별로 관심 없는 정보를 전달하는 데에는 효율적이지 않다. 공익적인 것은 돈이 안 되기 때문이다. 언론 기업과 유튜브 혹은 SNS와의 결정적 차이가 하나 있다. 언론이 하는 일은 대부분 돈이 되지 않는 일이다. 원칙적으로는 광고주를 위해서 유리한 기사를 쓰거나, 유리하지 않은 기사를 감추면 그건 이미 언론이 아니다. 언론의 기사 작성은 공익을 위한 활동이고, 기본적으로는 돈이 되지 않는 일이다. 기사 자체가 수익을 내는 것이 아니라, 기사 옆에 노출되는 광고가 부수적인 수익을 주는 것이다. 반면 이제는 글로벌 대기업이 된 SNS 기업들은 돈이 되는 일을 주로 한다. 그리고 부수적으로 공익적 캠페인을 한다. 근본적인 차이가 존재한다. 20세기 내내 언론은 공론장에 가장 가깝게 다가갔고, 여전히 중요한 공론장이다. 출발부터가 공적이었다. 물론 많은 언론이 경영이 어려워지면서 수익성과 언론의 본질적 기능이 서로 충돌하면서 매우 민감한 토론 주제가 되기는 했다.

반면에 SNS와 유튜브 등 동영상은 정보를 다루고 소통의 기능을 하지만, 공적이라고 보지는 않는다. 미국 대통령 시절의 트럼프가 '폭풍 트윗'을 할 때, 이것이 백악관이나 미국 행정부의 공적인 행위라고 보는 사람은 아무도 없다. 수많은 리트윗과 반대 트윗이 있다고 하더라도 그것을 정상적인 공론장이라고 보지는 않는다. 반면에 폭스뉴스에서 어떤 사건이 보도되면서 생기는 일들은 곧 공론장에서 생기는 일이 된다. 예외가 되는 상황이 있을 수 있지만, 일반적인 상황에서 언론이 갖는 공론장의 기능을 SNS가 모방할 수는 있어도 근본적으로 대체하지는 못한다.

AI의 도움을 받으면 언론이 없어도 상관없지 않은가? 언론이 생성하는 뉴스는 기본적으로는 기자들의 취재에 의한 원 소스, 일종의 근원 상품 역할을 한다. AI가 취재를 하거나, 관련된 사람을 인터뷰해서, 신문사의 세계관에 따라서 해석하는 역할을 하기는 어렵다. AI와 언론 사이의 관계는 비교적 최근에서야 논의가 시작된 분야이기는 하다. AI가 뉴스 가공 과정에서 도움을 줄 수 있고, 기존의 뉴스들을 잘 정리하고 종합하는 일은 가능하다. 그렇지만 기자의 취재 활동 자체를 대체해서 1차 소스를 만들 수 있는 것은 아니다. 공론장으로서는 제한된 기능 이상을 갖기 어렵다.

아마 한국의 많은 사람들은 정치적 이해관계에 따라 우리 편 언론은 살아남고, 상대 편 언론은 사라지거나 약해지기를 바라고 있을 것이다. 그렇지만 소비자들의 뉴스에 대한 지불 의사가 제로로 수렴하고, 미래 세대라고 할 수 있는 10대의 감소 그리고 그보다 더 큰 폭의 영유아 감소라는 두 가지 힘이 결합되면 누구 편의 유불리를 떠나 언론 자체의 생존이 힘든 순간이 올 가능성이 높다. 정부에 의존하는 일부 언론과 뉴스를 생산하는 언론의 영향력과 네트워크를 원하는 대자본 소유 언론, 이 두 종류의 언론만 살아남을 가능성이 매우 크다. '뉴스 비즈니스'를 하는 일부 언론사의 위기를 넘어서 근본적으로는 우리의 사회적 공론장 자체가 위기를 맞게 된다. 그리고 우리는 아직 이 상황에 대처할 수 있는 다른 기술적 대안을 가지고 있지 않다. 한 가지 확실한 것은 1천만 명 정도의 인구를 가진 국가들도 자신의 언론을 가지고 있고, 〈새 취리히 신문〉처럼 지역 언론도 존재한다. 그렇지만 우리가 천만국가가 되었을 때, 지역 언론을 충실하게 가질 수 있을 가능성은 별로 많지 않다. 중앙 언론도 버티기 어려운데, 작은 지역 언론이 살 길을 찾기는 매우 어렵다.

"지방 방송 꺼." 대한민국이 중진국이었던 시대 유행했던 농담이다.

지역 방송의 중요성을 잘 몰랐을 때다. 그런데 앞으로는 꺼야 하는 지방 방송이 존재하지 않는 시대를 살아갈지도 모른다. 지역 경제의 위기는 지역 언론의 위기를 만들고, 지역 언론의 위기는 지역 경제에 대한 논의가 사라지게 한다. 그렇게 해서 지역 경제의 위기가 더욱 심화된다. 도민들이 주식을 가지고 있는 도민주 형태로 운영되던 〈충청리뷰〉가 결국 위기를 맞아 도민주 대신 대주주가 있는 형태로 전환되었다. 편집국 기자들 일부가 이에 반발해서 결국 사직서를 냈다. 지역 언론에서 비슷한 유형의 일들이 앞으로도 꽤 많이 벌어질 것이다. 하나하나는 작은 사건처럼 처리되지만, 몇 년이 지나면 지역 경제의 위기와 지역 언론의 위기가 같이 진행될 것이다.

10년 후 자신의 꿈이 기자가 되는 것이라고 기꺼이 얘기할 10대가 과연 한국에 남아 있을까? 혹은 이른바 '언론고시'를 준비하는 대학생들이 여전히 있을까? 오랫동안 대학생들에게 언론사는 꿈의 직장이었다. 이미 많은 10대들은 주요 신문 이름도 잘 모른다. 공공의 기능이 중요하다고 해서 국유화할 수 없는 것이 언론의 특징이다. 위기를 알아도 정부 개입만으로 문제가 풀리지 않는다.

언론학을 고등학교 수업 과정에 포함시킬 것인지에 대한 논의는 이미 유럽과 미국에서도 활발하게 이루어지고 있다. 청소년 인구가 급감하는 우리나라 수준은 아니지만, 다른 곳도 언론이 위기를 겪는 것은 마찬가지다. 중고등학교에서 언론에 대해서 기본적인 것들을 익힐 수 있는 방법에 대해서 깊이 생각해봐야 한다. 프랑스에서는 미디어 리터러시(언론 뉴스를 분석, 평가하고 이해할 수 있는 능력) 수업이 중학교 필수 교육과정에 들어가 있다. 독일도 많은 주에서 이런 교육을 시작했고,

주별로 프로그램들을 도입하고 있는 미국도 상황은 다르지 않다. 특히 대선 등 선거 과정에서 가짜 뉴스 파문이 생겨나면서 미디어에 대한 교육을 중고등학교에서 도입하는 것이 세계적 흐름이다. 우리는 학교에서 미디어 교육을 공식적으로 진행하지는 않지만, 저출생 문제와 관련해서 시급한 대책 중 하나는 시민들의 언론에 대한 이해도 제고와 함께 언론의 경제적 자생력을 높이는 것이다. 공적이고 사회적인 공론장과 인구 구조 변화라는 관점에서, 두 가지 일들이 시급히 필요하게 됐다.

구체적으로는 우선 교육 과정에서 미디어 리터러시를 공식적으로 도입해야 한다. 사회적 의사결정에 대한 기본적인 시민교육이라는 관점에서 학교가 좀 더 적극적으로 나설 필요가 있다. 뉴스는 다른 매체에 비해서 덜 자극적이고, 흥미가 덜 하겠지만, 한 사회가 건전하고 종합적인 의사 결정을 내리는 역량을 키우기 위해서는 미디어 리터러시 교육의 실행이 매우 중요하다.

재정적인 지원이라면, 중고등학생이 신문을 보는 데 도움을 주기 위해서 신문 구독료를 지원하는 방법을 생각할 수 있다. 문화 쪽에서는 이미 문화 바우처 등의 형태로 다양하게 문화 향수에 대한 지원을 한다. 정부가 언론을 직접 지원하는 것에 대해서는 많은 반론이 있을 수 있지만, 청소년 등 소비 집단에 대한 간접 지원은 반론이 훨씬 적을 것이다. 아직 여건이 좋을 때 청소년들의 신문 구독 비용 지원 정도로도 일정한 효과를 얻을 수 있지만, 몇 년 후 한국 언론이 훨씬 더 위기에 빠졌을 때에는 정말로 정부가 쓸 수 있는 정책 옵션이 거의 남아 있지 않을 것이다. 정부가 뉴스에 대한 지불 의사를 높이면, 개인들의 뉴스에 대한 지불 의사도 높아질 가능성이 높다. 신문 구독 지원이 미디어 리터러시 교육과 결합되면, 언론에 대한 장기적 지원의 효과는 물론, 사회적 의사 결정 능력과 수준이 한 단계 높아질 수 있다. 이처럼 두 종류의 효과가 동시에 발생하는 경우를 '더블 디비던드 double dividend', 이중 배당이라고 부르기도 한다. 마치 주주가 한 번이 아니라 두 번 배당을 받는 특별한 경우처럼, 정책 효과가 두 번 발생한다는 의미다.

인구 구조 변화에 따라 언론 산업에 발생할 피해는 거의 언급되지 않는다. 그렇지만 한국의 경우는 예상되는 피해를 막기 위해 중장기 대책이 시급한 분야라고 할 수 있다. 그렇잖아도 전통적 언론들의 경제적 기반이 취약해지고 있는데, 인구 구조까지 빠르게 변화하고 있으므로 위기는 배가 된다. 10대들이 언론에 주체적으로 참여할 수 있는 기회를 더욱 적극적으로 만들어내는 노력이 필요한 이유다. 때를 놓치지 않고 먼저 움직이는 것이 중요하다. 뉴스 소비와는 차원이 다른 공론장의 유지라는 또 다른 사회적 요소와 연결되어 있기 때문이다. 역사적으로 시민은 그냥 생겨나는 것이 아니라 사회적으로 만들어지는 것이다. 그건 21세기에도 마찬가지다. 국영수가 개인 능력을 위한 것이라면, 미디어는 사회적 능력을 위한 것이다. 중요성으로만 치면 수능에 들어가지 못할 이유가 없다.

연극 시장
문화적 20대

뭔가를 강렬하게 하고 싶은 열망, 그 최초 동기를 돈만으로 설명하기는 어렵다. 어떤 분야든 최고의 자리에 올라간 사람들 중 돈이 첫 번째 동기였다고 말하는 이들은 찾아보기 힘들다. 성공한 사람들 중에는 10대에 최초의 동기가 형성되거나 자리를 잡는 경우가 많다. 문화는 돈보다 열정으로 더 많은 것을 설명할 수 있는 분야다. 열정이 움직이고, 판타지가 움직인다. 선진국이 되면 대체로 문화 분야가 강해지고, 장인급의 예술가들이 대거 등장한다. 경제적 동기만으로 이 현상을 설명할 수 없다. 행정 용어로는 문화 향수라고 불리는 특별한 소비 행위가 있어야 문화 생산자의 활동이 경제적 보상을 받게 되고, 지속적인 활동의 기반이 만들어진다. 유능하고 멋진 문화 생산자는 국민소득과 상관없이 등장할 수 있지만, 그 활동이 하나의 시장으로 자리를 잡고 유지되기 위해서는 그 문화를 즐기는 자발적이며 훈련된 소비자들이 있어야 한다. 선진국일수록 문화 분야가 강하다는 것은, 그 사람들이 꼭 더 능력이 높거나, 재능이 많아서가 아니다. 까다롭고 다양한 취향을 가진 소비자 집단이 든든하게 받쳐주기 때문이다. 문화 대통령이라고 불리던 서태지가 등장할 수 있었던 것은 그걸 좋아하고 소비해줄 집단이 있었기 때문이다. 그렇다고 소비 집단의 취향만으로 문화 시장이 설명되는 것은 아니다. 작품은 그걸 봐줄 사람이 있어야 의미가 생긴다. 문화 영역에서 흔히 하는 말이다. "니가 보고 싶어 하는 걸 만들지 말고, 남들이 보고 싶은 걸 만들어." 이 말은 돈 되는 걸 만들라는 얘기다. 그렇지만 자기가 보고 싶은 게 아니면 창작 욕구가 생기지 않는 경우도 많다. 그래서 열정이라는 단어가 사용된다. 선진국이 될수록 문화 시장에서 일하고 싶어 하는 사람들이 많아지는 특징이 있다. 인구 구조의 변화는 당연히 이런 문화 소비자 집단에도 큰 변화를 일으킨다.

방송사에서 시청률을 조사할 때 광고주들이 원하는 시청률을 별도로 집계한다. 흔히 타겟 시청률이라고 부르는데, 구매력이 떨어질 것으로 예상되는 노인들은 빼고 50대까지의 시청자들을 대상으로 한다. 때로는 2049 시청률이라고 해서, 50대 미만을 집계하기도 한다. 너무 냉정한 것 같지만 마케팅의 세계는 그렇다. 마케팅에 따라 붙는 용어는 '아트'인데, 이 단어에는 기술이라는 뜻도 있지만 예술이라는 의미도 있다. 'art of marketing'을 번역하면 판매 기술이 되기도 하지만, 판매 예술이 될 수도 있다. 사실 곤경에 빠진 많은 사람들이 자신의 상품을 판매할 수만 있다면 악마한테 영혼이라도 팔고 싶은 심정일 것이다. 그렇지만 현실에서 마케팅은 돈이 되는 상품에만 개입한다. 큰 시장이거나 큰돈을 버는 데에서는 마케팅이 작동하지만, 작은 시장 혹은 별로 돈이 되지 않는 분야에는 마케팅이랄 게 별로 없다. 그야말로 자본주의

적이다. 연극은 영화나 드라마의 뿌리 같은 것이고, 여전히 훈련된 배우를 키워내는 등 인큐베이터 역할을 한다. 하지만 연극은 영화나 드라마 시장과 달리 대표적인 '작은' 문화 산업이다.

2022년 기준으로 연극 시장의 총 티켓 판매액은 468억 원 정도 된다(공연예술통합전산망 기준). 뮤지컬은 이보다 10배 정도 큰 4,253억 원 수준이다. 이 분야에서는 뮤지컬이 점유율 76%로 제일 큰손이다. 공연 예술 전체 규모는 5,590억 원 규모다. 클래식이 연극보다 좀 더 규모가 커서 648억 원 정도고, 국악은 54억 원으로 아주 작다. 발레는 별도로 분류되지 않고, 서양무용과 한국무용을 다 합치면 티켓 판매액이 147억 원 가량 된다.

물론 이 수치가 공연 예술 전체 시장 실제 규모는 아니고, 중앙정부와 지방정부의 다양한 예산 지원이 추가 된다. 정부 지원이 중요한 역할을 하기 때문에 매출액만으로 시장 규모를 추정하기는 어렵다. 서울문화재단이나 경기문화재단 같은 기관들이 존재하고, 기업들도 여러 경로를 통해서 문화예술 활동들을 지원한다. 그렇지만 이런 것들을 다 모아서 집계하기 어렵기 때문에 편의상 연극을 포함한 문화 분야에서는 시장의 총 규모를 티켓 판매액으로 추정한다. 이 수치가 좀 더 일관되기 때문에 시장 추이를 파악하는 수단으로 사용된다. 그래도 한계는 분명하다. 티켓 판매액이 실제 공연 예술 시장의 전체 규모를 보여주는 것도 아니고, 전체 관객 숫자를 보여주는 것도 아니다. 판매된 티켓도 있고, 무료로 제공되는 초청장도 있다. 초청장 남발이 문제라는 지적은 계속 있었는데, 상업적이지 않은 공연들 중에는 초청장이 없으면 객석이 텅 비는 민망한 경우도 있는 게 현실이다. 상황마다 다르고, 공연마다 달라서 정확하게 계측하기 어렵다. 초청받아 무료로 오는 비율이 너무 높다고 여겨지면 돈을 내고 오는 관객들이 불쾌할 수도 있다. 이래저래 초청 관객 규모는 비밀인 경우가 많다. 초반 순위가 매우 중요한 영화에서는 시사회의 관객들도 제작사 쪽에서 티켓을 구매하게 되어 있다. 무료 초청장으로 들어온 영화 관객이 관객 수에 포함되어 순위를 바꾼다면 시장 교란이 발생하게 된다. 관객 수로만 규모를 파악하는 것은 불합리한 것이라서, 연극이든 영화든, 돈을 내고 들어온 관객 수는 정부가 실시간으로 직접 관리한다. 아마 연극 시장의 규모가 충분히 크면 중요한 지표들이 공식적으로 집계되고 분석될 것이지만, 아직 티켓 판매량 외에는 관리 대상이 아니다. 발레나 국악도 마찬가지다. 작은 시장에서는 극단 차원에서의 마케팅이 있을 수는 있지만, 그렇다고 TV 광고는 물론 지하철이나 버스에도 광고를 하는 영화 산업과 비교할 것은 아니다. 마케팅은 최소한이다. 한때 잘 팔리는 책들은 버스나 지하철 광고도 했는데, 출판 시장이 이제는 많이 위축되어서 더 이상 그런 광고를 보기는 어렵게 됐다. 요즘은 베스트셀러라도 버스 광고비를 감당하기 어렵다.

지금 우리나라 연극 시장은 연간 티켓 매출액 468억 원 규모다. 지금부터 10년 후 현재 10대가 20대가 되면 어떻게 될까? 혹은 20년이 지나서 지금의 영유아나 초등학생들이 20대가 되었을 때에는 어떻게 될까? 아르코-대학로 예술극장은 대학로에 있다. 극장 측의 도움을 받아 홈페이지를 통해 티켓을 구매한 관객들을 간단하게 분석한 적이 있었다. 물론 샘플이 적고, 대학로에 있는 극장이라서 서울과 수도권 사람들 성향이 과잉 대표되어 있을 수 있다. 이러한 한계에도 불구하고 실제로 한국에서 돈을 내고 연극을 보는 사람들이 어떠한 사람들인지, 대략적인 윤곽을 보여준다.

〈표 4〉 아크로 대학로 예술극장 연극 티켓 구매자 연령별 분포(2021년)

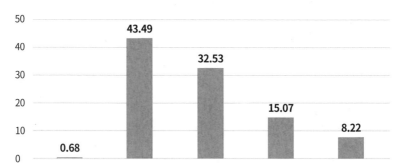

매우 제한된 자료이기는 하지만, 이 자료의 시사점은 명확하다. 티켓 구매는 20대가 43.49%, 진짜로 높다. 여기에 30대 32.53%를 합치면 76.02%, 2/3를 훌쩍 넘긴다. 50대 이상은 8.22%이고, 10대는 0.68%이다. 2022년 실시된 '국민 문화예술 활동 조사'는 4만3,758명에게 물어서 1만3,139명이 응답했는데, 그 결과와 이 수치를 비교해보자.

〈표5〉 연극 관람률 상대 비율

	연극 관람률	상대 비율		연극 관람률	상대 비율
15-19세	2.0	15.75	50대	1.5	11.81
20대	3.9	30.71	60대	0.6	4.72
30대	2.1	16.54	70대 이상	0.8	6.30
40대	1.8	14.17			

'국민 문화예술 활동 조사' 2022, 문화체육관광부

연극 관람률은 여러 문화예술 활동 중 연극을 보는 비율이고, 상대 비율은 연극을 보는 사람들 사이의 연령별 비중을 의미한다. 10대와 50대 이상에서는 실제 표를 산 사람과 극장에 간 사람들 사이의 간극이 좀 크다. 10대는 전체 관객 중 15.75%를 차지하지만, 실제로 표를 구매한 비율은 0.68%에 그친다. 물론 이 수치에는 현장 구매가 포함되지 않은 것이라서 실제와 차이가 있을 수 있지만, 그래도 격차가 좀 크다. 50대 이상이 실제 연극을 본 것은 전체의 22.83%지만, 실제 티켓 구매층으로 범위를 좁히면 8.22%가 된다. 이 자료들은 연도가 일치하지 않아서 아주 정확한 것은 아니지만, 추이는 어느 정도 볼 수 있다. 마케팅이라는 관점으로 본다면 연극 시장은 20~30대의 의존도가 결정적으로 높은 시장이다. 10대와 50대가 연극을 안 보는 것은 아니지만, 돈을 내고 보는 비중은 아주 낮다. 연령에 따른 관람자 분포가 영화 등 다른 문화 시장과 크게 다르지는 않지만, 연극은 직접 돈을 내는 비율에서 청년들의 비중이 압도적인 시장이다.

'관객 개발'이라는 개념을 통해서 연극계에서도 관객의 범위를 넓히기 위한 시도를 안 한 것은 아니다. 전업주부들이 좀 더 쉽게 극장을 찾게 만들기 위해 오전 공연이 시도되기도 하였다. 그렇지만 여전히 문화 활동에 대한 참여가 많은 청춘들이 유료 관객의 상당 부분을 차지하고 있다. 시간이 지날수록 20대 인구가 줄어들면, 현재의 연극 시장은 매우 곤란한 상황에 처하게 될 것이다. 돈을 주고 연극을 보려는 20대 모집단 자체가 줄어들고, 시간이 더 흐르면 30대도 줄어든다. 사회에서 많은 주목을 받지 못하는 분야이기는 하지만, 연극이 우리 사회에서 필요한 것인가 아니면 그냥 없어져도 되는 것인가, 하는 문제에 관해 사회문화적이고 정책적 고민이 필요하다.

연극은 가장 원초적이고, 가장 감각적인 형식의 예술이다. 코로나 기간에 온라인 상영이 많이 시도되었지만, 객석에서만 느낄 수 있는 체험이 없는 것을 아쉬워하는 사람들이 많았다. 많은 사람들이 초등학교 때 학예회 같은 행사에서 처음으로 연극에 참여하는 경험을 했을 것이다. 나는 연극에 관한 가장 감동적인 얘기를 부산 출신 문화인류학자인 조한혜정 교수에게 들었다. 6.25전쟁 때 전국에서 수많은 피란민이 부산으로 몰려왔는데, 그때 학교에서 정상 수업을 진행할 수 없어서 계속해서 학예회만 했었다고 한다. 그때 경험했던 연극과 전시 등 학예회 기억이 자신을 학자로 만든 원천 중 하나였다고 했다. 흔히 연극의 교육적 힘이 간과되지만, 가장 적은 비용과 시설로도 할 수 있는 예술 행위가 연극이다. 감옥과 같은 교정 시설에서도 연극 공연이 이루어진다. 정신 질환자들에게도 연극은 중요한 치유 수단으로 활용된다. 기술적으로는 인공지능 시대에도 연극은 살아남을 가능성이 높다. 인공적인 것이 점점 더 늘어갈 때에도 그 반대편에서 또 다른 틈새시장이 충분히 생겨날 수 있다. 그렇지만 산업에는 기술적인 것뿐 아니라 경제적 속성도 있다. 사람들의 취향과 선호 그리고 정부의 태도가 변하지 않는다면, 청년 인구가 줄어드는 환경에서 연극 공연이 경제적으로 살아남기는 매우 어렵다.

연극이 좀 더 드라마틱한 구조를 가지고 있지만, 발레나 콘서트 같은 여러 문화 활동들도 어느 정도는 유사한 구조를 가지고 있다. 20~30대가 지나고 나면 문화 활동에 대한 지출이 줄어드는 구조인데, 여러 장르에서 이와 유사한 난관에 봉착하게 될 가능성이 높다. 가난한 20대라고 생각하지만, 연극과 같은 예술 시장에서는 그들이 가장 큰 고객이다. '문화적 20대'라고 부르지 않을 수 없다. 관건은 지금의 20대가 나이를 먹어 40대, 50대가 되어서도 여전히 선진국 국민처럼 연극과 같은 공연 예술을 같은 비율로 볼 것인지, 아니면 지금의 50대처럼 공연 예술에 대해서는 문화 소비가 아주 약한 집단이 될 것인가의 문제다. 현재까지의 추이로만 보면, 지금의 20대가 문화 소비가 높은 진짜 선진국 국민이고, 50대 이상은 개도국 시절의 문화 소비 패턴을 가지고 있는 개도국 국민에 가깝다.

별도의 소비 지출이 필요 없는 드라마 같은 경우는 인구 구조 변화의 충격을 비교적 적게 받을 것이다. 드라마 분야는 누가 보느냐, 얼마나 보느냐가 관건이지, 얼마를 지불할 것인가는 문제가 아니다. 청소년과 청년 인구가 줄어들어도 노인 인구의 증가로 인해 전체 관객 수에 극적인 변화가 당장 오지는 않는다. 다만 드라마 주제에는 변화가 올 것이다. 일본에는 고등학교가 배경인 드라마가 여전히 많고, 피 끓는 청년들의 안타까운 사랑 얘기들이 많다. 한국에서는 예전에 하이틴 드라마라고 했던 고등학교 드라마들은 사실상 사라졌고, 20대 얘기도 이제는 거의 없다. 40대, 50대 배우들이 주연을 맡는 경우가 많고, 자연스럽게 얘기들도 어느 정도 안정된 연령대가 관심을 가질만한 것들로 변하고 있다. 그 사회적 추세 변화에 적응 못하는 공중파 드라마들은 고전을 면치 못하고 있다.

영화 〈가을 소나타〉를 실제로 본 사람이 많지는 않겠지만, 제목만 들으면 내용을 알 것 같은 느낌을 주는 영화다. 백혈병 같은 불치병에 걸린 어느 소녀의 슬픈 사랑 얘기 아닐까? 하이틴 로맨스 같은 제목이지만, 내용은 전혀 그런 게 아니다. 엄마와 딸의 오해와 갈등 그리고 장애인의 여동생에 대한 새 아버지의 강간 등 충격적인 이야기가 전개되는 가정 소사에 대한 얘기다. 노년의 잉그리드 버그만이 유명 피아니스트인 엄마로 등장한다. 영화 〈누구를 위하여 좋은 울리나〉의 바로 그 잉그리드 버그만이다. 남녀 간의 연애가 아니라 여성과 여성, 특히 모녀 사이의 문제를 대중문화의 본격적 주제로 삼은 첫 번째 영화로 평가된다. 그전에 영화는 주로 남자와 남자 사이의 갈등 아니면 남녀 사이에서 벌어지는 일들을 다루었지, 여성과 여성 사이의 갈등과 같은 얘기는 거의 다룬 적이 없었다. 특히 엄마와 딸 사이는 대부분 좋은 관계라고만 생각했지, 그 사이에 근본적인 갈등이 있을 것이라고는 생각해본 적이 없던 시대였다. 영화사는 물론 학술적으로도 중요한 영화다. 술, 특히 포도주를 좋아한다면 엄마와 딸 사이에서 진행되는 아주 긴 음주신과 만취한 상태에서 벌어지는 맛깔 나는 대사들을 각별한 마음으로 감상할 수도 있겠다.

파리에서 열린 영화감독 잉마르 베리만 영화 페스티발에서 이 영화를 처음 보았는데, 잉그리드 버그만이 스웨덴 출신인 것을 그때 처음 알았다. 영화감독과 여자 주인공 이름이 거의 유사해서 잉그리드 버그만이 나온다는 것도 잘 모르고 봤었다. 〈제7의 봉인〉을 보려고 간 것이었는데, 워낙 감동을 받아서 한 편을 더 봤던 게 〈가을 소나타〉였다. 잉마르 베리만 감독에 대해서 살펴보면서 스웨덴에도 연극이 있다는 것을 알게 됐다. 그 시절에는 인구 규모 같은 것도 잘 몰라서, 그냥 선진국이니까 연극도 하겠지, 그렇게 막연하게 생각했었다. 나중에 돌아보니까 인구 1천만 명 수준의 스웨덴에서 자체적인 연극 시장을 유지하고 있는 게 결코 쉬운 일이 아니라는 생각을 하게 되었다. 예술주의 영화로 영화사에 지워지지 않는 한 획을 그었던 베리만 감독은 스웨덴 연극계가 배출한 최대의 거장일 것이다. 이 상황에서 숫자를 말하는 건 우스울 수도 있겠지만, 잉마르 베리만이 만든 영화는 62편이고, 그가 연출을 한 연극은 170편이다. 4천만 명을 넘어 5천만 명이라는 인구 규모에 익숙한 우리에게는 인구 1천만 명도 안 되는 스웨덴에 연극이 있고, 영화도 있고, 그것도 스웨덴 로컬을 배경으로 한다는 것은 놀라운 일일지도 모른다.

연극만 그런 것도 아니다. 한때 세계를 휩쓸었던 4인조 팝그룹 아바가 스웨덴 그룹이다. 두 커플 네 명의 이름 첫 자를 따서 ABBA라고 이름을 지었다. 두 개의 B중 한 B인 베니 앤더슨은 그룹 해체 이후에도 활동을 계속해서 뮤지컬 〈맘마미아〉의 노래들을 작곡했고, 솔로 피아니스트로도 여전히 활동 중이다. 한때 메조소프라노의 빅 스타였던 안네 소피 폰 오토도 스웨덴 출신이다. 안젤리나 졸리를 이어 〈툼 레이더〉를 승계한 배우 알리시아 비칸데르는 스웨덴 왕립 발레학교 출신의 발레리나였다. 발레의 세계에서 스웨덴은 여전히 중요한 나라다.

청년의 인구가 줄어들고, 궁극적으로 인구 자체가 줄어든다는 것은 연극 같은 작은 시장에게는 매우 곤란한 일이기는 하다. 그렇다고 모든 문화 산업 자체가 존재도 없이 사라지는 것은 아니다. 작은 규모의 나라에도 나름대로 다 자기네 소설을 비롯한 문학이 있고, 연극도 있고, 다양한 예술 활동들이 존재한다. 문제는 지금도 겨우겨우 운영되는 우리나라 극단 등 예술 활동이 그렇게 작은 시장이 되었을 때에도 존재할 수 있는 모델이 있느냐는 점이다. 원래 작았다면 작은 규모에 최적화돼서 나름대로 생존의 기법을 가질 수 있지만, 큰 시장이 갑자기 작아지면 적응하기가 쉽지 않다.

수많은 가수와 배우를 만들어낸 학전블루 소극장이 얼마 전 경영난을 이겨내지 못하고 결국 문을 닫았다. 남아 있는 채무를 청산하기 위해서 황정민 등 학전이 배출한 배우와 가수들이 마지막 콘서트를 열었다. 김광석이 오랫동안 공연을 했던 곳도 바로 이곳이었다. 극단과 소극장은 전설이 되었고, 문화재급 공간으로도 손색이 없다. 이런 곳도 유지하기가 어렵다면, 과연 어떤 극단이 그리고 어떤 소극장이 20년 후에도 살아 있을 것인가? 극단이나 극장이 하나하나 문을 닫는 현상에 대해 대부분 경영상의 이유 정도로 가볍게 생각을 한다. 그렇지만 최소한의 문화 다양성을 위해서 연극 시장을 일정 규모로 유지하는 것도 저출생 대책 중의 하나다. 연극 없는 한국, 이것에 대한 정책적 판단과 고민이 필요하다. 문화 다양성은 작은 규모의 시장에서는 유지하기가 매우 어렵다. 그렇지만 이런 핵심 문화 산업들이 사라지고 나면, 정말로 한국경제는 다양성을 잃고, 매우 납작하고 밋밋한 경제가 된다.

청소년과 청년의 인구가 매우 빠른 속도로 줄어드는 상황에서, 저출생 대책은 연극 시장과 유사한 형태를 가진 많은 산업들에 초점을 맞추는 것이 맞다. 정부는 국토의 균형 발전을 위해서 흔히 '균특'이라고 부르는 국가균형발전특별회계를 운용한다. 저출생 대책과 별도로 인구가 줄면서 생겨나는 다양한 분야의 문제점을 최소로 하기 위해서 균특과 같은 저출생대책특별회계를 만들 필요가 있다. 균특과 같이 '저특'이 생겨나면, 연극 시장과 같은 소규모 문화 시장들을 저출생 대책의 한 분야로 포함시킬 것인가, 진지하게 검토돼야 한다.

한류, 20년 후에는?

21세기가 되면서 한류라는 단어 사용이 자연스러워졌고, 이제는 K 팝과 함께 K무비, K뷰티 등 다양한 K시리즈의 단어가 통용되고 있다. 국가 스타일과 관련된 이 같은 단어의 등장에는 긍정적 부정적 면이 다 있지만, 많은 사람들은 이러한 변화를 자랑스럽게 생각한다. 영화를 시작으로, 드라마를 거쳐 음악까지, 한국에서 만들어진 많은 문화 상품들이 세계적으로 빅히트를 치면서 어느덧 한류 혹은 K시리즈의 다양한 단어가 자연스럽게 사용되기 시작했다. 이런 흐름들이 20년 후에는 어떻게 될 것인가? 인구 구조의 변화를 생각하면 피해갈 수 없는 질문이다. 과연 청년 인구가 먼저 줄고, 점차적으로 전체 인구가 줄어드는 상황에서 한류 혹은 K컬처가 장기적으로 번영의 길을 갈 수 있을까? 아니면 로컬 마켓 즉 국내 시장의 위축으로 결국 역동성을 잃고, 한때의 영광을 뒤로 하고 위축될 것인가?

한국갤럽에서는 거의 매년 영화, 드라마, 음악에 대해서 다양한 내용의 설문조사를 하는데, 다른 조사와는 달리 이 조사에는 연령별 자료들이 공개된다. 그래서 이 자료는 문화 선호도와 관련된 연구를 할 때 많이 인용된다. 영화나 드라마 또는 배우에 대해서는 연령별·지역별 선호도 차이가 크지 않다. 성별 차이도 마찬가지다. 그렇지만 음악에서는 연령 효과가 확실하게 드러난다. 가끔 싸이나 소녀시대처럼 연령과 상관없이 순위권에 올라가는 가수도 있지만, 대체적으로는 10대와 50대가 같이 좋아하는 가수는 거의 없다. 2015년 갤럽 조사를 통해 10년 전 상황을 살펴보자.

〈표 6〉 연령별 가수 선호도

순위	13~18세		19~29세		30대		40대		50대	
1위	빅뱅	32.8	아이유	29.0	빅뱅	19.6	장윤정	11.5	장윤정	21.2
2위	엑소	21.6	빅뱅	25.6	아이유	17.0	임창정	10.3	오승근	11.6
3위	아이유	19.6	소녀시대	17.1	소녀시대	14.4	이승철	10.2	조용필	10.6
4위	소녀시대	16.2	씨스타	12.8	씨스타	9.1	소녀시대	10.2	이선희	9.5
5위	AOA	14.5	엑소	9.7	임창정	8.8	이선희	9.7	홍진영	8.2

자료 : 한국갤럽, 2015년

10대와 50대의 가수 선호도는 극명하게 다르다. 10대가 선호하는 가수는 아이돌 스타들이고, 50대는 트로트 가수들이다. 30대와 40대는 그 중간 지점이다. 대체적으로 나이가 들면 트로트 계열의 노래를 좋아하고, 10대 때에는 댄스 음악을 좋아한다는 가설을 세우면 대체적으로 들어맞는다. 그렇다면 지금의 10대도 나이를 먹으면 트로트를 좋아하게 될 것인가? 이건 분명치 않다. 자, 최근 자료인 2021년 조사를 보자.

〈표 7〉 한국을 빛낸 가수

순위	13~18세		19~29세		30대		40대		50대		60대 이상	
1위	방탄소년단	58.6	방탄소년단	42.9	방탄소년단	40.3	임영웅	26.1	임영웅	36.3	임영웅	42.8
2위	아이유	35.5	아이유	33.6	아이유	28.3	방탄소년단	23.0	영탁	20.5	영탁	22.4
3위	블랙핑크	14.3	블랙핑크	10.2	임영웅	12.6	아이유	17.7	장윤정	15.4	나훈아	17.0
4위	이무진	10.2	이무진	9.0	이무진	8.8	영탁	11.9	나훈아	10.3	장윤정	15.4
5위	에스파	8.3	에스파	8.2	블랙핑크	8.2	장윤정	8.4	방탄소년단	10.0	이찬원	12.0
6위	악뮤	6.7	트와이스	6.9	SG워너비	6.4	이찬원	5.8	장민호	9.8	정동원	11.6
7위	트와이스	6.6	악뮤	5.9	태연	5.4	이무진	5.1	이찬원	9.0	장민호	10.5
8위	오마이걸/레드벨벳	6.2	태연	5.2	영탁	4.5	나훈아	5.0	진성	8.9	진성	10.3
9위	-		브레이브걸스	5.0	악뮤/에스파	3.5	SG워너비	4.9	정동원	8.6	송가인	9.5
10위	브레이브걸스	5.2	오마이걸	3.8	-		정동원/임창정	4.7	송가인	8.0	김연자	6.2

자료 : 한국갤럽, 2021년

　　2015년과 2021년 사이에 트로트 열풍이 불어왔는데, 30대와 40대 순위에 이런 사회적 현상이 일부 반영되어 있다. 방탄소년단이 엄청나게 인기를 얻었지만, 40대가 되면 트로트 열풍을 이끌던 임영웅이 1위이고, 방탄소년단은 2위다. 50대에서는 본격적으로 트로트 세상이다. 방탄소년단은 5위로 내려왔고, 60대에서는 순위 안에 들어오지도 못했다. 반면에 갤럽 조사에서는 20대와 10대들에게는 트로트 열풍이 잡히지 않는다. 트로트는 그야말로 중장년층으로 구성되는 로컬 마켓용이고, 아이돌 그룹의 일부는 이제 한국 시장을 넘어 글로벌 마켓에서 움직인다.

　　20년이 지나면 어떻게 될까? 트로트는 지금의 10대와 20대가 각각 30대와 40대가 된 시대에 어떻게 살아남을 것인가? 이런 문제에 맞닥

뜨릴 것이다. 유럽이나 미국은 클래식을 비롯해서 록과 힙합, 이런 다양한 음악 장르가 공존한다. 나이를 먹어도 사람의 음악 취향은 잘 변하지 않기 때문에, 중년들은 자신이 젊었을 때 즐겨 들었던 노래를 계속 듣는다. 그래서 여러 종류의 음악 장르가 공존하고 있다. 국악을 주로 듣던 한국에 서양 음악이 들어와서 자리를 잡은 지 100년도 안 되었다. 그런데 이런 연령 분석만으로 음악 취향을 설명하기가 어려웠다. 1970년대 포크 열풍에 빠졌던 사람도, 1980년대 김광석을 좋아했던 이들도, 50대가 되면 트로트를 즐겨 듣는다. 순위로만 따지면 그렇다. 노년이 되면 한국인은 결국 트로트를 좋아하게 되는 것일까? 입증은 어렵지만, 반증도 어렵다. 지금 10대의 음악 취향이 20년 후에 어떻게 될지가 트로트의 미래를 결정한다고 할 수 있다.

한류 열풍의 한 가운데 들어가 있는 방탄소년단을 비롯한 K팝은 어떻게 될까? 10대와 20대가 아이돌 그룹의 핵심 소비자층이라고 하면, 연간 20만 명대 아래로 내려가 10만 명대로 줄어든 출생아 수가 K팝 시장의 가장 큰 변화 요인이다. 그렇다고 국민 전체 숫자가 극적으로 줄어들지는 않지만, 노령층의 음악 취향은 젊은 사람들과는 좀 다르다. 어쨌든 장르로서 K팝은 아직은 청년들을 위한 음악이다. 아이돌 그룹의 댄스 음악 시장은 10대와 20대가 주력인데, 이 소비자들의 수치는 로컬 마켓에서 앞으로 20년간 극적으로 줄어들게 된다. 이미 시장에 자리 잡은 그룹들 외에 점점 더 새로운 그룹이 등장하기가 어려운 조건이 만들어진다. 무엇보다도 앞으로의 전망이 좋아 보이지 않으면, 신규 투자가 점점 더 줄어들게 될 것이다. 로컬 마켓의 장기적 성장 가능성이 그렇게 밝지 않은 이유다.

물론 로컬 마켓의 움직임과 글로벌 마켓의 흐름이 반드시 일치할 필요는 없다. 그렇지만 문화 시장은 신상품의 등장과도 같은 새로운 그룹의 등장이 계속해서 이루어져야 어느 정도 유지가 되는데, 로컬 마켓 자체가 죽으면 전반적인 침체를 피하기는 어렵다. 한국 시장에서 등장하지 않은 한국말 그룹이 하나의 장르로서 계속해서 유지될 수 있을까? K팝의 미래에 대한 가장 큰 위기 요소는 결국은 인구 구조 변화로 인한 10~20대의 축소라고 할 수 있다. 물론 점점 더 규모가 커져서 대기업 수준이 된 일부 기획사들은 로컬 마켓을 떠나고, 외국 가수들로 사업을 확장하고 다변화하면서 생존할 수 있다. 그렇지만 이걸 K팝으로 볼 수 있느냐는 또 다른 질문이 있을 수 있다.

현지에서 벌어진 문화 생산의 위기가 세계 시장에서의 위축으로 이어진 대표적인 사례는 홍콩 영화와 홍콩 음악의 경우라고 할 수 있다. 물론 이건 인구 변화가 아니라 정치 변화에 따른 것이었지만, 로컬 마켓에서 생겨난 중대한 변화가 20년 지속되면서 음악과 영화 생산 구조에 변화를 가져왔다. 영화 〈무간도2〉는 공간적 배경이었던 서구룡 경찰서에 도열한 경찰들이 어깨에 달 새로운 중국 견장을 받는 장면으로 끝난다. 영국군 3명과 중국군 3명이 홍콩 특구기를 내리고 중국 오성홍기를 게양하는 영화 속 TV 장면이 지나간다. 그걸 보면서 1편의 주인공 중 한 명인 황 국장이 경찰 모자의 표식을 갈아 끼운다. 그렇게 홍콩의 한 시대는 끝이 났다. 전편인 〈무간도〉 1편은 중국 본토에서 상영되는 버전의 엔딩을 다르게 만들 수밖에 없었다. 정치적 검열이 없이 자유분방하게 코미디 영화를 마음껏 만들던 홍콩 영화의 전성시대는 그렇게 마감하게 되었다.

이유는 다르지만, 한류 음악의 미래는 홍콩 영화의 변화와 크게 다르지 않을 것이다. 홍콩 영화는 한때 할리우드의 유행 자체를 이끌어갈 정도로 장르 그 자체였다. K팝도 세계적인 유행이지만, 한국에서 만들어지지 않은 음악도 K팝 장르로 분류할 정도의 장르 형성은 아직 되지 않은 것 같다. 한류의 K팝은 마치 한국경제가 지금이 전성기인 것처럼, 지금부터 한동안이 전성기일 것이다. 인구 구조가 변하면 경제 구조도 변하게 된다. 어린이와 10대들이 줄고, 점차적으로는 20대가 줄고, 결국에는 총인구도 줄어든다. 이에 따라 잠재성장률이 점차 내려가다가 결국에는 마이너스가 될 수밖에 없다. 용어의 정의상 경제성장률은 잠재성장률을 넘어설 수가 없다.

지역 시장, 즉 로컬 마켓이 풍성하지 않으면 문화 영역에서 오랫동안 지속적으로 생산을 이어가기 힘들다. 그렇다고 정부가 나서서 적극적으로 지원한다고 되는 일도 아니다. K팝에 정부 간섭이 들어가면, 지금의 생동감과 역동성을 잃게 된다. 물론 유럽의 작은 국가들처럼 작지만 다양성을 잃지 않은 로컬 문화 시장을 가질 수는 있지만, 지금도 부족한 다양성이 인구 구조의 변화 속에서 더 늘 것이라고 예상하기는 쉽지 않다. 한국은 소득이 상승해도 문화 지출이 그만큼 상승하지 않는 특징이 있다는 것을 『문화로 먹고 살기』를 쓰면서 분석한 적이 있었다. 절대소득은 늘었지만, 문화에 대한 지출이 그만큼 늘어나지는 않았다.

영화의 경우는 어떨까? 팬데믹 이전까지 한국 영화 산업을 이끌어 온 가장 큰 힘은 국민들의 극장 영화 관람 횟수다. 팬데믹 이전인 2019년 연간 4.4회에 달했다(영화진흥위원회 자료 참고). 팬데믹 기간에 1.2회로 급감했지만, 2022년에는 2.2회로 많이 회복되었다. 미국의 2.0회보다 높아졌고, 세계 6위다. 영화는 20~30대가 전적으로 끌고 나가는 시장은 아니라서, K팝보다는 인구 구조 변화의 영향을 상대적으로 덜 받는다. 그보다는 일부 상업 영화에 집중되면서 생겨난 다양성 부족에 따른 취약한 생산 기반과 OTT와의 경쟁에 더 많은 영향을 받는다. 음악보다는 더 길게 버티겠지만, 장기적으로는 역시 인구 구조 변화의 영향을 받지 않을 수 없다. 내수 시장을 기반으로 특색 있는 영화를 계속해서 만드는 인도 영화와는 정반대의 길을 걷게 될 가능성이 매우 높다. 물론 아직은 충분한 인구를 확보하고 있음에도 불구하고 침체 국면인 일본 영화를 참고하지 않을 수 없다. 관객 규모라는 눈으로만 보면, 한국 영화의 앞날이 그렇게 밝지는 않다. 한류가 중요한 게 아니라, 줄어든 인구 구조에서라도 안정적으로 작동할 수 있는 튼튼한 영화 산업 구조에 대해서 고민하는 게 맞을 것 같다.

드라마는 그래도 영화보다는 좀 나은 경우다. 영화는 완전히 상업적인 방식으로 작동하지만, 드라마는 좀 더 공적이고, 비상업적인 측면이 상대적으로 강하다. 시청자들이 드라마를 보면서 돈을 내는 것은 아니고, 제작비는 방송국이 일부를, 상업 광고가 일부를 부담한다. 방송국은 영화보다는 좀 더 적극적인 정부 지원이 가능하다. 물론 사회적 의사 결정 과정이 필요하다.

한국에서 드라마 제작비의 절반 가까이는 광고에서 나온다. 그렇다면 광고의 경우는 어떨까? 인구가 줄면 국내 시장 규모가 줄어들지만, 그렇다고 해서 줄어든 인구 규모에 비례해서 모든 시장이 줄어드는 것은 아니다. 장기적으로 인구 규모도 광고 시장에 영향을 주지만, 더 중요한 것은 지불 능력, 즉 1인당 국민소득이다. 출생아 수가 줄면, 일정한 시간 후에는 결국 인구 규모도 줄어들게 된다. 문제는 그러한 변화가 1인당 국민소득이 감소하면서 진행될 것인지, 아니면 소득이 유지되면서 진행될 것인지가 관건이다. 최소한 앞으로 20년 동안 정치적 변란이 생기지 않는다면, 1인당 국민소득이 어느 정도는 유지될 가능성이 높고, 꽤 많은 상품들이 국내 시장에서 치열한 경쟁을 하게 될 것이다. 지금처럼 화려하지는 않겠지만, 20년 후에도 한국 드라마는 어느 정도는 명맥을 유지할 가능성이 높다. 그 뒤는? 밝지 않다. 한국 드라마에 익숙해져서 우리가 잘 생각하지 않는 점 하나는 모든 나라가 드라마를 만들 수 있는 것은 아니라는 점이다. 작은 시장에서 드라마를 만드는 것은 쉬운 일이 아니다.

요약하면, 한류의 축인 음악, 영화, 드라마, 이 세 가지 중에서는 인구 구조의 변화 앞에서 음악이 가장 위기이고, 그 다음이 영화 그리고 드라마 순이다. 연령별로 소비자 구조가 다르고, 제작비 구성 방식이 다르기 때문이다. 10년이 지나면, 음악 시장에는 중대한 변화가 오게 될 가능성이 높고, 나머지 분야들도 순차적으로 위기를 맞게 될 것이다. 10~20대가 줄어든 데 따른 자연스런 결과다. 생산 기계를 돌리기 위해서는 외국인 노동자들이 줄어든 노동 시장의 일부를 채울 수는 있지만, 소비자까지 채울 수 있는 것은 아니다. 장기적으로 볼 때 한류의 미래가 그리 밝지 않은 까닭이다. 시장의 장기 전망이 그렇게 밝지 않으면, 신규 투자가 대규모로 발생하기가 쉽지 않다. 아마도 한류의 위기는 내용이나 형식 혹은 언어의 장벽에서 오는 것이 아니라 점점 줄어드는 투자에서 올 가능성이 크다. 경제의 클라이맥스가 끝난다고 해서 문화가 바로 위기에 처하는 것은 아니다. 잠재성장률이 내려가고, 경제가 위축되어도 한동안은 문화 생산은 계속될 수 있다. 그렇지만 그걸 즐기고 기뻐할 사람이 줄면, 문화가 저 혼자 움직이거나 커나갈 수는 없다.

공공 부문의 미래

10대들에게 직업으로서 공무원은 어느 정도 인기가 있을까? 시대마다 다르지만, 대체로 국가가 위기인 시절, 예를 들면 일제 강점기 같은 경우에 공직이나 교사처럼 정부와 일할 수 있는 것들을 선호한다고 한다. 반면에 국가가 상대적으로 안정되고 경제가 팽창하는 시기에는 더 많은 연봉을 받을 수 있고, 좀 더 다이내믹한 민간 부문을 더 선호한다고 한다. 개연성과 설득력이 있는 가설이기는 한데, 실제로 그럴 것이라는 보장은 없다. 우리나라의 경우, 김대중 정부 이후 민주당 집권기에 박봉이었던 공무원 임금을 인상하겠다는 약속을 한 적이 있다. 대체로 보수적인 공무원들의 협조를 구하기 위해서는 그럴 수밖에 없었을 것이다. 그 이후로 일정 기간 공무원 연봉이 획기적으로 오르면서 한동안 공무원의 인기가 높아졌다. 진보 정권은 큰 정부 기조에 맞춰서 공직 규모를 키우려는 경향이 있다. 반면 보수 정권은 작은 정부를 지향하기 때문에, 공직자 규모 증가를 억제하거나 줄이려는 경향이 있다.

정반대의 정책이 정치적 입장에 따라 모두 다 '개혁'이 된다.

　10년 전에 대학생들이 가장 선호하던 직장은 민간 기업으로는 삼성 전자와 현대자동차 그리고 공기업으로는 한전이었다. 나주로 한전 본사가 옮겨간 이후, 대학생들에게 직장으로서의 매력은 많이 떨어진 것 같다. 가장 인기 있던 공기업 중의 하나였던 금융 공기업들은 대거 부산으로 갔다. 역시 서울에 있을 때보다 인기는 많이 줄어든 것 같다. 최근에는 직장 민주주의가 개선된 것으로 알려진 건강보험이 '공시생'들에게 인기가 상대적으로 좀 높아졌다.

　한국에서 공무원은 공무원법에 의해서 규정되는 사람들이다. 그리고 공단과 같이 공무원이 아닌 민간인 신분이지만, 공무원에 준하는 규정들을 내규 형태로 적용 받는 사람들을 공직자라고 부른다. 뇌물 수수와 관련해서는 공무원에 준하는 기준이 적용받는다. 반면 공직자들은 노조에 가입할 수 있고, 정당에 가입할 수도 있다. 공무원과 공직자들이 일하는 부분을 국제적으로는 공공 부문이라고 부른다. 공공 부문, 민간 부문, 이렇게 두 개의 영역이 기본이고, 시민경제 혹은 사회적 경제와 같은 NGO^{Non-Government Organization}을 제3부문이라고 부른다. 1929년 대공황 이후 케인즈가 등장하면서, 시장이 실패했을 때 그 실패를 보완해주는 공공 부문의 중요성이 매우 커졌다. 공공 부문을 줄이거나 민간에 넘기는 민영화를 해야 한다는 보수 쪽 입장과 전통적인 공공 부문의 역할을 강조하는 진보 입장 사이에서 공공 부문의 규모는 정치적인 영향을 많이 받았다.

　현재 진행되고 있는 인구 구조의 변화는 공무원과 공공 부문 고용 규모에 어떠한 영향을 미칠 것인가? 그건 공공 부문 서비스의 대상자들의 연령을 보면 비교적 쉽게 유추할 수 있다. 줄어든 출생아 수에 직접 영향을 받는 이 분야는 고용 규모가 많이 줄어들 수밖에 없다. 이미 학교나 교사 지망생들에게는 변화가 시작됐다. 물론 국가가 정책적 결정을 통해서 교육 서비스를 줄이지 않고 유지하는 결정을 내릴 수도 있다. 그렇지만 이를 위해서는 아주 강력한 사회적 합의가 필요하다. 공공 부문에 대한 불신이 큰 보수 성향의 노인 세대가 증가하면, 국공립 어린이집은 물론이고 학교의 교사 규모를 늘리겠다는 사회적 결정을 내리기가 더욱 어려워질 것이다. 어쨌든 기성 권력의 절반가량을 차지하고 있는 한국의 보수 지도자들은 공무원 숫자 늘어나는 것을 좋아하지 않고, 공공 서비스를 민간 서비스로 대체하고 싶어 하는 경향이 있다. 학교나 병원의 고용을 늘일 것인가? 물론 이게 바람직하기는 하지만, 지금까지의 흐름으로는 아마 어린이집을 줄이고, 학교를 줄이고, 신입 교원 숫자도 줄이고, 이런 수동적이고 관성적인 결정을 내릴 가능성이 크다. 영유아, 어린이 그리고 점차적으로 청소년을 대상으로 하는 공공 서비스는 고용 규모가 줄어들게 된다.

반면에 상당히 많은 종류의 공공 서비스는 영유아나 청소년의 규모가 아니라 전체 인구의 규모에 의해서 영향을 받는다. 총인구가 줄지 않으면 서비스의 규모도 줄지 않는다. 한전이나 가스공사 같은 곳을 생각해보자. 전력 사용량은 기본적으로는 인구와 재산에 의해서 결정된다. 부자들은 더 큰 집에 살고, 더 많은 전등과 전기 기기를 사용하고 있을 것이다. 특별하게 개개인의 재산 규모에 급격한 변화가 없을 경우, 저출생이 지속되어도 전력 사용량에 급격한 변화가 발생하지는 않는다. 인구 구조가 변하고, 총인구 규모가 심각하게 줄어들면 물론 결국에는 전기와 가스 같은 공공 서비스 규모도 줄어든다. 그렇지만 이건 상당한 시간이 지난 후의 일이고, 당분간은 청소년 인구가 감소해도 총인구 규모가 크게 줄어들지 않기 때문에 공공 서비스 규모도 현재 수준으로 유지된다.

인구 구조 변화와 함께 공공 서비스 규모가 오히려 늘어나는 공공 부문도 있다. 복지와 의료 분야 일부는 고령화와 함께 규모가 더 커지게 된다. 특히 돌봄과 관련된 서비스들은 대면 활동을 없앨 수 없기 때문에 AI가 도입되더라도 고용 축소에는 한계가 있다. 정부가 재정 부담을 줄이기 위해서 민간 부문을 적극적으로 활용한다고 하더라도, 관리자 자체를 줄이기는 어렵다. 고령화 국면에서 서비스 형태의 변화는 있을 수 있지만, 그렇다고 공공 서비스 자체의 규모가 줄어들지는 않을 것이다. 결국은 고령화와 관련된 공무원도 늘고, 공직자도 늘어나게 될 것이다.

지금의 10대가 20대가 되었을 때, 분야별로 편차는 있겠지만, 전체적으로 공공 부문의 고용 규모가 크게 줄 것이라고 보기는 어렵다. 당연한 것이 청소년의 숫자가 준다고 해도, 평균 수명의 증가가 동시에 발생할 것이기 때문에 당장 총인구 숫자, 즉 전체 인구가 급격하게 줄어들지는 않기 때문이다. 총인구가 급격하게 줄기 전에는 전기, 가스를 비롯한 많은 부문의 공공 서비스 규모가 줄어들지 않을 것이다. 풍력과 태양광 등 재생 가능 에너지의 비중이 점차적으로 늘 것이고, 산업 부문을 포함해서 화석 연료가 전기 에너지로 점점 더 대체될 것이다. 석탄 발전소 등 중앙형 에너지원이 태양광 같은 분산형 에너지원으로 전환되면, 현장 오퍼레이터나 관리 인원이 늘어나게 되기 때문에 고용은 늘어난다. 미래 경제에서는 기후변화 등 생태적 고용이 증가할 가능성이 높고, 공공 부문에서도 마찬가지다.

정치적 격변이 일어나서 갑자기 정부 규모를 급격하게 줄이거나, 민영화를 갑자기 대규모로 추진하지 않는 이상, 공공 부문의 규모는 출생아 수가 준다고 해서 갑자기 줄어들지는 않는다. 공공 부문은 줄어드는 곳, 늘어나는 곳 그리고 변하지 않는 곳, 이렇게 세 가지로 구분할 수 있다. 장기적으로는 결국에는 총인구 자체가 줄어들기 때문에 공공 부문만 혼자 규모를 유지하기는 어렵다. 물론 시간이 오래 지나고, 그 사이에 출산율에 주목할 만한 변화가 없고, 대규모의 이민과 같은 인구 외부 유입이 없다면, 총인구가 심각하게 줄어서 공적 서비스도 전체적으로 줄여야 할 순간이 올 수도 있다. 그렇지만 당분간 이런 일이 벌어질 가능성은 별로 없다. 가장 좋은 시나리오는 합계출산율이 20년 안에 안정성을 되찾아서, 경제가 다시 새로운 균형을 찾게 되는 일이다.

저출생에 따라 인구 구조가 변화하면 당분간은 공무원 되는 일이 점점 쉬워지게 될 것이다. 자리 수는 별로 줄지 않는데 응시자 숫자는 시간이 지나면서 줄어들기 때문이다. 지금의 20대보다 10대가 공무원이 되기 더 쉽고, 시간이 지날수록 더욱 더 쉬워질 것이다. 공무원과 공직의 규모가 줄어들지 않기 때문에 생기는 일이다. 공직을 원하는 10대들이 앞으로 늘어날지는 알 수 없지만 지금보다는 이 부문의 취업은 쉬워질 것이다.

민간기업은 공직과는 좀 다르다. 자신들이 원하는 인재가 부족해지면, 외국인 채용을 늘릴 수도 있고, 인력 공급이 심각한 제약 요소가 되면 아예 본사를 한국이 아닌 곳으로 옮길 수도 있다. 스웨덴의 대표적

회사인 이케아도 본사가 네덜란드에 있다. 이제는 글로벌 기업이 된 한국의 대기업들이 반드시 한국에 본사를 둘 필요는 없다. 그렇지만 공공 부문은 민간 부문처럼 움직이지 않는다. 아주 특수한 전문 분야의 계약직 직군이 아니라면 외국인을 공무원으로 뽑기는 좀 어렵다. 기능적으로 불가능한 것은 아니지만, 현실적으로는 외국인 출신 공무원에 대한 사회적 반감을 넘기가 어렵다. 국적을 변경하지 않은 일본의 재일 교포들이 일본에서 공무원이 되려고 할 때 국적 문제에 부딪힌다. 한국 사회라고 크게 다르지 않을 것 같다.

단순하게 생각하면, 개인들의 선호와는 별도로, 일자리로서 공무원과 공직이 미래 세대가 선택하는 중요한 옵션이 될 가능성이 높다. 이런 공공 부문은 정년이 보장된다. 나이가 많아질수록 연금이 올라가는 연공서열제도 아직 강력하게 버티고 있다. 나라를 위해서 봉사한다는 자부심, 그렇지만 연봉이 엄청나게 올라갈 가능성은 별로 없다는 상실감, 그런 게 공공 부문의 특징이다. 정당에 가입할 수도 없고, 정상적인 정치 활동을 하기도 어렵다. 하지만 이건 변할 가능성이 있다. 일본을 비롯한 대부분의 나라에서는 공무원이 정당에 가입할 수 있다. 독일과 프랑스는 직무와 직접 관련된 분야가 아니라면 좀 더 적극적인 정치 활동도 가능하다. 많은 나라에서 공직은 평균 이상의 엘리트들이 여전히 선호하는 직업이다. 이건 한국에서도 마찬가지다. 앞으로는 원하는 청년들은 얼마든지 진출할 수 있을 만큼 충분한 자리가 생겨난다. 10년 그리고 20년이 지나면 펼쳐질, 지금과는 또 다른 새로운 세상이다.

물론 지금과 같이 치열한 방식이 아니라 좀 더 낮은 경쟁률에서 좀 더 수월하게 공무원이 되거나 한전 직원과 같은 공기업 직원이 된다면,

아마도 그런 자리는 지금보다 인기가 덜 하고, 선호도도 더 낮아질 수 있다. 그렇지만 이건 너무 상대평가적인 생각이 강해서 그런 것일 수도 있다. 절대평가적 사유 체계에서는 다른 직업과의 비교보다는 일 자체의 성격과 연봉 그리고 자신의 선호, 이런 것을 기반으로 생각하게 된다.

개인들의 문화적 취향이나 선호와 상관없이 생각한다면, 시간이 흐르면 흐를수록 공무원과 공직자, 즉 공공 부문은 지금의 10대 그리고 10년 후의 10대에게 점점 더 충분한 일자리를 제공하게 된다. 그게 좋은 것인지 나쁜 것인지, 혹은 바람직한 일인지 아닌지, 이런 가치관에 대한 얘기는 여전히 논쟁거리일 것이다. 청년들이 민간 기업에서 진취적으로 일하지 않고, 편한 공공 부문만 찾으면 나라 망한다고 혀를 찰 사람도 있을 것이다. 그렇지만 한국이 외부적 요인에 의해서 IMF 외환위기 정도 되는 경제위기를 열 번 정도 매우 짧은 시간에 겪는 경우가 아니라면, 상당 기간 동안에 한국의 공공 부문은 저출생의 속도대로 줄어들지는 않고, 꽤 오랜 기간 동안 지금의 규모를 유지하게 될 것이다. "공부 안 하면 실업자가 된다."는 표현이 20년쯤 후면 "공부 안 하면 공무원 된다."로 바뀔지도 모른다.

이 장에서는 출생아 수 감소에 따른 노동 시장 변화 중 10대들이 참고할 만한 내용을 살펴봤는데, 다음 장에서는 인구 구조의 변화로 인해 노동 시장 전체에서 발생할 변화에 대해서 생각해보도록 하자.

3장

노동 희소 사회
사람이 귀해지는 시대

노동, 자본 그리고 기술

경제학의 아버지로 불리는 아담 스미스가 『국부론』을 발간했던 1776년, 그는 자본과 노동에 토지를 더해 이들을 생산 요소라고 했다. 자본에서는 기업가들의 수익이 나오고, 노동에서는 노동자들의 월급이 나온다. 그리고 토지에서는 지대가 나온다. 이런 설명은 과학적 분석처럼 보이지만 사실은 사회적 타협의 산물이다. 자본을 가진 기업가들이 새롭게 등장했지만, 토지를 대규모로 가지고 있는 귀족들은 대토지 소유자로 여전히 건재했다. 독일에서는 이들을 융커라고 불렀다. 실제 역사 과정이 그랬다. 프랑스 혁명 이후에 왕은 사라졌고, 정치는 공화국으로 전환되었지만, 귀족의 경제 권력마저 사라진 것은 아니었다. 『국부론』 시대의 현실이 그랬다. 지역 귀족들이 알아서 통치하는 봉건제에서 왕이 아닌 선출된 권력에 의해서 움직이는 자본주의로 전환되었지만, 이 시대까지는 국가 경제를 얘기할 때에 토지를 빼놓고 얘기할 수는 없었다. 아담 스미스 이후로 고전학파의 막내에 해당하는 존 스튜어트 밀에 이르기까지 토지에서 나오는 지대를 어떻게 이해하고 설명할 것인가가 18세기 경제학 교과서의 중요한 한 부분을 차지했다.

『국부론』 이후 100년 정도 지나서 『자본론』 1권이 등장할 때쯤이면, 자본주의가 본격적으로 자리를 잡는 동시에 문제점들도 드러나기 시작한다. 시대가 변해서 귀족들에 대한 논의 자체가 별로 중요하지 않게 되었고, 주로 귀족들이 소유하고 있던 땅에 관한 사회적 관심도 줄어들었다. 생산의 결과를 누가 더 많이 가지고 갈 것인가? 자본인가, 노동인가? 토지는 더 이상 핵심 생산 요소로 간주되지 않았고, 이제 자본과 노동만 남았다. 쟁점은 비교적 단순해졌다. 공장 설비와 같은 자본은 생산이 시작되기 이전에 이미 누군가의 노동을 통해서 만들어진 것이므로 과거의 노동, 즉 죽은 노동이라고 마르크스는 얘기했다. 그는 죽은 노동에 의해서 만들어진 자본으로부터 이윤이 나오는 것이 아니라, 산 노동을 제공하는 사람이 받아야 할 몫이 자본이 갖는 이윤의 원천이라고 분석했다. 착취 개념이 여기에서 나왔다. 19세기 후반 유럽에서는 이미 공장에서 사장과 노동자들의 대립이 경제적 갈등의 최전선에 있었다. 그렇다면 누군가는 똑똑하거나 유능해서 일을 더 잘 하고, 같은 시간에 더 많이 생산하는 것을 어떻게 설명하는가? 모든 노동자가 같은 결과물을 내는 것은 아니다. 아무리 노동자가 거기서 거기라 해도, 일을 더 잘 하는 사람은 존재하게 마련이다. 더 능력 있는 노동자와 그렇지 않은 노동자가 같은 임금을 받아야 하는가?

21세기에 시작된 능력주의meritocracy 논쟁의 핵심 쟁점 중 하나는 과연 한 인간이 가진 능력이 개인의 노력의 결과냐, 아니면 그냥 하늘이 준 선물이냐, 이런 게 핵심 쟁점이다. "능력 없으면 너희 부모를 원망해. 있는 우리 부모 가지고 감 놔라 배 놔라 하지 말고. 돈도 실력이야."
최순실의 딸 정유라가 SNS에 쓴 이 문장은 한국에서 가장 많은 사회적
변화를 촉발시킨 말 가운데 하나일 것이다. 결국 대통령이 탄핵되었고,
정권이 바뀌었다. 신이 준 능력만큼이나 부모도 개인이 선택할 수 있는
건 아니다. 연봉 격차가 너무 커진 사회가 되니까 그 연봉의 차이를 철
학적으로나 사회적으로 설명하려고 하는 시도가 등장하게 되었다. 요
즘 같으면 고액 연봉자를 '능력자'라고 얘기하겠지만, 『자본론』이 나온
시절에는 결합노동, 즉 과거 노동의 결과가 현재 노동에 더해져서 나온
결과라고 설명하였다. 공부하거나 훈련하는 시간에 투입되었던 과거
의 노동이 현재의 노동에 녹아 나와서 평균노동보다 더 많은 가치를 만
든다는 것이다. 만약 지금 한국 사회에서 이렇게 설명했다가는, 과도한
대학입시와 사교육을 옹호하는 논리라고 거센 비판을 받을 것이다. 10
대 후반에 공부 좀 열심히 한 걸로 나머지 일생이 결정되는 사회는 너
무 가혹하다. 만약 어느 노동자의 성과가 자신의 노력이나 연구가 아니
라, 천부적인 재능에 따른 능력이라면, 과거에 투입한 노동량이나 노동
시간만으로는 성과의 근거를 설명하기 어렵다.

『자본론』 이후 200년 정도 지난 후, 자본과 노동이라는 두 개의 축
에 기술 혹은 지식을 추가하는 새로운 방식의 성장론들이 대거 등장하
게 된다. 외국에서만 그런 것은 아니다. 우리에게도 익숙한 김대중 시
절의 지식경제 혹은 박근혜 시절의 창조경제 같은 얘기들은 표현만 바
뀌었을 뿐, 자본과 노동이 아닌 또 다른 생산 요소를 강조한 표현이다.
노동과 자본만으로 자본주의를 설명하기에는 자본주의 자체에 수정이
많이 생겼고, 더욱 복잡해졌다. 지식이 자본으로 작동하는 가장 대표적

인 방식은 의사와 변호사다. 의사, 변호사는 자격증이며 동시에 직업이다. 변호사의 자격은 변호사법으로 매우 강하게 보장된다.

④ 변호사가 아닌 자는 변호사를 고용하여 법률사무소를 개설·운영하여서는 아니 된다.

⑤ 변호사가 아닌 자는 변호사가 아니면 할 수 없는 업무를 통하여 보수나 그 밖의 이익을 분배받아서는 아니 된다.

_변호사법 제34조

대부분의 재판은 변호사가 없으면 진행할 수 없다. 법으로 규정되어 있다. 그 사이에 이공계 학과를 푸대접해서 나라가 망한다는 논의들은 사라지고, "문과라서 죄송합니다."라는 뜻을 가진 '문송하다'는 단어가 국어사전에 들어가게 되었다.

역사적으로 보면 자본은 회계 용어라서 애매한 게 전혀 없다. 자산은 자본과 부채의 총합이다. "빚도 자산이냐?"고 반문하는 사람들이 많지만, 회계상으로는 그렇다. 회사에서 자본은 수치화된 금액으로 평가된다. 하지만 일상에서 사용되는 자본은 회계 용어보다 확장된 의미를 포함하면서 뜻이 애매해지는 경우가 있다. 지식도 자본이라고 하지만, 지식이 자본과 같은 역할을 하기 위해서는 수없이 많은 우연적 요소들이 결합돼야 한다. 매력 자본은 수치화하거나 계량하기가 지식보다 더 어렵다. 게다가 실제로 연구를 해보면, 매력 있는 여성들이 더 손해를 보게 된다는 주장도 있다. 사람들은 매력 있는 남성들이 승진을 하면 실력 때문이라 생각하고, 여성의 경우는 실력보다는 매력 때문이라고 생각하는 경향이 있다는 게 『매력 자본』을 쓴 캐서린 하킴의 얘기다. 현실이 어떠하든, 사람들은 회계상의 정의와는 상관없이 자본이라는 표현을 점점 더 폭넓게 사용하게 되었다.

자본은 아니지만 노동자에게 자본처럼 작동하는 자격증들이 있다. 기술사에게는 기술사 수당이 월급과는 별도로 나온다. 박사에게도 박사 수당이 있었는데, 최근에는 점점 줄어들다가 없어지는 중이다. 이런 수당은 법정 수당은 아니고, 회사에서 필요에 의해서 지급하는 것이다. 특정인이 가지고 있는 인적 자본에 대해서 사용자가 필요하다고 판단하면 지급한다. 기술사 수당과 박사 수당의 금액은 같았는데, 이제 박사 수당은 일부 대기업 연구 계열 정도에서만 의미가 있는 수준이다. 이런 현상은 통상임금과 연봉제 등 임금제도에 따른 것이기도 하겠지만, 사회적 희소성이 가장 큰 이유인 것 같다. 관련 분야의 기술사 자격증은 여전히 희소하고, 특정 공사나 사업을 할 수 있는 조건인 자격증 보유가 기업의 가치를 높여준다. 그렇지만 박사 학위는 한국경제의 초창기인 1960년대와 비교하면 지금은 그렇게 드문 게 아니다. 굳이 박사 수당을 주어야 할 필요성이 줄어들었다.

굳이 박사까지 공부를 할 필요가 있는가? 이건 어디까지나 개인의 선택이지만, 사회적 필요에 의해서 개인의 선택이 영향을 받기도 한다. 자본으로서 박사 학위는 가치가 있는 희소재였지만, 지금은 그런 희소성이 사라졌고, 자본으로서의 기능도 줄어들었다. 같은 금액의 수당을 받던 기술사는 여전히 희소하고, 그래서 더 높은 가치의 자본재로 여전히 작동한다. 흔히 문사철이라고 부르는 인문 계열 박사 학위 역시 마찬가지 맥락에서 생각할 수 있다. 한국은 경제발전과 함께 더 이상 박사가 희소한 사회가 아니다. 지금은 이런 종류의 자격증 가운데 최고의 자본재로 작동하는 것은 독립적으로 개업할 수 있는 전문의 자격증이다. 유사한 것으로 변호사 자격증이 있다.

법률사무소는 변호사만이 낼 수 있고, 또한 변호사가 아닌 사람이 변호사를 고용할 수 없다. 유사한 조항이 의료법에도 존재한다. 법률은 이러한 자격증이 배타적 권리로 자본재 역할을 할 수 있게 규정하고 있다. 그렇지만 지금은 개인 소유 자본재로서의 기능은 변호사 자격증이 의사 자격증을 따라가지 못한다. 이런 현상의 배경을 여러 가지로 설명할 수 있겠지만, 사회적 희소성이 가장 큰 요인이라고 볼 수 있다. 의사든 변호사든 자격증은 개인이 가지고 있는 자본재로서 작동하며, 그로 인해 한국의 직업 세계에서 최정점에 있다. 차이가 있다면 변호사는 사법고시 대신 로스쿨 제도가 도입되면서 공급이 증가했지만, 의사는 그렇지 않았다는 점 정도일 것이다.

누가 의사가 되느냐, 어떻게 의사가 되느냐, 이건 우리나라에서 가장 민감한 주제 중 하나가 되었다. 출산율 공약은 대통령이나 국회의원 당락에 아직은 큰 영향을 못 주지만, 의사 정원 문제는 정권이 흔들릴 정도로 사회적 충격이 크다. 대한민국에서 자본재 기능을 가장 훌륭하게 수행하는 자격증 중의 자격증은 전문의 자격증이다. 의사 자격증은 이제 한국에서는 그 자체로 최고의 자본재가 되었다. 그리고 인적 자본이기 때문에 수요와 공급이 매우 제도적이라서, 공급량을 즉각적으로 늘려서 대응할 수 있는 요소가 아니다. 제도는 무수히 많은 역사적 우연에 따라 만들어지며, 그 제도로 인해서 수요와 공급 혹은 사회적 균형이 만들어지는 묘한 시장이 형성되었다. 21세기 한국 자본주의의 꽃은 아이러니하게도 삼성전자도 아니고, 현대자동차도 아니고, 많은 대학생이 가고 싶어 하는 한국은행도 아니다. 노동자가 자본처럼 작동할 수 있게 해주는 마법의 라이선스인 전문의 자격증이 바로 21세기 한국 자본주의의 꽃이다. 자본의 가치 일부는 희소성에서 나온다. 그리고 그 희소성은 상대적이다. 현재는 의사 면허가 상대적 희소성을 아주 제대로 갖추고 있다.

노동 희소 사회

닭이 먼저냐, 달걀이 먼저냐? 어느 날 자본주의가 생겨난 것은 알겠는데, 자본과 노동 중 어떤 게 먼저였을까? 자본과 노동자 계급이 본격적으로 형성되기 이전에 공장이 먼저 생겨났다. 양모를 가공하는 공장이 먼저 있었고, 여기에서 가공할 양털을 구하기 위해서 대규모로 양들을 키우기 시작했다. 양을 키우는 목장은 농지에 조성되었고, 그곳에서 농사 짓던 농민들은 쫓겨났다. 목장이 된 농지 둘레에 울타리를 친다는 뜻을 가진 '인클로저' 운동이 광범위하게 진행됐다. "양이 사람을 먹는다."는 표현도 등장했다. 경제사 책에는 이 과정이 건조하게 서술되어 있지만, 수많은 농민들이 자신의 터전을 잃게 된 처절한 사건이다. 그렇게 농사 짓던 토지와 살아갈 기반을 잃은 사람들은 식구들을 데리고 막노동이라도 할 수 있는 도시로 모여들게 되었다. 이들이 노동자가 되었다는 것이 노동자 계급의 기원에 관한 역사적 설명이다. 중세 유럽에는 우리가 현재 노동자라 부르는 그런 노동자들은 없었다. 농민은 농업

노예, 농노 신분이었다.

　도시로 온 사람들이 모두 일자리를 찾을 수 있었던 것은 아니다. 특별히 하는 일이 없어서 직업적 특성으로 분류할 수 없는 사람들은 그냥 '덩어리'라 불리게 되었다. 이들 중 그래도 상대적으로 넉넉한 사람은 룸펜 부르주아, 가난한 사람들은 룸펜 프롤레타리아라고 불렸다. 공장에서 양모를 만들기 위해 양을 키우는 것이 농업보다 중요하냐는 질문이 계속되었다. 어쨌든 중세적인 농업의 해체는 도시화와 함께 지속적으로 이루어졌고, 역사적으로 존재하지 않았던 대규모의 노동자들이 도시로 유입됐다. 산업혁명을 거치면서 더 많은 공장이 생겨났고, 더 많은 노동자들이 필요하게 되었다. 가장 손쉬운 해법은 다른 나라에 가서 식민지를 만드는 것이었다. 물자와 노동자들을 공장에 가장 쉽게 공급하는 방식이다. 그렇게 제국이 등장하고, 식민지가 생겨났다.

　과정만으로 보면 자본주의의 등장 국면에서 자본이 먼저 형성되었고, 노동자들은 나중에야 대규모로 형성되었다. 이 과정을 본원적 축적이라고 부르는데, 자본주의가 하나의 시스템으로서 작동할 수 있을 정도의 자본이 형성되고 모이는 과정을 말한다. 사회나 개인에게 이런 본원적 축적은 결국은 질적으로 다른 다음 단계로 가기 위한 핵심적인 과정이다. 역사적인 과정을 보면, 처음에는 자본은 많았고, 여기서 일할 노동자가 없었다. 노동이 자본을 만든 것은 아니고, 자본이 노동을 만들고, 노동자 계급을 형성시킨 것이라고 볼 수 있다.

　자본이 점점 커지고, 노동자 계급이 형성되는 과정을 통해서 자본주의가 만들어진다. 우리는 이런 과정을 유럽의 많은 국가들처럼 내부적인 요인으로 겪지는 않았다. 과연 한국에서 자본주의의 씨앗이 언제 처음 등장했는가? 영·정조 시절에 이미 내부적 축적이 발생하고, 광산 같은 곳에서 공장형 수공업 정도는 형성되었다고 보는 사람과, 그런 건 없고, 일제와 함께 외부에서 들어왔다고 보는 시각이 팽팽하게 맞서고 있다. 한국 자본주의 기원에 관한 논쟁은 맹아 논쟁이라고 부른다. 이미 자본주의의 싹 정도는 형성되고 있었다고 보는 시각과, 그런 건 아예 없었고 전부 일본에서 왔다고 보는 시각이 평행선을 달린다. 이 논쟁은 아마 영원히 끝나지 않을 것이다.

1960년대 한국경제가 흔히 테이크-오프take-off라고 부르는 경제 도약을 시작할 때, 한국에는 자본이 없었거나 아주 부족했다. 물론 기술도 없었다. 국수 만들던 회사가 커져서 삼성이 되었고, 쌀가게가 커져서 현대가 되었다. 치약을 만들던 회사가 커져서 LG와 GS가 되었다. 분단이 되면서 그나마 있던 발전 설비 등 인프라와 공업 설비도 대부분 북한 지역에 몰려 있고, 남쪽에는 거의 아무것도 없었다. 일제가 광물이 많은 북쪽 지역에 주로 산업 인프라를 집중시켰기 때문이다. 1930년에 완공된, 한강변에 있는 화력 발전소인 당인리 발전소가 서울 지역의 유일한 발전소였다. 공장을 돌리기에는 전기가 턱없이 부족한 상황이었다. 전기만 없는 게 아니라, 광물 등 주요 자원은 북한 지역에 있었다. 공장만 짓는다고 뭘 할 수 있는 상황이 아니었다.

한국경제를 설명할 때는 유럽과 같이 본원적 축적이라는 말을 쓰지 않고 도약이라는 용어를 사용한다. 자체적으로 자본을 형성시켜서 자본주의로 전환된 것이 아니기 때문이다. 최빈국에서 개발도상국에 이르기까지의 과정에서 외국에서 들어온 자본과 기술이 주요한 역할을 했다. 그렇게 해서 한국은 경제적 빈곤 상태에서 빠져나왔다. 한국전쟁 이후 세계은행의 원조가 들어왔고, 정부가 다른 나라에서 직접 돈을 빌리는 차관이 들어왔다. 군사 정권 시기, 이 차관을 받을 수 있었던 한국의 회사들은 대기업이 되었다. 일본과의 국교 정상화로 포항제철을 만들었고, 베트남 전쟁에도 참전해 '특수'를 누렸다. 세계적으로 이렇게 짧은 시간에 최빈국에서 선진국까지 도약한 사례는 거의 없기 때문에 한국 모델은 발전경제학에서 매우 중요한 사례다.

이미 잘 알려진 얘기지만, 중남미의 많은 국가들이 저렴한 노동력을 집중적으로 사용하는 노동집약형 산업 전략을 사용한 것과는 달리, 한국은 자본과 기술을 많이 사용하는 자본집약형 발전 전략을 선택했다. 자본을 많이 투입하는 상품들이 상대적으로 수출에 유리했기 때문이다. 국제경제학 교과서에서 나오는 경쟁력 이론과는 정반대의 선택을 했다. 석유는 한 방울도 안 나는 나라가 석유화학공업을 기본 산업으로 육성했다. 배를 만들었고, 자동차를 만들었다. 1980년대에는 반도체 산업 육성 계획을 세웠다. 반도체 기술 인력에는 병역특례를 주었다. 기적과 같은 일들이 연속적으로 벌어졌다. 한국은 그야말로 공업의 힘으로 여기까지 왔다. '공업 입국'이 정말로 현실에서 벌어진 것이다.

자본집약형으로 경제를 발전시켰기 때문에 노동이 덜 들어갈 것이라고 생각할 수도 있지만, 워낙 '세계의 공장' 역할을 했기 때문에 고성장 시절을 보냈고, 노동도 늘 부족했다. 이제는 중국에게 밀렸지만, 옷을 비롯한 저가 공업 제품을 한국이 만들던 시절이 있었다. 처음부터 노동력 공급을 목표로 한 것인지에 대해서는 논란의 여지가 있지만, 새마을운동 이후 결과적으로는 농촌이 해체되었고, 도시화가 급속히 진행되었다. 구로공단으로 상징되는 서울과 수도권의 공장으로 끊임없이 노동자들이 공급될 수 있었다. 노동자의 공급이 늘었지만, 그보다 더 빠르게 공장이 늘었다. 한국은 1973년 1차 석유 파동을 그럭저럭 버텼지만, 1977년 발생한 2차 석유 파동의 충격에 휘청거렸다. 1980년에 80년 공황이라고 부르는 경제 위기가 왔고, 이 기간에 한국은 처음으로 실업을 경험했다. 그 해에 신군부의 집권이 있었고, 광주민주화 운동도 있었다. 사회적으로는 큰 위기였지만, 경제적 위기는 오래가지 않았고, 한국경제는 금방 반등했다. 1980년에 컬러 TV 방송이 전격적으로 도입되었고, 경제는 다시 장기 호황 국면으로 들어갔다. 1960년대부터 30년 이상 사실상 완전고용 상태로 유지되던 한국경제에 구조적 실업이 등장한 것은 1997년 IMF 경제위기 때였다.

자본이 부족했던 한국은 국가가 자본집약형 수출 산업에 집중 지원하는 전략을 선택해 전례 없는 성공을 거뒀다. 그렇지만 그 과정에서 두 가지의 왜곡이 생겨났다. 수출에 비해 내수가 경시됐다. 그 결과 국민경제의 기본 체질을 형성해야 하는 국내 시장이 덜 발달하게 되었다. 요즘은 소득 격차를 양극화라고 많이 표현하지만, 원래 경제학에서 양극화라는 단어의 의미는 수출 부문과 내수 부문 사이의 격차를 말하는 용어였다. 수출 부문과 내수 부문의 불균형이 한국경제의 진짜 양극화이고, 오래된 구조적 약점이다. 또 다른 왜곡은 노동이라는, 자본만큼 중요한 생산 요소를 경시하고 막 대하는 사회적 문화가 형성된 것이다. 부족한 것은 자본이고, 노동은 남아도는 것이라는 생각이 사회적 통념이 됐다. 게다가 IMF 이후로 실업이 일반화되었다. 완전고용 상태에 익숙하던 한국경제에 고용 부족 상황이 오면서 자본의 권능은 더욱 강해졌다. "너 말고도 일할 사람은 많아." 이런 말이 상식이 됐다.

오랫동안 한국은 노동에 비해서 자본이 희소한 사회였다. 출발할 때에도 그랬고, 자본집약 산업이 국가의 중요 정책이 되면서 더욱 더 그렇게 됐다. 자본이 노동보다 먼저였고, 장비가 사람보다 먼저였다. 사람은 다쳐도 장비는 훼손시키지 않아야 하는 것이 공장장의 첫 번째 미덕이었다. 사무실의 업무 생산성을 계산할 때 장비투입률이라는 용어를 사용한다. 한국의 노동생산성과 OECD 국가들의 노동생산성을 비교할 때도 이 개념이 활용된다. 한국이 OECD 국가들보다 노동생산성이 낮은 것은 사무실에 덜 좋은 컴퓨터가 있고, 다른 나라에 비해서 그 개수도 더 적기 때문이라는 설명이다. 좋은 장비를 충분히 가지고 있지 않기 때문이라는 건데, 20세기라면 어느 정도 맞는 이야기이다.

그러나 어느 순간부터 이런 설명이 더 이상 유효하지 않게 되었다. IBM의 고전 시대인 286, 386 컴퓨터가 보급되던 1980~90년대에는 사무실에 제대로 된 컴퓨터나 DB 프로그램을 갖춘 회사도 별로 없었고, 오토캐드 같은 전문 프로그램을 정품으로 사주는 회사도 별로 없었다. 그럴 때에는 사무실에 장비 투입이 부족하다는 말을 할 수 있다.

하지만 한국은 더 이상 사무실에 컴퓨터의 급이 떨어지거나 충분치 않아서 생산성이 안 오르는 나라가 아니다. 오히려 그 반대로 장비가 넘쳐나는 나라가 됐다. 특히 전산 장비는 더욱 그렇다. 사무실은 물론이고 대학 등 각종 학교에도 세계 최고급 설비들이 있다. 전산 장비만 그런 것도 아니다. 우리가 먼저 사용해서 중고가 된 버스와 각종 차량들은 다른 나라로 팔려간다. 그리고 그곳에서 최상급 자본이 된다. 한국 사무실의 장비투입률은 여전히 낮을까? 그런 회사도 있겠지만, 전체적으로 그렇게 말하기는 어려울 것이다.

자본도 없고, 기술도 없는, 그야말로 사람 말고는 아무것도 없던 전쟁의 폐허에서 우리는 출발했다. 전형적인 자본 희소 사회였다. 지금도 그럴까? 장비도 넘치고, 자본도 넘친다. 마땅한 투자처를 찾지 못해서 부동산과 유가증권 사이로 오가는 유동성 자금이 넘쳐난다. 물론 가난한 사람들에게는 충분한 돈이 없고, 간절하게 자금이 필요한 곳에 적절한 투자가 제때에 갈 것이라는 보장도 없다. 그렇지만 더 이상 우리는 자본이 부족한 나라는 아니다. 지금 우리가 가고 있는 미래는 사람이 부족한 사회이고, 노동이 희소한 사회다. 그리고 젊은 노동자 보기가 아주 힘든 사회로 가고 있다. 언젠가 한국의 미래에서 우리가 자본 희소 사회를 다시 만날 수도 있겠지만, 지금은 아니다. 자본이 부족했던 사회에서 노동이 부족한 사회, 노동 희소 사회로 우리는 가고 있다. 이게 현실이다. 그렇지만 사람을 아무렇게나 대하고, 중요한 것은 기계라는 생각, 자본은 희소하다는 생각은 우리에게 이미 DNA처럼 각인되어 있는 것과 같다. 여전히 많은 작업장에서 사람은 다쳐도 되지만 장비가 손상되면 큰일 난다고 생각하는 관리자들이 많다. 사고가 나면 장비를 지키는 게 맞을까, 사람을 지키는 게 맞을까? 우리는 아직 사람을 버리고 장비를 지키는 시대에 살고 있다.

1970년대생들의 기억

"수백만 달러짜리 전투기를 훔쳐 아주 위험하게 몰았어. 완전히 망가질 수도 있었지."

_영화 〈탑건-매버릭〉

영화 〈탑건〉 1편의 주력기는 톰캣이라는 별칭을 가지고 있는 F-14였다. 미 해군 소속이고, 항공모함에서 운용된다. 36년 만에 다시 만들어진 〈탑건〉 2편은 호넷으로 불리는 F-18이 주력기다. F-18 가격은 7,000만 달러 정도다. 위급 상황에 전투기를 구하는 것이 먼저냐, 아니면 파일럿을 구하는 것이 먼저냐, 이런 질문에 가끔 부딪히게 된다. 비행기를 살리기 위해서는 조금이라도 더 오래 파일럿이 조종간을 잡고 있는 것이 낫고, 파일럿이 먼저라면 더 위험해지기 전에 먼저 탈출을 하는 것이 낫다. 파일럿의 훈련 기간과 비용을 계산하면 전투기의 가치가 더 높을 수 있다. 파일럿 한 명을 훈련시키기 위해서 전투기 가격인 900여억 원씩 들어가지는 않을 것이다. 그렇지만 전쟁이 길어지면 비행기는 계속해서 만들 수 있어도, 경험이 많은 파일럿이 계속 공급될 수는 없다. 단순히 시장 가격만으로 비교하기는 어렵다. 〈탑건〉 1편이 일종의 자본재라고 할 수 있는 전투기와 파일럿의 가치에 관한 영화라고 한다면, 〈탑건2〉는 무인기와 인간 가치의 충돌에 관한 영화라고 할 수 있다. 인공지능이 전면화 된다면 과연 인간 조종사는 어떠한 의미가 있을까, 이런 질문들이 영화에 담겨 있다. 그 속에서 영화는 톰캣이 아무리 비싸도, 더 중요한 것은 파일럿 한 명의 가치라는 얘기를 끊임없이 하고 있다. 좀 극단적인 경우지만, 미드웨이 해전 참패 이후 일본은 비행기는 아직 남아 있는데, 파일럿은 물론 정비사가 극단적으로 부족한 상황을 맞게 되었다. 더 이상 정상적으로 공중전을 치를 수 없게 된 일본은 간단한 비행 훈련만 마친 훈련병들을 자살 공격으로 내모는 선택을 하게 된다. 비인간적이기도 하지만, 효율적이지도 않았다.

2022년 파리바게뜨라는 이름으로 유명한 SPC 그룹 평택 공장에서 소스 배합기 작업을 하던 20대 여성 노동자가 사망하는 사건이 발생했다. 안전장치는 물론이고 2인 1조 작업 등 기본적인 안전 조치가 제대로 이루어지지 않은 것들이 쟁점이 되었다. 여러 가지로 사회에 충격을 준 사건이었는데, 더욱 충격적인 것은 사망 사건 이후에도 사건 현장만 천으로 가린 채 계속 빵을 만들었다는 사실이다.

"국립과학수사연구원의 감식이 끝나지 않아 핏자국이 있는 곳 바로 옆에서 다른 직원들이 빵을 포장하는 작업을 하고 있었다."

사고 직후 현장을 방문했던 정의당의 이은주 의원실에서 나온 얘기다. 무슨 엄청난 군사 작전을 하는 것도 아니고, 패망 직전의 나라를 구하기 위해서 목숨을 건 특공대를 보내야 하는 순간도 아니다. 톰캣과 같은 전투기보다도 파일럿을 더 소중하게 여기는데, 빵 만드는 기계들이 얼마나 한다고 사람을 이렇게 갈아 넣고 있는지, 단순한 이윤 추구를 떠나 문명이라는 개념을 사용해야만 이해가 가능한 상황이다. 그렇다고 SPC 그룹만 매우 특별하고, 유별났던 것도 아니다. 고용노동부의 산업재해 현황 자료에 의하면 2022년 일하다가 재해로 사망한 사람의 수는 2,223명이다. 부상자 수를 의미하는 요양재해자 수는 13만 348명이다. 하루에 6명 넘게 사망하고, 357명 이상이 부상당한다. 일본군의 가미카제 특공대는 인권 문제를 떠나서 전술적으로도 실패했다. 한국 경제는 사망자와 부상자의 규모만으로 본다면, 사람을 갈아 넣는 가미카제보다 더 대규모로 사람들을 죽거나 다치게 만든다. 전투기와 조종사, 아직도 우리는 전투기가 귀하고, 조종사는 상관없다는 방식으로 경제를 운용하고 있다. 이 통계에서 별도로 분류되어 있지 않은 청년들의 오토바이 배달 사고의 경우는 공포스럽다. 대한민국은 1996년 OECD 가입 이후 많은 분야가 선진국 행정의 형태를 가지게 되었지만, 사망과 부상이 많은 경제 운용 방식은 전혀 선진국 같지 않다.

1960년대 한국의 출생아 수는 대체적으로 100만 명대를 유지하였다. 그리고 1971년을 정점으로 점점 감소하기 시작한다. 그 시절에 한국은 북한보다 국민소득이 낮은 세계적인 저소득 국가였다. 그리고 1970년대부터 전 세계적으로 보기 어려울 정도의 빠른 속도로 도시화가 진행되었다.

전쟁이 발발한 1950년에 한국의 도시화율은 21.4%였다. 1960년에는 27.7%였다가, 1970년에는 40.7%로 높아진다. 이어 1977년에 51.5%로 절반을 넘어서고, 2002년에 80%를 넘어선다. 2021년 기준으로는 90.7%다. 한국에서 도시가 아닌 곳에 사는 인구는 이제 10%도 안 된다. 도시화율은 전국 인구 규모 대비 도시에 거주하는 인구 비율이다. 수치상으로 우리가 주목할 만한 의미 있는 변화는 27.7%에서 73.8%로 올라간 1970년부터 1990년까지 이뤄졌다. 20년 사이에 도시화율은 2.67배 높아졌다.

이렇게 빠른 속도의 도시화 전환을 문제없이 수용할 수 있는 도시는 없다. 어떤 도시계획이나 도시공학도 20년 만에 2.67배로 늘어난 도시 규모를 감당할 수 없다. 게다가 1970년대에 한국에는 도시계획 전문가도 별로 없었다. 학교든 병원이든, 사회 기반 시설이 제대로 갖추어지기가 어려웠다. 어디를 가든 만원이고, 사람들로 가득했었다.

국민학교 시절, 오전반과 오후반으로 나뉘어서 학교에 갔던 기억은 쉽게 잊히지 않는다. 이호철의 소설 〈서울은 만원이다〉가 신문 연재를 시작한 것이 1966년이다. 당시 서울 인구는 380만 명 수준이었다. 서울 천만 시대를 생각하면, 380만 명은 아직 만원은 아니겠지만, 당시 서울에 살던 사람들은 그렇게 느꼈던 것 같다.

매우 빠른 도시화와 함께 전통적인 공동체는 급격하게 해체되었지만, 새로운 도시 공동체가 생겨나지는 않았다. 앙리 르페브르가 공간과 장소를 구분한 적이 있다. 공간은 물리적인 의미이고, 장소는 기억과 문화를 포함하는 개념이다. 새로운 공간이 사람들에게 익숙한 장소가 되면, 새로운 개발 계획이 추진되고, 다시 상업적인 공간으로 재구성된다. 서로 생각하고 기억할 '장소 공동체'가 한국에서는 자리 잡지 못했다.

그리고 도시화율이 높아지던 시기에 대학 진학률도 높아졌다. 1991

년 33.2%였던 대학진학률이 2001년에는 71%가 되었다. 10년 사이에 대학 진학률도 두 배 이상 늘어났다. 1970년생들이 20대가 되었을 때, 대학에 실제로 진학한 학생은 2/3가 넘었다. 대학생들이 누렸던 노동 시장에서의 희소성은 완전히 사라졌다.

문명은 기억이다. 무엇보다도 많은 사람들이 공유하는 기억이다. 2000년대 이후 지금까지 한국에서 크게 바뀐 것은 핸드폰으로 상징되는 디지털의 전면화, 그리고 헌법재판소가 과외금지는 위헌이라는 판결을 내린 이후 전면화된 사교육, 두 가지 정도다. 이 두 가지 말고는 근본적인 변화는 사실상 없었으며, 대부분은 점진적인 변화였다. IMF 경제위기를 지나는 그 시점 어딘가에서, 이전과는 달라진 한국의 모습이 사람들의 기억 속에서 굳어졌다. 도시화는 극한까지 왔고, 아파트도 한국 문명의 일부로 자리를 잡았다. 울산이 여전히 지역 소득 순위 1위였지만, 한국경제의 심장은 서울이다. 강남 현상도 2000년대 초반에 굳어진 모습이 현재까지 한 치 변함없이 그대로 이어지고 있다. 한국 문명은 IMF 경제 위기가 지나간 21세기 초반 좋든 싫든, 거의 완성형으로 자리를 잡았다고 할 수 있다. 그리고 그 상태로 20년을 그냥 달려왔다. 정권이 몇 번 바뀌었고, 그에 따라 사람들 기분은 변했을지 몰라도, 경제적으로 근본적인 변화가 있다고 보기는 어렵다.

아주 짧은 몇 개의 단어로 21세기 한국 문명을 정의하면 과도한 경쟁과 비공식 사적 네트워크의 우선성이라고 할 수 있을 것이다.

노하우, 무엇을 할 줄 아느냐보다 노우훔, 누구를 아느냐가 훨씬 더 중요한 사회, 그 대표적인 나라가 한국이다. 그냥 공부 경쟁만으로 결판난다면 죽어라고 하기만 하면 되지만, 현실은 단순한 공부 경쟁을 넘어 보다 총체적이다. 그래서 차라리 다른 거 다 없애고 오로지 시험만 보는 게 가장 공정한 원칙이라는 주장이 등장한 것 아니겠는가? 학벌 사회는 시험 잘 보는 실력을 넘어 모든 것을 다 동원하는 총체적 실력이 중요한 '노우홈 사회'다. 그 결과 한국의 청소년들은 대학 진학을 앞두고 전 세계에서 가장 강하고, 비용이 많이 드는 경쟁을 치르게 된다. 그리고 대학을 졸업해서 사회에 나오면 사적 네트워크 세계로 들어오게 된다. 물론 모든 자본주의가 어느 정도는 이런 속성을 가지고는 있지만, 한국 사회처럼 격렬하게 경쟁하지는 않는다. 그리고 우리처럼 접대하고, 술을 마셔야 되는 것도 아니다. 한국은 전근대적인 네트워크가 지연, 학연 등의 형태로 자본주의를 깊게 관통하는 보기 드문 사회다. 7개의 제국대학을 만들어서 한국 대학 모델의 원형이 된 일본의 동경대학도 이 정도는 아니다. 미국도 하버드 대학 하나가 우리처럼 한 나라를 지배하지는 않는다. 관계의 사회라고 하는 중국이야말로 사적 네트워크로 움직이는 사회지만, 그렇다고 북경대가 모든 것을 다 장악하지는 않는다. 미국이나 중국이나, 중심축이 한 개가 아니다. 그렇게 서로 균형을 찾아가게 된다. 그렇지만 한국은 사적 네트워크의 축이 다양하지 않다. 군부정권 시절에는 육사가 너무 많은 것을 했다. 이제는 그게 서울대로 변했고, 서울대 내에서 법대냐 아니냐를 가지고 싸우는 중이다. 자기가 원하는 분야를 전공으로 선택하는 게 중요하다고 학교에서 선생님들이 가르치지만, 현실 앞에서는 무색해지고 만다.

　개인의 경제적 생존에서부터 국가의 통치까지, 한국은 사적 네트워크가 너무나 중요한 사회가 되었다. 육사의 시절을 겨우겨우 극복했더니 이제 서울대 법대의 시대가 되었다. 물론 개인 간의 부의 격차, 지역 간의 기회의 격차 그리고 규모에 따른 기업들 사이의 불공정같이 지금의 한국경제의 장기적 안정성에 대해 부정적으로 볼만한 요소는 차고 넘친다. 그럼에도 지난 20년 동안 다이내믹했고, 보는 시각에 따라서 그게 한국적 효율성의 원천이라고 할 수도 있다. 불균형이 균형보다 더 효율적이라는 역설이 형성됐다. 박정희 시대 이후로 '글로벌 스탠다드'에 벗어난 것들은 '한국적'이라는 수사를 동원해 문제없는 것으로 만들었다. "잘 되면 내 탓, 안 되면 남 탓"이라고 말하고, "나만 잘 하면 된다."는 믿음은 어느덧 신화가 되었다. 물론 잘 하면 된다. 하지만 통계적으로 어떤 사회에서든 모두가 잘 할 수는 없다. 잘 한 사람들만 아이를 낳고, 자신이 잘 하지 못했다고 생각하는 사람은 아이 낳기를 포기하거나, 거부하는 사회, 그게 21세기 한국 문명이 낳은 결과다.

한 가지 확실한 것은 그렇게 만들어진 한국의 문명이 주체의 재생산에는 매우 취약하다는 점이다. 2000년 이후로 지금까지 우리가 가진 문명은 "아이 낳지 않는 것이 합리적이다." 이런 결론을 사회적으로 만들었다는 점을 부정하기는 어렵다. 우리가 지난 20년 동안 만든 문명은 OECD 국가 중에서 자살률 1위, 저출생 1위, 작업 중 사망 1위, 그런 것들이다. 비정규직 비율은 너무 높고, 인권에 대한 가치는 너무 낮다. 보수파가 다수가 된 서울시 의회가 제일 먼저 한 일 중 하나가 학생인권 조례 폐지였다. 이런 통계와 사건들이 일관되게 가리키는 것은 한국은 '사람의 가치'를 너무 낮게 보는 나라라는 사실이다. 부모가 자식을 귀하게 생각할 수는 있지만, 사회가 그만큼 한 사람을 귀하게 생각하지는 않는다는 감정이, 자살을 앞둔 사람으로 하여금 한 번 더 생각해볼 여지를 줄이게 된다. 아무도 사람이 귀하다고 말하지 않는다. 한다 해도 믿지를 않는다. 지난 20년 동안 우리는 이렇게 살았다. 그리고 알게 모르게, 우리는 이걸 당연하게 생각한다. 그게 습관이고 기억이다. 냉정하게 얘기하면 우리는 사람이 귀찮고, 한 명이라도 인구가 줄어들면 그걸 기뻐하는 독특한 문명에서 살고 있다. 이게 우리의 기억이다.

하지만 출생아 수가 100만 명 수준에서 40만 명 수준으로 내려가고, 그 뒤로도 계속 내려가서 30만 명 아래로 내려갈 때 현실은 이미 변했다. 한국은 이미 자본 희소 사회에서 노동 희소 사회로 전환되는 중이다. 객관적 현실은 그렇지만, 기억의 관성은 여전히 강하다. "저렇게 아이를 키워야 하는 거라면, 난 아이에게 미안해서 안 낳겠어." 청년들이 이렇게 생각하는 게 당연한 문명을 우리가 만들었다. 그 결과 지금 우리가 보고 있는 것이 OECD 평균의 절반에도 못 미치는 합계출산율이다. 자본과 노동 사이의 상대적 희소성으로 보면, 우리는 이제 청년 노동이 점차적으로 희소해지는 변화 국면에 들어가 있다. 청년 노동은 현재 60만 명대에서 10년 후 40만 명대, 그리고 또 다시 10년이 지나면 20만 명대가 될 것이다. 출생아 수 추이가 그렇다. 물론 노인 수명의 연장과 노인 빈곤화가 앞으로도 동시에 발생하기 때문에 더 많은 노인들이 노동 시장으로 들어올 것이다. 또 일정 수준에서는 외국인 노동자들도 계속해서 생산 현장으로 유입될 것이기 때문에, 당장 경제 활동인구 같은 통계에 이런 변화가 포착되지는 않는다. 그렇지만 이러한 변화가 전면화되는 것은 시간의 문제다.

우리는 역사적으로 노동 희소 사회에 살아본 적이 없고, 그런 사회를 상상해본 적도 없다. 오히려 정반대로 많은 사람들 특히 1970년대 혹은 그 이전에 태어난 사람들은 여전히 자본이 희소한 시기에 산다고 생각을 한다. 하지만 현실은 그렇지 않고, 이러한 변화의 속도는 앞으로 점점 더 빨라질 것이다. 우리나라에서 저출생 문제에 대한 해법이 특히 어려운 것은 2000년 이전에 태어난 사람들이 집단적으로 가지고 있는 기억 때문이다. 저개발 시대 혹은 개발도상국 시절에 우리는 부족한 자본 속에서 인간들을 갈아 넣으면서 다음 단계가 되면 나아질 것이라는 믿음으로 여기까지 왔다. 이제는 더 이상 그런 시기가 아니지만, 우리는 그 기억에서 나오지 못하고 있다. 특히 그 당시에 어린 시절이나 청년 시절을 보낸 지도자들의 기억은 더욱 그렇다. 현실은 변하고 있지만, 사람들은 여전히 과거의 기억 속에 살고 있다.

출생아 수가 줄면 대학 입학 경쟁률이 낮아진다. 당연히 사교육 비용도 줄어들 것 같지만, 현실은 그렇지가 않다. 정부에서 영유아 사교육비에 대한 정확한 통계를 집계하지는 않지만, 육아정책연구소의 추정으로는 2017년 기준 3조7천억 원이 약간 안 된다. 중학교와 고등학교 사교육 비용이 정체 상태인데 비해서, 영유아 사교육은 매우 빠른 속도로 증가하고 있다. 2022년 기준으로 중학교와 고등학교 사교육비는 각각 7조 원 정도 된다. 분명히 영유아의 숫자는 매우 빠른 속도로 줄어가는데, 영유아 사교육 비용이 올라가는 것은 한 명당 지출하는 비용이 높아진다는 의미가 된다. 당연한 얘기다.

'사교육 걱정 없는 세상'이라는 시민단체가 2023년 실시한 여론 조사에 의하면 초등학교에 들어가기 전 사교육을 받은 비율은 65.6%에 달한다. 어마어마하게 높은 수치다. 수도권으로 좁히면 83.9%에 달하고, 비수도권 학생은 절반이 안 되는 44.6%다. 수도권에서 초등학교에 입학하기 전 사교육을 하지 않은 집은 16.1%에 불과하다. 국어가

74.3%로 가장 높고, 수학 70.6%, 영어 61.3% 그리고 예체능 56.2%다. 영어가 가장 많을 것이라는 사람들의 예상과 달리, 참여율로만 보면 국어와 수학이 더 높다. 이 수치를 합리적으로 해석할 수 있는 방법은 최소한 수도권에서 출산을 하는 사람들은 학교 입학 이전에 국어와 수학 사교육을 시킬 능력이 있거나, 그걸 감당할 각오를 한 부모들이라는 점이다. 전국적으로 많은 예비 부모들은 이제 사교육을 자연스러운 육아의 한 과정으로 받아들인다고 볼 수 있다.

일자리의 크기는 전체적인 경제 규모의 함수이므로 출생아 수가 줄어들어도 일자리는 급격하게 줄어들지 않는다. 초등학생들의 절대적인 경쟁은 줄어드는 게 맞지만, 부모들의 의식은 같은 학년끼리의 상대 등수 비율에 묶여 있다. 학생 수가 줄어들어도 전교 1등은 여전히 힘들고, 반에서 1등도 쉽지 않다.

기억은 생각보다 힘이 강하다. 기억의 힘이 강한 것은 사회적 의사결정 구조에 연령 효과가 존재하기 때문일 것이다. 자본 희소 시대에 발생했던 극도의 경쟁을 기억하는 사람들이 현재 한국 사회의 최고위 의사결정자들이다. 극심했던 경쟁의 기억은 오래 가고, 또 그 안에서 승리했던 사람들에게는 그 경쟁의 폐해가 잘 보이지 않을 것이다. 승자에게 경쟁은 힘들었을수록 더욱 아름다운 기억으로 남는다. 이런 경우에는 사회적인 우선순위와 의사결정자들이 선호하는 우선순위가 많이 다를 수밖에 없다. 기억의 역할이다. 개고기를 식용으로 할 것이냐 말 것이냐, 20년 넘게 진행돼 온 사회적 논쟁이다. 문화는 기억이다. 반려견이나 반려묘 문화에 익숙해진 새로운 세대가 늘어나고, 보신탕 소비가 자연스럽게 줄어들면서 사회적 변화가 생겼다. 개고기 문제와 사교육 문제, 어떤 것이 해결이 쉬울까? 당연히 개고기 문제가 더 쉽다. 개고기를 먹는 것은 아래 연령으로 내려갈수록 단절이 있지만, 사교육에는 이러한 단절이 아니라 오히려 강화가 존재하기 때문이다.

수도권 대학의 입학 정원이 2020년 기준으로 11만5,419명이다(대학교육연구소). 최근 수도권으로 학생들이 집중되면서, 이 정원을 더 늘리게 될 것이다. 정원 외까지 합치면 13만4,698명이다. 전국의 대학 정원은 31만3,367명이라서, 원하면 누구나 대학을 갈 수 있는 시대가 오게 된다. 그리고 수도권 대학만으로도 상당수 학생이 입학할 수 있다. 그러면 사교육이 줄어들까? 과도한 경쟁은 완화될까? 이미 영유아들의 숫자가 해마다 빠른 속도로 줄고 있는데도, 영유아 사교육비는 오히려 늘었고, 참가 학생 비율도 늘어났다. 영유아 사교육 다음 단계로는 선행 학습이 기다리고 있다. 학생은 줄어들어도 지출이 줄어들지는 않는다. 나라가 망해야 멈출 것 같은 기세다. 아니, 나라가 망해도 외국 대학은 전혀 망하지 않았을 것이므로, 선행 학습은 멈추지 않을 것이다. 한국 대학이 별 볼 일 없으면, 외국 대학으로 가면 된다고 생각하는 사람들은 여전히 있다.

인구 피크의 정점에서 지금의 1970년대생들이 태어났다. 이제 이들이 50대가 되어가고, 한국 사회의 최정점에 올라갈 것이다. 앞선 1950년대생들과 1960년대생들이 50대이던 시절, 우리는 출산율 하락에 대해서 거의 속수무책이었다. 한국의 지도자들은 문제가 생겼다는 것은 알고 있었지만, 경쟁을 줄이는 것에 대해서는 별 생각이 없었다.

대퇴직 트렌드와
조용한 퇴사

코로나 팬데믹은 많은 사람들에게 경제적으로도 고통의 시간이었다. 어떤 면에서는 집단적인 '현타'의 시간이었을지도 모른다. 집에 격리된 사람들은 실존주의 소설가인 카뮈의 〈페스트〉를 읽지 않아도 읽은 것과 같은 경험을 했다. 앞으로 시간이 지나면 그때의 각성이 많은 사람들의 행동 패턴에 변화를 일으킬 것이다. 그렇지만 일단 중요한 경제적인 변화는 그때 풀려나간 돈들이 만들어낸 물가상승이다.

미국의 경우 중앙은행인 연방준비제도(연준)가 인플레이션을 잡기 위해서 2022년 3월부터 기준금리를 올리기 시작했다. 연준은 잠시 숨 고르기를 했지만, 2023년까지 고금리 기조를 꽤 길게 끌고 갔다. 1970년대 두 차례에 걸친 석유 파동 이후로 이만큼 높은 강도로 계속해서 기준금리가 올라간 적은 없었다. 경제가 활성화되기를 바라는 많은 투자자들이나 이자를 갚아야 하는 채무자들은 초조하게 금리 인상 기조가 정지하기를 소망하였다. 그런데 이때 일반적인 경제 상식에는 잘 맞지 않는 현상 하나가 발생했다.

기준금리가 올라가면, 더 높은 이자를 받기 위해서 시중의 돈이 은행으로 돌아오게 된다. 금리 인상은 시중에 돌아다니는 돈을 줄이기 위한 조치다. 또한 빚을 진 채무자들은 이자 부담 증가로 지출이 늘어나면, 자신들의 소비와 투자를 줄인다. 일종의 경제 브레이크 같은 것이다. 은행 돈을 빌려 집을 사려던 사람들은 대출을 주저하게 되고, 자동차 같은 상대적으로 고가인 내구재를 사기 위한 대출도 줄어든다. 그렇게 경제가 순환하는 속도가 줄면 기업은 자연스럽게 신규 고용을 줄이게 된다. 그러면 실업률 상승 등 고용 관련 지표들이 안 좋은 신호를 보내게 된다. 고용과 관련된 지표들은 미국 중앙은행이 가장 신경 쓰는 부분이다. 그런데 이번에는 기준금리를 올렸는데도, 미국의 노동 시장이 그렇게 위축되지 않았다. 실업률은 3.4%와 3.7% 사이에서 오르락내리락 반복했다. 2023년 2월 3.6%까지 올라갔던 실업률은 4월에는 다시 3.4%로 내려갔다. 실업률에 문제가 없다는 건 미국 경제가 금리 상승에도 여전히 충분한 고용을 유지하고 있다는 얘기다. 이 0.4%포인트의 구간에서 미국 실업률이 오르내릴 때마다 많은 사람들이 세계 경제가 갑자기 망하거나, 아니면 갑자기 살아날 것처럼 말했다. 조금 더 긴 눈으로 미국의 실업률 지표를 보자.

<표 8> 미국 실업률 추이

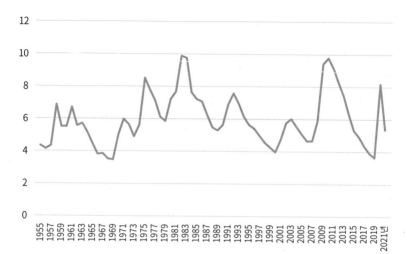

자료 : OECD 경제 DB

1983년 미국 실업률은 9.7%까지 치솟은 적이 있다. 1980년대 초반은 인플레이션이 극심하던 시기였다. 2009년에는 글로벌 경제 위기 여파로 9.3%까지 올라갔다. 경제사 교과서를 바꿔야 할 정도로 장기 호황이 진행되었던 클린턴 정부 때인 2000년에 실업률이 3.99%까지 내려갔었다. 1970년대 이후로는 가장 낮은 실업률이었다. 세계 최대의 투자은행이었던 리먼 브라더스의 파산 여파로 치솟던 실업률이 다시 지속적으로 내려가서 코로나 직전인 2019년에는 3.66%를 기록했다. 이 정도면 거의 완전 고용상태다. '영광의 30년' 또는 '대압축 시대'라고 부르는 전후 경제 복구 시기였던 1968년에 달성한 실업률 3.58%가 가장 낮았다.

최근 인플레이션 한 가운데에서도 미국 경제가 보여준 3.4~3.7%

의 실업률은 케인즈식 국가 개입 경제가 최고조에 달하고, 미국 경제가 가장 평등했던 시기보다 낮다. 이 수치만 놓고 보면 미국은 정말로 경제적인 의미에서 지상 낙원을 달성한 것처럼 보인다. 그러나 바로 여기에 연준의 고민이 있다. 고용 시장이 익숙한 방식으로 움직이지 않고 있었던 것이다. 중앙은행이 기준금리를 올리면 경기가 위축되고, 그러면 인력이 덜 필요해져서 실업률이 높아지게 된다. 그런데 현실은 그렇지 않았다. 전문가들은 고용 시장의 이상한 흐름이, 팬데믹 기간 동안에 자발적이든 비자발적이든 노동 시장에서 빠져나간 사람들이 아직 복귀하지 않아서 생긴 일시적인 현상일 거라고 생각했다. '자발적 실업자'들은 실업률 통계를 낼 때 실업자로 잡히지 않는다. 팬데믹 기간 몇 년 동안의 격리와 거리두기, 재택근무 등은 노동에 대한 사람들의 생각에 영향을 미쳤다.

시간이 흐른 후 이 같은 이상 현상을, 1929년에 벌어진 대공황Great Regression에 빗대 '대퇴직Great Retirement'이라고 부르기 시작했다. 정년에 따른 일상적인 은퇴보다 더 많은 사람들이 회사를 그만두었기 때문이다. 정년퇴직은 나이 듦에 따른 일상적인 일인데, 정년도 되기 전의 사람들이 대규모로 회사를 그만두는 것은 일찍이 없었던 일이고, 해석 역시 쉽지 않다. 주식 등 충분한 자산을 갖춘 사람들이 정년 전에 회사를 그만두었다고 생각할 수도 있다. 혹은 출퇴근 편의를 위해서 시내에 보유하고 있던 고가의 주택을 처분하고, 물가가 비싸지 않은 근교나 소도시로 거주지를 옮기고, 차액을 은퇴 비용으로 확보했을 수도 있다. 그렇지만 이런 설명들은 부분적이다. 갑자기 평생 먹고 살만한 돈을 쥔 주식 부자가 늘었다는 증거를 찾기 어렵고, 근교로 집을 옮기는 것은 지역 경제는 몰라도 미국 경제 전반을 설명할 정도의 규모는 아니다.

어쨌든 해석은 어렵지만 경영학에서 트렌드라도 부를 만한 큰 사건이 벌어진 것은 확실하다. 대규모 조기 은퇴 현상이 얼마나 오래 진행될 것인지를 미리 예측하기는 어렵다. 팬데믹 이전의 퇴직은 다른 직장으로 옮기기 위한 것이었다. 일시적으로 퇴사를 하고 아직 신규 입사를 하지 않은 현상이 대규모로 벌어질 때에는 잠정적이라는 의미를 가진 '마찰적 실업'이라는 용어를 사용했다. 대퇴직은 마찰적 실업과도 다르다. 앞으로도 이런 현상이 계속될 것인지, 팬데믹 영향에 따른 일시적 현상인지 아직 판단하기는 어렵다. 그렇지만 수십 년 동안 팽팽했던 노동과 자본 간 관계에 미세한 변화가 보이기 시작했다는 얘기 정도는 할 수 있다. 기준금리를 높여도 고용이 줄지 않는 현상은 우리의 상식과는 다르다. 일자리 문제, 즉 실업은 1990년대 동구권의 붕괴와 함께 자본주의 체제로 사회주의 노동자들이 밀려들어온 이후로 21세기 자본주의의 가장 큰 모순으로 지적된 문제였다. 오죽하면 '디지털 퍼스트'를 외치던 사람들을 향해 정치권에서 '잡 퍼스트'를 외치는 일이 벌어졌겠는가.

대퇴직이 주로 조기 은퇴에 따른 40~50대의 일이라면, 상대적으로 젊은 20~30대에게는 '조용한 퇴사quiet quitting'라는 또 다른 흐름이 생겨났다. 물론 말 뜻 그대로 실제 회사를 떠나는 것은 아니다. 다만 최선을 다 해서, 야근과 철야까지도 감수하면서 열정적으로 일하는 것이 아니라, 우리 식으로 얘기하면 '칼퇴근'을 정확하게 지키면서 조용히 그리고 소극적으로 일하는 것을 의미한다. 승진 혹은 생존을 위해서 최선을 다해서 일하던 시기와는 다른 흐름이 생겨났다.

비슷한 시기, 한국에서도 청년층 사이에서 조기 퇴사가 유행했고, 당당하게 퇴사에 대한 입장을 밝히는 '퇴직 로그'도 유행했다. 그리고 개인적 삶과 회사 생활 사이 균형을 잡자는 '워라밸'이 또 다른 트렌드로 등장하기도 하였다. 이런 흐름을 일에 관한 청년 세대의 새로운 문화적 변화 정도로 가볍게 볼 수 있다. 하지만 장기적으로 보면 합계출산율 저하에 따라 노동시장이 노동자들에게 조금 더 유리하게 전환되는 시기에 발생하는 현상으로 볼 수도 있다. 알든 모르든, 경제 시스템 자체는 크게 변화하지 않은 상태에서 젊은 노동자들이 조금씩 줄어들면, 비록 느린 속도이긴 해도 청년 노동자 등 노동 공급자에게 상대적으로 유리한 여건이 조성되게 된다. 청년 노동자들의 조기 퇴사나 워라밸 문화는 새로운 세대의 등장이라는 문화적 관점에서만 주로 바라보았었다. 그렇지만 인구 구조의 변화에 의해서 노동 시장이 청년 노동자에게 조금씩 유리한 방향으로 변하고 있다는 점을 생각해볼 필요가 있다.

물론 현실이 이렇게 단선적으로만 이루어진 것은 아니다. 미국에서는 트위터[X]의 대량 해고가 있었고, 많은 IT 계열사들의 해고가 이어졌다. 하지만 이 경우는 팬데믹 시절, 재택근무와 격리된 상황에서 인터넷 사용 급증 등 예기치 않은 IT 분야 수요가 크게 늘면서 확 늘렸던 생산 능력을 팬데믹 이후 다시 조정하면서 생겨난 일시적 현상이라고 보는 게 맞을 것 같다. 급격한 기준금리 인상과 거리두기 해제에 따른 새로운 변화가 만든 불가피한 과정이라는 얘기다. IT 업계 중심의 고용 조정 현상에는 '대해고[Great Layoff]'라는 이름이 붙었다.

이러한 몇 가지 흐름이 21세기 최대의 인플레이션 국면에서 딱 만났다. 노동을 둘러싸고 회사가 주도한 해고와 노동자들의 자발적 은퇴라는 정반대의 힘 중 어느 쪽이 강했을까? 해고가 강했으면 실업률이 높아졌을 것이고, 은퇴가 강했으면 낮아졌을 것이다. 두 가지 힘이 만나서 만들어낸 실업률은 3.4%와 3.7% 사이에서 정체했다. 아마 10년 전에 이 수치를 봤다면, 많은 경제학자들은 사실상 완전고용 상태라고 말했을 것이다. 그만큼 미국 경제가 탄탄하고, 성과가 높을까? 기준금리 상승은 시중에 있는 자금을 흡수해서 경제를 멈춰 세우는 브레이크 같은 것이다. 보통 때라면 급정거에 따른 경기 침체가 발생했을 것이다. 그렇지만 최소한 노동 시장에서는 그런 브레이크가 연준의 예상대로 작동하지는 않았다.

외국인 노동자 부족으로 이 현상을 설명할 수 있을까? 트럼프는 이민에 적대적이었고, 팬데믹 기간에는 특히나 외국인 노동자가 미국에 가는 건 쉽지 않았다. 외국인 노동자의 유입 감소라는 변수로 미국의 노동 공급 부족 현상의 일부는 설명할 수 있지만, 그렇게만 설명하기에는 규모가 너무 크다. 미국의 경제활동 인구는 1억6천만 명이 넘고, 1% 움직이는데 160만 명의 변화가 필요하다. 이 정도 규모로 외국인 노동자가 나가거나 들어오는 건 보통 일이 아니다. 실업률이 예상보다 2~3%포인트 덜 올랐다는 걸 설명하기에는 충분치가 않다. 그보다는 미국도 피해가지 못했던 저출생 문제를 생각하는 게 조금 더 부드러운 설명일 것 같다. 미국의 합계출산율은 한국에 비하면 두 배 가까이 높지만, 현 상황을 유지할 수 있는 2.0이 안 되는 것은 마찬가지다. 속도의 차이가 있지만, 결국에는 청년 노동자 특히 IT나 과학 분야와 같은 곳에서 신규 노동자가 더욱 더 부족해지는 현상이 생기는 것은 궁극적으로 피하기 어렵다.

출산율은 전통적인 노동과 자본의 관계에 변화를 준다. 출생아 수가 줄어서 20년 후 노동 공급이 감소하면, 남아 있는 사람들의 가치가 상대적으로 높아진다. 고정적인 일자리의 조건만 개선되는 것이 아니라, 비정규직과 같은 임시직의 상황도 개선된다. 그렇지만 출생이 줄어들어서 생겨난 변화는 워낙 천천히 점진적으로 일어나는 것이라서 눈에 띄는 급격한 변화는 없다. 환율이나 자원 선물시장의 지표처럼 따라잡기 어려울 정도로 현란한 변화는 없다. 그렇다고 아무런 변화가 없는 것은 아니고, 그 에너지의 밀도와 강도가 낮은 것도 아니다. 제국주의의 출발은 자원 때문인 경우가 많지만, 식민지를 유지해야 하는 이유 중의 하나가 값싼 노동력이었다. 노동력 부족은 군대를 움직일 정도의 에너지는 가지고 있다. 식민지 유지에 대한 욕구는, 크고 작은 전쟁부터 세계 전쟁까지 불사할 만큼 컸다. 인구 구조의 변화에 따른 경제적 효과는 다른 경제적 변수에 비해서 매우 천천히 움직이지만 그 충격은 결코 작지 않다.

한동훈, 촉법소년 그리고 이민청

1970년대생 엘리트 법무부 장관

예전에는 386, 이제는 686이라고 불리는 아주 특별한 세대는 회사라면 은퇴할 나이이지만, 워낙 노령화된 정치 세계에서는 아직도 한참 동안은 권력을 가질 것 같다. 지금은 그 뒤를 이어 1970년대생들이 점점 밀고 들어오는 중이다. 지금까지는 정치적 입장을 중심으로 세대를 비교 분석하는 경우가 많았다. 나이가 많을수록 보수, 청년일수록 진보, 이런 분류는 오랫동안 한국 사회에서 정설이었다. 특히 정치 평론의 세계에서는 누구에게 투표할 것인가가 언제나 주요 쟁점이었다.

그렇지만 저출생 의제는, 문제를 바라보는 시각이나 방법론에서 좌우의 차별성이 별로 없다. 보수의 관점에서든, 진보의 관점에서든 저출생은 익숙하지 않은 질문이다. 시장에 그냥 내버려두면 결국은 균형이 온다고 믿는 시장 근본주의자들은 인적 자본이라는 관점만으로는 해석하기 어려운 결혼이나 출산 같은 문제를 푸는 데에는 무기력하다. 그렇다고 한국의 진보라고 이 문제에 대한 별다른 해석이나 해법이 있을까? 적어도 현재까지는 국가가 조금 더 개입하고, 복지를 조금 더 늘리면 많은 문제가 해결된다는 진보의 접근이 유효하게 작동했다고 보기는 어렵다. 이런 문제를 풀기에 적합한 이론 틀을 만드는 데에 진보가더 강하다고 볼 근거도 별로 없다. 정치 현실로 들어가면, 어쨌든 지역정치는 지금까지 진보든 보수든 대체적으로 개발과 토건에 더 가깝다. 전북에는 새만금이 있고, 부산에는 가덕도 신공항이 있다. 어쨌든 우리는 그렇게 관성적으로 살아왔고, 생태 문제에 대해서는 진보와 보수가크게 다르다고 보기 어렵다. 저출생 문제도 유사한 구조를 가지고 있다. 2000년대 이후 민주당은 두 번 집권했다. 출산 정책에서 기존의 양당 사이에 근본적으로 차이가 있다고 보기는 어렵다. 가장 중요한 보육정책 전환점은 무상 보육이 도입된 박근혜 정부 때였다. 정부 정책 중에서 저출생 현상에 가장 큰 영향을 미친 부동산 정책 실패로 인한 집값 폭등은 두 번의 민주당 정권에서 발생한 일이다. 너무 냉소적으로말하고 싶지는 않지만, 어떤 종류의 정권이 온다고 해서 당장 큰 변화가 생겨날 것이라고 기대하기는 어렵다. 지난 20년의 역사는 그렇다.

정치적 성향과는 별도로 1960년대생과 1970년대생이 가진 가장 큰공통점 가운데 하나는 군사정권에 대한 기억들 외에도 높은 출산율 시대를 살았다는 점이다. 흔히 한국에서 IMF 경제위기 극복 과정에서 전격적으로 도입된, 미국 대통령 레이건과 영국 총리 대처가 주도했던 신자유주의 이념이 과도한 경쟁 시대의 막을 연 것처럼 얘기한다. 이념으로서 신자유주의가 21세기 한국 정부 정책의 설계는 물론 사회 운용 방식에서도 큰 변화를 만들어낸 것은 맞다. 그렇지만 그 이전에는 경쟁에 대한 신화가 없었을까? 지금 우리가 가지고 있는 과도한 경쟁 문화의 뿌리는, 근원적으로 과잉 경쟁을 치를 수밖에 없었던 1960년대와 1970년대의 흔적이 강하다. 우리는 사람을 귀하게 생각하기보다는 귀찮게 생각할 수밖에 없는 인구 구조에서 살아왔다. 그리고 그 정점에 달한 것이 1970년대 초반에 출생한 사람들이다. 1960~70년대에 태어난 사람들 중 맨 앞에 서 있는 엘리트들은 좋든 싫든 수많은 경쟁을 뚫고 살아온 사람들이다. 과잉이라고 할 정도로 많은 개인의 성공 신화들이 있다. 게다가 한국 자본주의는 10대 후반의 성적이 너무 많은 것을 결정하는, 패자부활전도 거의 없는 시스템이다. 어린 시절부터 각 단계마다 지독할 정도로 많은 경쟁을 했던 사람들에게는 경쟁이 몸에 새겨진 미덕이고, 그 승자들에게 경쟁은 DNA가 내린 절체절명의 최우선 명령이라는 생각이 내면화됐다. 그 경쟁에서 이기고, 이기고 또 이긴 사람들이 엘리트가 된다. 그들에게 사람은 어떤 가치가 있을까?

법무부장관을 거쳐 집권당 비상대책위원장과 당 대표가 되었던 한동훈은 1973년생이다. 그 해에는 96만5,521명이 태어났다. 출생아 수가 100만 명이 넘었던 1971년보다 약간 줄어들었지만, 지금과는 비교도 할 수 없을 만큼 많은 아이들이 태어났다. 자연스럽게 경쟁은 그 어느 때보다 심했고, 버티고 살아남는 게 큰일이었다. 꼭 1973년이 아니더라도 그 또래 중에서 한동훈이 제일 먼저 장관을 했다. 엘리트 중의 엘리트라고 할 수 있다. 유명한 걸로 치더라도 1972년에 태어난 서태지 정도가 한동훈과 비교될 정도가 아닐까 싶다.

촉법소년, 버리고 가기

법무부 장관으로서 한동훈은 여러 가지 일을 했는데, 그 중에 사회 전반에 영향을 미칠 만한 정책은 촉법소년 연령 하향 조정과 인구청 설립, 두 가지 정도를 거론할 수 있다. 두 가지 모두 매우 대중적인 의제이자 저출생 문제와 밀접한 연관이 있다. 또 문화적으로는 좌우의 견해 차이가 별로 없는 이슈들이다.

촉법소년 정책 내용은 법에 저촉되는 청소년의 연령을 지금의 14세에서 13세로 하자는 것이다. 매우 대중적이고 휘발성 높은 의제이며, 진보와 보수의 입장 차이가 별로 없다. 2022년 대선에서 심상정을 제외한 이재명과 윤석열 혹은 안철수 등 많은 정치인들은 다 이 주제를 공약으로 내걸었다. 사실 촉법소년이라는 용어 자체가 매우 한국적이다. 법적 연령^{legal age} 정도로 표현되는 이 문제를 남성인 '소년'을 내걸고 행정 용어로 사용한 것 자체가 한국에서만 벌어진 일이다. 워낙 오래 전에 만들어진 법적 용어이기는 하지만, 소년들만 범죄를 저지르고 소녀들은 특별히 고민할 필요가 없다는 생각은 그냥 편견이다.

우리는 1953년 형법을 만들 때부터 촉법소년이 포함되었다. 아주 오래된 얘기다. 그냥 미성년 범죄자라고 규정하면 되지, 왜 그 미성년에서 일부를 빼서 아예 형법 적용 대상에서 제외했을까? 촉법소년 얘기는 아동에 대한 논의에서 시작되었고 아동 의제는 당시 세계적 유행이었다. 2차 세계대전 이전부터 시작된 아동 노동 문제가 불거졌고, 미성년자와 별도로 아동을 규정하는 논의가 UN 등을 중심으로 진행됐다. 당시에 우리는 법적으로 아동 개념이 채 정비되지 않았고, 그런 상황에서 촉법소년이라는 어색한 용어가 도입된 것으로 알고 있다. 가부장제가 견고하게 유지되고 있던 한국의 1950년대를 감안해야 이해할 수 있는 일이다. 범죄에 대한 얘기를 하다보면 우리는 순식간에 1950년대 논의 구조로 돌아가게 된다. 용어 자체가 구시대적이고, 사회적 편견을 많이 내포하고 있기 때문이다.

인권 단체나 청소년 단체를 중심으로 촉법소년 논의는 실효성이 없다는 지적은 계속 있었다. 한동훈이 법무부 장관이 되고 최우선적으로 추진한 정책이 촉법소년의 나이를 낮추는 일이었다. 소년들은 만 13세가 되면 2차 성징이 나타나기 시작하는데, 어른들은 이들이 엄청나게 성적으로 문란하고, 범죄의 최첨단에 서 있고, 우리 사회는 이러한 범죄에 무방비 상태로 내몰려져 있다고 생각하는 것 같다. 생물학적 존재와 사회적 존재로서 인간에 대한 편견은 무섭다. 지금의 한국인은 일찍 어른이 되고, 진짜로 20대 어른이 되면 미성숙한 존재가 된다.

촉법소년 연령 하향 조정은 편견과 혐오 때문에 실제보다 문제를 심각하게 보는 온 사회, 특히 엘리트 집단이 과잉 반응을 보인 결과다. 크게 보면 노키즈존과 촉법소년 논의의 기본 메커니즘이 다르지 않다. 정말로 촉법소년의 범죄가 늘어났나? 만약 그렇다면 어떻게 하는 게 근본적인 해법일까? 정책 결정은 이런 순서로 접근하는 것이다. 하지만 한동훈이 지휘한 법무부가 보여준 접근은 이런 상식적인 사회적 정책 결정 과정과는 거리가 좀 멀다. 한번 생각해보자.

현재 추세대로라면 청소년의 숫자는 지난 20년 동안 100만 명 수준에서 급격하게 내려와서 60만 명 수준으로 그리고 시간이 좀 더 지나면 10만 명 수준으로 내려오게 된다. 한동훈이 태어났던 시기에 비하면 거의 1/10 수준으로 내려오게 된다. 어린이와 청소년이 줄어들었는데, 그들이 일으키는 범죄가 엄청나게 늘었다는 게 법무부의 주장이다. 만약 정말로 그 말이 맞는다면, 사회적으로 엄청난 일이 벌어졌다고 봐야 한다. 과거에 비해서 1/4~1/5 정도로 줄어든 13세 청소년의 범죄 발생 건수가 더 많아졌다면, 실제 범죄 발생률은 4~5배 늘어났다는 얘기가 된다. 이게 사실이라면 진짜로 큰 사건이다. 중2병이 아니라 신종 '중1병'이 생긴 것이고, 정말로 그렇다면 촉법소년 연령을 한 살 낮춰서 범죄 기록을 좀 더 일찍 남기는 정도로 해결될 일이 아니다. 초등학교 6학년부터 중학교 2학년 사이에 벌어지는 일들을 그야말로 한 명 한 명 추적하는 코호트 스터디 같은 심층 연구를 통해서 문제의 근원을 풀 방법을 찾아야 한다. 만약 최근 중학생 범죄가 급증했다면, 사회적으로 엄청난 문제가 생겨났을 것이고, 이 문제에 대해서 우리가 좀 더 입체적으로 대비해야 한다. 그리고 그게 법적 연령을 한 살 낮추는 그런 잔여적이고 소극적인 처벌 수위의 강화 정도로 해결될 일이 아니다.

현실은 어떤가? 일단 청소년 범죄에 대한 통계 자체가 그렇게 잘 정비되어 있지 않고, 특히 13세 미만의 범죄에 대해서는 기본 자료 자체가 취약해서 시계열적으로 분석할 수준이 아니다. 법무부가 제시했던 수치들은 실제 범죄율은 아니고, 신고 건수다. 대법원 사법연감에 따르면 최근에 보호처분을 받은 14세 미만의 청소년 수치가 늘어난 것은 맞지만, 2016년까지는 계속 감소하다가 최근 몇 년 간 증가했다. 그렇다면 지난 몇 년 간 왜 증가하게 되었는가, 그게 얼마나 심각한 것인가, 그런 연구와 조사가 따라가야 한다. 정말로 촉법소년 범죄가 심각해진 것인지, 아니면 일시적인 사회 정책의 실패인지 혹은 범죄 자체는 그대로인데 다른 사회적 요인이 존재하는 것인지, 그 이유를 모르고 단기적인 처방을 진단한 것은 아닌가?

마이크로 단위로 들어가면 역대 14세 미만의 보호소년 수치가 가장 낮았던 해는 2014년이고, 그 숫자는 2,894명이다. 그 해에 13세가 된 소년들은 56만 명 정도였다. 그 후로 조금씩 늘기 시작하다가 2021년에는 4,142명으로 급증했고, 이 해에 13세가 되는 소년은 49.6만 명 수준이었다. 2014년까지는 줄어들던 추세였던 보호소년 수치가 최근 늘어나고 있는 것은 맞지만, 그건 가장 낮았던 시기와 비교해서 그렇지, 2012년의 5,071명과 비교하면 더 낮은 수치다. 객관적으로 이런 수치만 보면 촉법소년의 법적 연령을 낮추는 것이 최적의 정책이라고 하기에는 증가 기간이 아직은 너무 짧다.

기왕에 숫자를 보는 거, 조금 더 살펴보자. 미성년 범죄자에 대한 보호처분은 1호부터 10호까지, 10개의 종류가 있다. 1호는 소년범을 돌봐줄 사람을 지정하는 감호 위탁으로 가장 낮은 처분이고, 2호는 일정한 강의를 듣는 수강 명령이다. 3호는 사회봉사 명령이다. 이렇게 숫자가 높아질수록 처분의 강도가 높아진다. 8호가 되면 소년원에 간다. 한 달 이내의 짧은 소년원 송치가 소년범 보호 처분 8호다. 9호는 최장 6개월 이내의 단기 소년원 송치이고, 10호는 가장 강력한 처벌로 최장 2년간의 장기 소년원 송치다. 사람들이 관심을 가지고 있는 소년원 송치는 8호 이상의 보호 조치에만 해당되는 셈이다.

〈표 9〉 13세 8∼10호 보호처분 현황

	8호	9호	10호	합계
2010	–	16	12	28
2011	–	11	11	22
2012	–	33	53	86
2013	1	49	94	144
2014	–	5	9	14
2015	–	5	9	14
2016	–	–	15	15
2017	–	24	6	30
2018	–	15	7	22
2019	3	16	12	31
2020	–	22	48	70
2021	–	5	11	16
2022	–	62	22	84
2023	–	74	15	89

자료 : 대법원

위의 표는 2010년부터 최근까지 13세 범죄에 대한 처분을 보여준다. 행정 처분 8∼10호를 합쳐 보면 2013년이 역대로 가장 높았고, 최근에 다시 증가하고 있는 중이기는 하다. 물론 이것도 급증이라고 말할 수는 있기는 한데, 1년 이상 소년원에 가는 중대한 사안인 행정 처분 10호만을 기준으로 보면, 2022년 22건, 2023년 15건으로 최근에 급증했다고 말하기는 어렵다. 6개월 미만의 소년원 처분인 9호가 급증한 데 따른 것이기 때문이다.

과연 형사 처분을 강화하기 위해서 촉법소년의 연령을 낮추는 것이 공공의 안녕을 위해서 꼭 필요한 일일까? 법이 문제가 있어서 처벌을 하지 못한다는 것도 사실이 아니지만, 범죄가 흉포해져서 처벌 강화가 반드시 필요하다고 생각하는 1년 이상의 소년원 처분은 10호의 수치만 놓고 보면, 2020년에만 48건으로 급증했지, 최근에도 10건에서 22건 사이다. 온 국가가 매달려서 대선 공약까지 갈 수준의 사회 문제라고 보기는 어렵다. 상대적으로 10호보다는 경미한 9호까지 합쳐도 2022년 84건, 2023년 89건으로 100건 미만이다. 물론 피해자 입장에서 보면 단 한 건이라도 억울하고, 안타까운 일이다. 그렇지만 역시 많은 행정력을 들여서 시급하게 제도를 변경해야 할 사안으로 보이지는 않는다.

10년이 지나면 소년 범죄를 저질러서 법의 적용을 받을 13세 소년들이 27만 명으로 줄어든다. 합계출산율 저하가 완화되지 않고 있기 때문에 계속해서 13세 인구는 줄어들 것이다. 이렇게 13세 청소년의 규모가 줄어드는 데도 이 문제가 심각해진다면, 그때는 정말로 학교 정책에 비롯한 많은 것을 바꾸는 총체적 접근이 필요하다. 논리적으로만 보자. 법무부의 수치 해석은 너무 짧은 기간 동안의 통계를 너무 무리하게 적용한 과도한 해석이라는 소리를 들을 만하다. 특히 복지 등 수혜성 정책이 아니라 형사 처벌 등 누군가의 삶에 심각한 불이익을 만드는 정책에 대해서는 수치들을 보수적으로 해석해야 한다. 잘못 나간 지원금은 나중에 손실 처리하면 그만이지만, 잘못 시행된 형사 조치는 다시 되돌려줄 방법이 없다.

한 명 한 명의 삶을 구체적으로 들여다보면, 촉법소년에 대한 논의는 초등학교를 졸업하고 중학교에 입학하는 과정에서 잘 적응하지 못한 청소년일 가능성이 높다. 아마도 집안 형편이 넉넉하지 못하거나, 부모가 너무 바쁘다는 개인적 이유로 자녀와 대화를 많이 하지 못했을 가능성도 높을 것이다. 일정 부분은 학폭 사건의 가해자였을 수도 있다. 형사 사건으로 보면 촉법소년 얘기지만, 학교의 눈으로 보면 초등학교에서 중학교로 넘어가는 과정에서 학교에 잘 적응하지 못한 일부 청소년의 교육에 대한 얘기일 수도 있다. 어떤 정책이 더 효과적일까? 그리고 무엇을 더 먼저 해야 하는 것일까? 초등학교에서 중학교로 올라가면 담당하는 학교도 다르고, 담임선생님도 바뀌게 된다. 초등학교가 가지고 있던 학생들에 관한 자료들의 일부만 전달되지, 초등 담임선생님들이 가지고 있던 한 명 한 명에 대한 나름대로의 지식이 다음 단계로 전달되지 않고 단절된다. 그렇다면 지역사회에서 멘토링 제도 같은 것을 도입해서, 초등학교에서 중학교 단계에서 생기는 돌봄과 관심의 공백을 줄이기 위한 시도 같은 것들이 필요할 것이다. 그리고 이런 다양한 방식을 통해서 제도에서 밀려나는 청소년을 줄이는 것이 더 부드러울 뿐더러, 장기적으로는 더 효과적이고 사회적 비용도 줄일 수 있을 것이다.

13세 소년을 예비 시민 혹은 예비 자원으로 볼 것인가 아니면 언제든 범죄를 저지를 수 있는 촉법소년으로 볼 것인가, 이 두 개의 시선 사이에는 중대한 차이점이 있다. 예전 운동권 용어를 사용하면, 이재명은 물론이고 한동훈에 이르기까지, 여야 없이 외쳤던 촉법소년에 대한 얘기는 '대중추수적'이다. 많은 사람들이 원하면 맞든 틀리든 그냥 한다는 의미다. 사실 고출생 시대를 살았던 한국의 많은 어른들은 물론이고, 대부분의 엘리트들은 "버리고 간다." 시대를 살았다. 법무부 장관으로서 한동훈이 처음으로 본격적인 시행했던 사회 정책에서 내가 읽은 것은 어쩌면 경쟁 시대를 우수하게 살아온 그에게 잘 맞는 옷처럼 붙어 있을 법한 "버리고 간다."는 정신이었다.

생각을 해보자. 안 그래도 덜 태어난다고 난리인데, 그렇게 태어난 아이들, 아니 어린이들을 한 명이라도 소중하게 제대로 잘 키우는 쪽으로 가는 게 우리 사회가 취해야 할 방식 아니겠는가? 저출생 시대와 촉법소년 연령 낮추기 논란은 너무 어울리지 않는다. 자식을 잘 키우기 어렵다고 생각하는 많은 예비 부모들은 촉법소년 논란을 보면서, '아, 이제 나는 범죄로부터 조금 더 안전해지겠구나.' 이렇게 생각하는 것이 아니다. 가난하거나 자식을 공들여 키우기 어려운 많은 예비 부모들은 이 논란을 보면서 출산 포기를 결심하게 될 이유 하나를 더하게 된다. 저출생 대책을 생각하는 많은 엘리트들은 아이, 즉 영유아 단계만 본다. 그렇지만 곧 그들은 어린이가 되고, 소년소녀가 되어 청소년이라고 불리게 된다. 어린이 단계를 넘자마자 한동훈이 공들여 추진한 촉법소년이 된다. "버리고 간다." 정신은 고출생 시대인 1970년대생들까지 특히 그 경쟁에서 살아남은 엘리트들에게는 마치 자연법칙과 같다. 적자생존을 사회 법칙으로 배웠고, 경쟁이 치열한 시대를 살았다. 그들이 경제생활을 시작할 즈음, IMF 경제위기가 있었다. 오랫동안 완전고용이던 한국 경제에 해고와 실업이 일상화되었다. 세계적으로도 경쟁이 현실을 넘어 이념이 된 신자유주의가 유행했다. 한국의 민주화 흐름 속에서 1970년대생은 강력한 민주주의의 지지자이기는 하지만, 경쟁에 대해서는 지극히 현실주의적인 이중성을 가지게 되었다. 그런 성향이 그 경쟁에서 살아남은 엘리트들에게서 특히 강하다. 이상한 일은 아니다. 실력 없는 사람, 적응 못하는 사람, 뭔가 경쟁에서 밀린 사람, 우리는 이들을 그냥 버리고 가는 시대를 살았다. 물론 1970년대생들까지는 그게 이상하지 않았고, 그게 지혜였고, 마치 다윈의 과학 법칙 같았다. 그걸 이상하다고 생각하는 사람은 별로 없었고, 그걸 뭐라고 하는 사람은 더더욱 없었다. 문제 있는 사람, 하자 있는 인생, 버리고 가는 데 전혀 주저함이 없었던 것이 한국 사회다. 촉법소년 논쟁은 그냥 "버리고 간다."는 익숙한 방식의 연장이다. 키도 커졌고, 2차 성징도 빨라졌고, 그러면 "처벌해도 아무 문제가 없겠네." 이런 생각에서 이루어진 일이다.

사회적 혐오라는 관점이나 인구 구조로 보면, 앞서 언급한 것처럼 촉법소년 논의는 노키즈존과 크게 다르지는 않다. 버릇없는 아이는 못 들어오게 하면 된다. 이미 출입금지를 당했던 그 버릇없는 아이들이, 초등학교를 잘 마치고 중학교에 들어갈 즈음에 적응하지 못하면, 이제 "처벌해야 한다."는 매우 강력한 여론을 만나게 된다. 촉법소년은 어디 외계에서 오는 것이 아니다. 한국이라는 시스템 내부에서 발생하는 것이고, 문제가 생기면 그 문제를 풀어야 한다.

아이들을 돌보고 감싸주던 지역 공동체는 사실상 모두 붕괴됐고, 그걸 대체하거나 보완할 만한 새로운 공동체나 장치는 채 형성되지 않은 상태에서 어쩔 수 없이 보호소년들이 발생하는 것이다. 버리고 가는 것과 버리지 않을 방법을 찾는 것, 어느 쪽이 과연 더 비용 효과적일까? 교정 시설 등 교도소 행정에 더 많은 돈을 쓰는 게 나을까, 아니면 교육 행정과 지역 행정에 더 많은 돈을 쓰는 것이 효과적일까? 일단 학교 밖으로 나간 청소년을 사회에 안착시키는 것은 쉽지 않다. 성인 재범률은 2015년에 21.4%까지 내려갔었는데, 그 후 오르기 시작해서 25% 근처에서 오르내리고 있다. 1/4은 재범을 한다는 얘기다. 지금의 수치들만 가지고 보더라도, 촉법소년 규정으로 청소년 범죄가 근본적으로 줄어들 것으로 보기는 어렵고, 성인이 되었을 때 재범 이상으로 가는 예비 범죄자를 대량으로 양산하게 될 가능성이 크다. 촉법소년 논쟁은 정책의 실효성과 비용 같은 것을 종합적으로 고려한 토론이라기보다는 이제는 키가 커버린 13세 청소년들에 대한 혐오가 만든 대중적 에너지에 의해서 움직여나간 논란에 더 가깝다. 그렇지만 이 논의 어디에도 저출생이라는 지금의 바뀐 상황을 고려하고 있지는 않다. 전형적인 자본 희소 시대의 "버리고 간다."는 관성과 습관이 만들어낸 판단이다.

100만 명씩 태어나던 시기와 지금을 비교하면 한 사람 한 사람의 가치 자체가 다르다는 생각이 들 것이다. 개별적인 인간의 보편적 존엄성은 마찬가지일지라도 경제 시스템이 이해하는 예비 노동자의 상대적 가치는 다르다. 소년 범죄를 법에 의해서 격리하는 방식으로 처리하는 것이 자본 희소 시대에는 합리적인 일로 보였을 것이다. 청소년 한 사람 한 사람에게 더 많이 투자하는 방식보다는 경쟁을 시키고, 거기에서 탈락하는 사람들을 아예 배제하는 방식은 1970년대 출생자들에게는 익숙하다. 그렇지만 시대가 변하고 있다. 특히 젊은 노동자가 귀해지는 상황에서 소년 범죄의 처벌을 강화하는 것이 맞는지는 잘 모르겠다. 학교 안에 더 많은 전문가들을 투입하고, 여건을 개선하는 방향은 돈은 더 들지만 확률적으로는 소년 범죄를 줄일 수 있는 보다 효과적인 방법일 것이다. 제일 값싼 방식이 격리라고 생각하는 것은 퇴행적 발상이다. 굳이 인권 또는 청소년 인권 같은 복잡한 얘기를 하지 않고, 그냥 인적 자원이라는 경제적 시각만 가지고 보더라도 청소년 범죄 처벌 기준의 법적 연령을 낮추는 것은 저출생 시대에는 안 맞는 정책이다.

13세 소년의 범죄를 어떻게 다룰 것인가, 이 문제는 지금은 사소해 보이지만 한국 자본주의의 특징을 잘 보여주는 의제다. 촉법 소년 문제가 대선 주자급 공약이 되고, 특히 진보와 보수, 양 쪽에서 모두 다루면서 중요한 의제가 되었다. 거기다가 유력 차세대 주자가 법무부 장관 시절 주요 의제로 다루면서 더욱 관심을 끄는 사안이 되었다. 시간이 흐른 후 우리는 어쩌면 이런 어처구니없는 논쟁을 했구나, 회상하게 될지도 모른다.

언젠가 이 나라가 인간의 가치를 조금 더 이해하고 존중하는 시대가 온다면 '촉법소년'이라는 표현은 한국에서만 사용됐다는 사실을 반성적으로 되돌아보게 될 것이다. 그때가 되면 저출생 시대였던 2024년에 세계에서 유일하게 한국에서만 존재했던 노키즈존과 촉법소년 논쟁이 정책 시험 문제로 출제될지도 모르겠다. 진보와 보수 상관없이 우리 시대는 사람을 귀하게 여기는 사회와는 거리가 멀다. 우리 사회는 민주적으로 차별을 정당화하고, 민주적으로 "버리고 간다."는 생각을 합법화하는 데 너무 많은 사람이 참여하고 있다.

이민청, 밖에서 데리고 오기

기존 제도에 적응하지 못하고 범죄를 저지르는 아이들을 그냥 버리고 가겠다는 발상은 자연스럽게 한동훈 시절의 법무부가 열성적으로 추진했던 이민청 설립 정책과 연결된다. 촉법소년이 진보, 보수와는 크게 상관없는 정책인 것처럼 이민청 역시 좌우 입장 차이가 많은 정책은 아니다. 이건 저출생 정책이 성공할 것으로 믿느냐, 어차피 실패할 것이라고 생각하느냐, 하는 정책의 유효성에 대한 판단과 연결되어 있다. 비유를 들자면, 프로야구 리그에서 '버리는 게임'과 유사한 것이다. 점수 차이가 너무 많이 나서 도저히 이기기 어렵게 되면, 다음날 게임을 위해서 감독은 투수를 바꾼다. 휴식이 필요한 타자들도 신인으로 바꾸고, 그 게임을 포기한다. 촉법소년은 기존에 있던 논의를 한동훈이 법무부 장관이 되어서 이어받아서 추진한 것이라면, 이민청은 금기시되어 있던 이민 정책을 거의 최초로 정책 한 가운데로 가지고 온 것이다. 촉법소년과 이민청은 외형적으로는 별개의 정책이지만, 인구 논리적으로는 사실 한 흐름에 있다. 내부에서 이렇게 저렇게 사람을 버리고 가면, 결국은 노동 인구가 부족해진다. 그 결과 수요도 소비도 부족해진다. 그럴 때 가장 손쉽게 생각할 수 있는 방법이 시스템 외부에서 이걸 보충하는 일이다. 어차피 국내에서의 출산 정책은 실패할 것이니까, 지금부터 좀 더 대규모로 이민을 받을 수 있게 제도를 마련해야 한다는 목소리가 한국 내에도 존재했다. 많은 사람들이 저출생 문제에 대해서 좀 더 구조적인 접근을 해서, 좀 더 근본적인 변화를 만들어야 한다는 데 동의하지 않는 것은, 어차피 실패할 것이라는 생각이 강하기 때문일 것이다. 지금은 이민에 대해서 국민들의 반감이 크지만, 저출산 정책이 실패해서 어쩔 수 없게 되면, 결국 사회적 변화가 생겨나서 국민들의 이민에 대한 수용성이 늘어날 것이다. 이게 많은 사람들이 생각하는 한국의 저출생 대책의 미래일 것이다. IMF 이후 급증한 외국인 노동으로 이미 외국인들이 일하는 것에 대한 문화적 수용성은 상대적으로 꽤 높아진 상태다. 특히 정부보다 인력 관리에 더 민감한 기업계 중심으로, 결국은 이민으로 풀 수밖에 없다는 생각이 폭넓게 퍼져 있다. 박근혜 정부 시절에 물밑에서 이민 정책 공론화 작업이 진행되기는 했는데, 워낙 이민에 대해서 대중적 반감이 크고, 정치적 상황이 급변하면서 이런 장기적 변화에 대해서 논의할 수 있는 상황이 아니었다. 문재인 정부에서도 이민 문제를 공개적이고 본격적으로 논의할 상황이 아니었다. 법무부 장관이 된 한동훈이 전격적으로 이민청 논의를 주도하면서 이민 문제를 사회 맨 앞으로 가지고 왔다.

이민 문제는 원래는 보수와 직접 상관이 있었던 이슈가 아니다. 제국주의와 함께 민족주의가 등장하면서 로자 룩셈부르크 같은 극소수의 좌파들만 "만국의 노동자여 단결하라."를 외치면서 '민족 우선'에 대해서 반대하였다. 2차 세계대전 이후 유럽에 이민 붐이 불어왔을 때, 좌우의 입장이 결정적으로 다르지는 않았다. 그렇지만 신자유주의의 등장과 함께 두 번의 계기를 통해서 이민 반대가 보수의 정책이 되었다.

1990년대 동구의 붕괴와 함께 수많은 정치 난민들이 주변 국가로 쏟아져 들어왔다. 인구 1천만 명 수준의 스위스 같은 나라에서 이런 난민들을 경제적으로 수용하기가 곤란해졌다. 특히 노동 시장에서 외국인과 경쟁 관계에 놓인 청년들의 반감이 높아졌다. 청년 극우파가 등장하였고, 극우파가 독자적 정당으로 형성되었다. 1990년대 초중반 형성되기 시작한 유럽의 극우 정당이 지금은 EU 의회의 다수파가 될 정도로 커졌다. 대선 결선 투표에서 극우파 후보를 보는 게 더 이상 낯선 일이 아니다. 보수 특히 극우파들은 이민에 대해서 알레르기에 가까울 정도로 반대 입장이다. 트럼프의 등장의 정치적 함의는 유럽 극우파의 등장보다 훨씬 복잡하다. "미국을 다시 위대하게." 이런 구호를 통해 외국인에 대한 혐오 정치는 백인 노동자의 감성을 건드렸다. 이렇게 이민에 대해서 적극적으로 반대하는 정치적 흐름이 21세기 보수의 기본이 되었다.

일본의 자민당 정권은 전형적인 보수 정권이고, 우리보다 먼저 고령화와 저출생을 경험했다. 인류가 처음 겪고 있는 새로운 유형의 시련이었다. 당연히 일본에서도 이민을 통한 해법을 고민했다. 그 고민에 대한 대답은 일본 보수 집권당인 자민당의 아베 정권이 2015년에 발표한 '1억 총활약 사회'라는 개념이다. 이즈음 일본 인구는 1억2천만 명 수준이었다. 1억 명까지는 2천만 명 이상의 차이가 있다. 인구가 20% 가량 줄어드는 정도는 적극적인 이민 정책 없이 한 명 한 명의 '총활약'으로 버티겠다는 말이다. 그 대신 최저임금을 비롯해서 임금을 높이는, 한국의 보수주의자들이 들으면 놀랄만한 대책을 많이 제시했다. 적극적인 재택근무는 물론 선택적 주4일제 같은 정책들이 이런 논의 속에서 제시되었다. 어쨌든 그건 일본 보수의 정책적 선택이다.

법무부 장관 시절 한동훈의 이민청은 일본처럼 전격적이지는 않지만, 보수의 이민 정책 선택과 같은 것이라고 할 수 있다. 어차피 지금의 출산 정책은 성공할 가능성이 높지 않기 때문에 아직 시간이 있을 때, 이민 정책을 정비하자는 것이 한동훈이 한 얘기다.

"아무 조치가 없다면 인구 재앙이 대한민국의 미래가 될 것이다. … 인구 재앙에 대처하는 근본적 대책은 출산율 제고와 이민 정책이다. 출산율 제고를 포기하자는 말은 전혀 아니다. 출산율 정책만으로 정해진 재앙의 미래를 바꾸기에는 시간적 규모의 한계가 명백히 존재한다." _2023년 12월 6일 국민의힘 의원총회 발언

일본 보수와 구조적으로 처해진 상황은 같은데, 한동훈의 결론은 좀 다르다. 아베는 최저임금 상승과 재택근무 강화 그리고 '간병인 이직 제로' 같은 과거 일본 보수들이 별로 택하지 않았던 정책들을 더 강하게 추진하였다. 한국 정부의 저출생 대책은 출산율 제고와 이민이라는 두 가지 축으로 나뉘게 되었다. 어쩌면 한동훈의 이민청은 한국의 보수를 대표한다기보다는 자본 희소 시대를 살았던 한국 엘리트를 대표한다고 보아도 무방할 것이다. 민족주의적 감상이든 혹은 유럽처럼 외국인 노동자에 대한 청년층의 집단적 반감이든, 한국은 개방적인 이민을 받아들이기에는 아직 준비가 덜 되어 있다. 문화적이고 정서적으로 다민족 사회를 부드럽게 받아들일 준비가 덜 되어 있지만, 그런 부작용보다 더 받아들이기 어려운 것은 자본 희소 상태가 무너지는 상황이다. '젖과 꿀이 흐르는 땅'처럼 '다루기 쉬운 노동이 흐르는 땅'이 한국의 엘리트들이 원하는 이상적인 상태일지도 모른다. 실제로 2024년 박지원 등 민주당 후보들 일부도 이민청을 총선 공약으로 내걸었다. 이민 관리를 체계적으로 하겠다는 것은 문재인 후보 때나 이재명 후보 때에도 등장한 공약이었다. 촉법소년과 이민청 논의는 둘 다 진보, 보수의 공통 공약이었다.

'밖에서 데려 오기'는 경제 엘리트와 대중, 특히 외국인들과 경쟁 관계에 놓이는 노동자들의 이해가 갈린다. 한국의 엘리트들은 노동력 부족 때문에 자본 희소 사회에서 노동 희소 사회로 전환되는 것에 대해서

불편함을 느끼는 것 같다. 물려받은 것 없이 자기 힘으로 돈을 벌어 먹고살아야 하는 많은 사람들은 AI나 외국인 같은, 현실의 노동 시장에서 라이벌이 등장하는 것에 불안감을 느끼게 된다. 당연한 일이다. 일반적으로 사람들이 원하는 것을 자극하는 정치를 포퓰리즘이라고 한다. 유럽에서는 외국인에게 차별적인 조치를 약속하고 이민에 반대하는 쪽을 극우 포퓰리즘이라고 불렀다. 이민을 통해 저출생 문제를 완화하겠다는 정책은 대중들이 원하는 것을 따라가는 포퓰리즘 쪽은 아니고, 엘리트들의 보편적 정서에 따른 나라 걱정의 결과라고 보는 게 맞을 것 같다. 좋게 보면 미래에 대한 걱정이고, 나쁘게 보면 주어진 문제를 직시하고 문제를 해결하는 대신 익숙한 자본 희소 상태를 유지하기 위한 회피적인 발상이라고 볼 수도 있다. 그런데 우리는 과연 문제를 풀기 위해 충분히 노력해 왔는가?

나는 이민을 반대하지는 않는다. 그렇지만 이민에 대한 환상을 가지고 있지는 않다. 한국이 문만 열면 외국인 이민이 물밀듯이 들어올 거라고 생각하는 것은 정말 환상이다. EU 통합이 되면서 역내 노동시장이 완전히 개방되었지만, 생각만큼 국가의 존립이 어려워질 정도로 노동자들이 다른 국가로 넘어가지는 않았다. 미국도 저출생 문제에 대해서 고민이 깊지만, 이민으로 그 문제를 풀 수 있을 정도의 수준이 되지는 않았다. 1950~60년대 유럽에 있었던 이민 붐은 과거 자신들이 점령했던 식민 국가와의 특별한 관계, 전후 복구 과정에서 발생한 '영광의 30년'으로 불리는 장기 경제 호황의 특수 상황들이 겹쳐서 발생한 일이다. 이민은 일상적으로 벌어지는 일이지만, 한 나라의 노동 시장에 영향을 미칠 정도의 대규모의 이동은 주로 경제적 이유보다는 정치적

이유 때문에 발생한다. 흔히 정치적 이유로 나타나는 큰 규모의 인력 이동은 난민이 발생하는 경우다. 영국이 전격적으로 EU에서 탈퇴한 것도 난민 정책에 대한 대중적 반감이 높아졌기 때문이다.

한국 엘리트 사이에서 이민에 대한 환상이 광범위하게 퍼진 것은 IMF 이후 도입된 외국인 노동자 정책의 성과에 기인한 바가 크다. 어차피 많은 노동자들이 한국에서 경제 활동을 하고 있기 때문에 외국인 노동자 정책의 연장선에서 이민을 보게 된다. 자연스러운 일이기는 하지만, 외국인 노동자와 이민은 얘기가 전혀 다르다.

현실에서 이민은 결혼 이민의 경우가 가장 빈번하다. 한국의 경우는 청소년은 물론 청년의 숫자가 급격하게 줄어드는 중이라서, 결혼 이민 규모에는 한계가 있다. 노동 시장에 변화를 줄 정도의 수준이 되기는 어렵다. 그렇다면 취업 이민은?

한국에서 일하는 많은 외국인 노동자들은, 비록 저임금을 받지만 GDP 차이에 따른 임금 격차가 발생하기 때문에 본국에서는 상당한 돈이 된다. 가난하던 시절의 스위스 아버지들이 용병으로 가족을 먹여 살렸던 것과 경제적으로 같은 메커니즘이다. 외국인 노동자들은 식구들이 본국에서 사는 반면, 이민은 식구들이 한국으로 오는 것이다. 식구들도 한국에서 같이 사는 이민의 경우 두 나라 사이에 있었던 임금 격차가 한국의 높은 생활비 때문에 모두 상쇄된다. 한국은 주거비를 비롯해 물가 수준이 상당히 높은 나라다. 한국은 고연봉의 전문직이 아니라면 식구들을 데리고 와서 살만한 그런 나라가 이미 아니다. 우리나라는 정서나 문화적 차원은 몰라도, 경제적인 면에서는 매력 있는 이민국이 아니다. 저출생으로 부족한 노동력은 매년 몇 십만 명 규모로 발생하는데, 이걸 상쇄하거나 보완할 정도의 이민 충원은 현실적으로 어렵다. 그런 규모의 외국인은 경제적 동기가 아니라 정치적 동기에 의해서 발생하는데, 이건 이민 정책이 아니라 난민 정책에 의해서 결정된다. 난민은 이민보다 정치적으로 결정하기가 훨씬 어렵고 또한 사회적으로도 민감한 문제다. 인구 감소에 대응하는 정책적 옵션으로 난민 정책을 사용하기는 매우 어렵다. 현실적으로는 난민보다는 이민을 적극적으로 받아들일 가능성이 더 높지만, 사회적 합의가 매우 어렵다.

한국이 이민 정책에 대한 방향만 바꾸면 많은 이민이 유입될 것이라고 기대하는 건, 경제적으로는 환상이다. 한국 청년들이 출산을 포기할 정도로 경제적 여건이 쉽지 않은 구조에서 외국인이라고 행복하게 잘 살 수 있겠는가?

한국의 엘리트들은 이민에 대한 판타지를 가지고 있지만, 살아가는 국가를 바꾸는 큰 결정에도 경제적 법칙은 일정 정도 작용한다. 한국의 물가와 생활비 구조에서, 취업 비자 정도로 이민이 가능해지면, 외국인 노동이 늘어나기는 할 것이다. 그렇다고 해서 식구들과 함께 한국으로 오는 경우는 많지 않고, 내국인 대우로 노동시장에 일시적으로 머무는 경우가 늘어날 가능성이 높다. 그렇지만 이런 경우는 이민이 아니라 '이중 국적'의 범주에서 분석되는 것이 맞다. 해당 국가의 국적과 한국, 두 개의 국적을 가지게 되는 외국인 노동자에 대한 분석은 훨씬 복잡하다. 이민과 관련된 제도가 어떻게 형성되든, 식구들과 함께 이민을 오는 경우는 경제적인 이유 때문에 급증하기가 매우 어렵다. 나는 난민 수용에 대해서도 좀 더 적극적으로 생각할 필요가 있지만, 저출생으로 인한 인구 감소의 대책으로 이민을 생각하는 것은 판타지라고 본다. 값싼 노동, 위험한 노동, 그런 문제를 외국인 노동자로 계속해서 채울 수 있을까? 그렇게 해서는 저출생 문제가 풀리지 않는다.

법무부 장관 시절 한동훈이 보여준 촉법소년과 이민청, 이 두 개의 정책은 공교롭게도 한국의 보수가 아니라 엘리트들이 생각하는 노동에 대한 가치관을 너무 적나라하게 보여주었다. '버리고 가기'와 '밖에서 데려 오기', 최소한 법무부장관 시절 한동훈의 미래 노동에 대한 대책은 이 두 가지로 요약할 수 있다. 이 두 가지 모두 민주주의와는 별 상관이 없는 주제이지만, 저출생을 어떤 방식으로든 오히려 강화하는 정책들이다. 자신의 2세가 조금이라도 표준에서 일탈해서 벗어나면 '촉법', 혼내주고 버리겠다고 하면 아이 낳기가 더 불안해진다. 낳는 것으로 끝이 아니라 13세까지 부모들이 알아서 번듯하게 잘 키워야 한다는 강력한 사회적 압박이 촉법소년 논란이 만드는 의도하지 않은 결과다. 얌전하고 모범적으로 자식들을 잘 키울 자신이 없으면 출산을 포기하라는 압박을 예비 부모들이 느끼지 않을까? 이민 정책 역시 마찬가지다. 예비 부모들은 자녀가 노동 시장에서 보다 나은 대우를 받지 못하고, 이민 정책의 결과로 늘어난 외국인과 치열하게 경쟁하는 사회를 예상하게 될 것이다. 그래, 역시 아이는 낳지 않는 편이 좋겠어! 법무부 장관으로서 한동훈이 정성껏 추진하던 두 개의 정책은 출산율을 높이는 데에 부정적 영향을 끼칠 가능성이 크다.

한동훈만이 아니라, 많은 사람들이 아직까지는 "버리고 간다."는 생각을 당연하게 받아들인다. 그렇지만 노동 희소 사회로 점점 더 깊이 들어갈수록, 많은 사람들의 생각이 바뀌게 될 것이다. 자본이 아닌 인간을, 그리고 다음 세대를 어떤 눈으로 볼 것인가, 이게 앞으로 우리에게 올 새로운 정치의 최전선에 등장할 의제가 될 순간이 올지도 모른다. 만약 오지 않는다면? 국가로서의 한국은 결국 사라지게 된다. 노동 희소 시대에 자본 희소의 패러다임을 수정하지 않는다면, 출산율의 극적인 반전은 이루어지기 어렵다.

지금까지 한국 민주주의에 대한 최고의 담론을 이끌어낸 책은 최장집의 『민주화 이후의 민주주의』였다. 마치 1987의 9차 개정헌법이 만들어놓은 1987년 시대, 즉 6공화국에 아직도 우리가 살고 있는 것처럼, 우리는 민주주의의 다양한 해석과 변주에서 살고 있다. 민주주의를 어떻게 생각하든, 저출생 문제는 민주화 이후에 우리가 부딪힌 새로운 질문들이다.

그런데 주4일제는요?

　　윤석열 정부의 정책은 자본 희소와 노동 희소라는 잣대로 보면, 확실히 자본 희소 시대를 살고 있는 정권에 해당한다. 부족한 자본 조건에서 노동 시간을 억지로라도 늘리면 정말로 회사의 생산성이 높아지고, 모든 문제가 풀릴까? 한국경제는 이미 그런 단계는 지났다. 자본은 충분하고, 노동은 부족한 것이 현실인데, 현 정부는 자본 부족 시대의 노동 정책을 답습하며 그것을 '노동 개혁'이라고 부른다. 이런 복고적 정책은 지금 시대에는 잘 안 맞는다. 윤석열 정부가 노동 개혁이라는 이름으로 집행하는 노동 정책은 일은 더 많이 하고, 월급 인상은 가급적 억제하는 것이다. 원래 주당 68시간까지는 일할 수 있던 것을 2018년 법을 바꿔서 노동시간을 단축한 것이다. 이걸 다시 이전 상황으로 되돌리고 싶겠지만, 대통령 마음대로 국회를 움직일 수 없는 현실에서, 노동 시간 연장을 위해 비현실적 편법 논리들을 동원하는 것이 윤석열 정부의 노동 개혁의 실체다.

한국에서 정치적 힘은 노동에 비해 자본 쪽이 터무니없이 강하다. 물론 이 나라에서 자본의 힘이 약했던 적은 거의 없었지만, 그래도 민주화 이후 지금과 같이 일방적으로 강한 적은 처음인 것 같다. 민주당이 집권했을 때에는 어쨌든 표면적으로는 노동자들의 지지를 받고 있었기 때문에 대놓고 공개적으로 반노조 행태를 보이지는 않았다.

이전의 보수 정당 시절에도 노동 조건에 대해서 윤석열 정부처럼 대놓고 무시하고 역행하지는 않았다. 그들은 선거를 치르기 위해서는 노동자 표도 필요하기 때문에, 노조를 중요 파트너로 다루었다. 노조가 회사 경영에 적극적으로 참여하는 독일 등 유럽 국가는 물론 미국도 노조를 반사회 세력으로 취급하지 않는다. 미국 민주당의 주요 표밭이 노조이기 때문에 공화당도 그 표를 분산시켜서 뭉치지 않게 하는 게 주요 선거전략 중 하나다. 한국도 그랬다. 한국노총을 비롯한 현장 노조들 중에는 보수 계열의 노조 흐름도 분명히 존재한다. 1999년 노사정위원회에 불참을 선언한 민주노총은 현재까지 그 방침을 유지하고 있다. 그렇지만 한국노총은 계속 참여해서 어쨌든 명분상 노조도 참가한 위원회였다. 노사정위원회는 2018년 경제사회노동위원회로 개편되었다. 한국노총은 2023년 윤석열 정부 노동 정책에 반발해 경제사회노동위원회 탈퇴를 결의한 바 있으나, 6개월 만에 복귀했다.

윤석열 정권 이전에도 한국에서 노사정 갈등은 있었지만 크게 보면 세계적 흐름에 맞춰 노동 시간과 강도를 줄이면서 동시에 생산성을 높이기 위해서 다양한 방안을 모색하고 있었다. 글쎄, 현직 검사들은 윤석열이 대통령 후보 시절 말한 것처럼 "며칠 바짝 일하고 며칠 푹 쉬는" 형태의 노동이 가능한지 모르겠다. 확실히 테러와의 전쟁 이후 최전선에 나서게 된 미국 해군의 특수부대원들은 그런 식으로 일은 한다. 그렇지만 정책 설계자나 입안자들이 그런 특별한 경우를 일반 노동에 적용해도 상관이 없다고 생각하면 안 된다. 다른 건 모르겠지만, 지금이 자본 희소와 노동 희소 사이의 교차 지점이라는 현실에서 보면 윤석열 정부의 노동 정책은 부드럽게 말하면 노스탤지어에 가깝고, 좀 더 정확하게 말하면 퇴행적이다. 이건희 시절의 삼성은 '또 하나의 가족'이라는 표현을 썼는데, 정리해고가 하나의 기업 문화가 되면서 한국 기업들은 이제 더 이상 가족과 같은 표현을 쓰지 않는다. 가족 구성원은 해고 대상이 아니다. 마찬가지로 아무리 새로 생겨난 벤처 기업이라 해도 가족 혹은 친구 관계 같은 매우 특수한 상황에서 벌어지는 일을 입법 등 노동정책을 통해서 일반화시킬 수 없다. 부모도 청소년인 자식에게 며칠 밤을 새라거나 밤잠을 줄여서 공부하라고 말할 수 없는 시대가 되었다. 기업에서는 그래도 될까?

자본과 자본주의는 같은 용어가 아니다. 자본은 자본주라는 생산 시스템의 한 요소일 뿐이다. 이윤 추구라는 자본의 속성은 변하지 않을지 몰라도 자본주의는 1929년 대공황 이후로 끊임없이 변하면서 진화해왔다. 노동 시간을 줄이는 대신 생산성을 높이는 것은 21세기 이후 자본주의가 끊임없이 변화해온 방향이다. 인권, 안전, 환경, 이런 것들이 자본주의가 넘어야 하는 허들이 되었고, 지금은 노동 시간 단축이 또 하나의 허들이 되었다. 회사가 이런 일을 좋아서 하는 것일까? 살아남으려고 하는 것이다.

"거, 퇴직하세요. 주4일제 근무 부탁드린다고 하셨는데, 제일 좋은 거는 사표 내고 나가는 거죠."

홍준표 대구시장이 MZ세대 공무원들과 토크쇼에서 한 얘기다. "거 퇴직하세요." 짧은 표현이지만, 지금 우리의 상황을 아주 잘 요약해서 드러냈다. IT 기업 일부에서 시행되는 주4일제는 점점 더 많은 기업으로 확산되는 중이다. 삼성전자에서 2023년부터 월 1회 주4일제를 도입하기로 하면서, 이 문제는 현실적인 의제가 되었다. 일본의 경우 2021년 자민당이 주4일제를 공식 당론으로 채택하면서 관련 논의를 촉발시켰다. 더 위로 올라가면 주4일제는 일본의 저출생 대책과도 연계되어 있다. 결국 일본 정부는 공무원 주4일제 도입을 위한 제도 정비를 의회에 요청했다. 일본에서는 '주3일 휴무제'로 불린다. 잘 알다시피 일본 자민당은 대표적인 보수 정당이다.

주4일제가 영국이나 일본 등 많은 OECD 국가들 사이에서 급속하게 등장한 것은 2000년대 이후 기업 간 경쟁에서 혁신과 창조 등이 핵심 변수가 됐기 때문이다. 노동시간 단축이 노동과 자본의 힘 관계 변화라는 배경 때문만은 아니라는 이야기다. 노동 시간을 늘려서 이윤을 늘리는 시대에서 기술 혁신에 따른 계단식 점프를 하는 새로운 패러다임이 시장 경쟁의 제1요소가 되었다. 이제 단순 반복 작업을 하는 노동자들을 장시간 쥐어짜는 방식을 벗어나 고급 노동자들의 적극적 협조를 이끌어내는 것이 기업 생존을 위해서 절박해진 단계가 됐다. 여기에 더해진 또 하나의 조건이 합계출산율이 2.0 이하로 내려간 많은 OECD 국가에서 발생한 청년 노동력 부족이다. 줄어든 노동 시간만큼 생산성이 높아질 수 있으면, 급여 변동이 없는 노동 시간 단축이 기업

에게 손해를 가져다주지 않는다. 물론 노동 시간을 줄이면서 동시에 생산성을 유지하거나 높일 수 있는 기가 막힌 방법이 있다면 기업은 당연히 그렇게 할 것이다. 그러나 경쟁자가 존재하는 시장에서 그런 방식은 존재하지 않는다. 예를 들어 혁신적인 사무실 장비가 등장해서 생산성을 엄청나게 높여줄 수 있다고 하자. 잠시 동안 효과는 있지만, 금방 다른 경쟁자들도 마찬가지 장비를 갖출 것이다. 효과가 있는 요소들은 금방 확산되기 때문에, 한 기업만 오랫동안 안정적으로 생산성 상승 효과를 누리기는 어렵다. 장비는 살 수 있지만, 회사 내의 고유한 창조적 루틴은 돈 주고 살 수 있는 것이 아니다. 전반적으로 노동이 희소해지는 상황은 자본에게도 적응이 필요한 새로운 조건이다.

이런 두 가지 요소가 결합되면서 주4일제에 대한 논의가 등장하게 되었다. IT 업종 등 개개인의 창의성이 중요한 업종에서 주4일제 논의가 먼저 시작되었다는 점을 생각해볼 필요가 있다. 또한 인건비를 감당할 여지가 있고 노동의 장기적 안정성이 중요한 대기업에서도 주4일제를 검토하거나 시범 도입하는 곳들이 늘어나고 있다. 물론 노동 숙련도가 별로 중요하지 않고, 단순 반복되는 노동에서는 생산성이 주요 변수가 아닐 수 있다. 이런 사업장이나 직종에서 주4일제 논의가 먼저 시작되지는 않는다.

주4일제 도입의 경제적 배경은 기업 간 경쟁 양상의 변화 때문이지만, 코로나 팬데믹이 기폭제가 된 것도 사실이다. 팬데믹 3년 동안 재택근무를 통한 거리두기 등 일하는 방식의 다양한 실험이 있었다. 옆자리에 앉아서 서로 얼굴 보고 일하는 것이 아니라, 떨어져서 일하고 성과 중심으로 평가하는 데에 좀 더 익숙해진 것도 사실이다. 3일은 출근

하고, 2일은 재택근무 하는 것과 같은 하이브리드 근무제 등도 시도됐다. 만약에 획일적인 나인 투 파이브 방식의 업무만 있었다면 노동 시간 단축이나 변형이 훨씬 더 어려웠을지도 모른다. 기업으로서는 조금이라도 나은 인재를 확보하기 위해 더 나은 조건을 제시할 수밖에 없는데, 연봉 인상 경쟁보다는 근무 형태와 시간을 조절하는 것이 좀 더 수월하다는 현실적 상황도 존재한다. 홍준표 같은 사람은 전혀 느끼지 못하겠지만, 현실은 노동 희소 사회로 이미 성큼 한발 나아가고 있는 중이다. 한국 기업이라고 다를 건 없다.

공무원은 기업과 다르다고? 토요일을 오전 근무에서 휴일로 정한 주5일제 도입 과정을 비교해보면, 지금과의 차이점이 좀 더 명확해진다. 찬반 논쟁은 그때도 격렬했다. 큰 시각으로 보면, 주5일제는 IMF 경제 위기 이후에 소품종 대량생산 체계인 콘베이어 벨트 방식의 포디즘에서 다품종 소량생산인 탈포디즘으로 이행하는 단계에 맞게 노동시간은 줄이고 생산성을 높이기 위한 방안으로 전격 도입됐다고 해석할 수 있다. 주5일제 시행하면 "수출 못해서 나라가 망한다."고 했던 사람들도 많았지만, 그 이후로 한국경제가 다시 한 번 약진하게 된 것도 사실이다. 주5일제는 2002년 일부 정부 부처에서 시범사업으로 도입된 이후 2005년 모든 공공 부문과 대기업에서 전면적으로 실시되었다. 5명 이상 사업장에도 시행된 것은 2011년의 일이다. 정부가 먼저 했고, 그 다음 대기업이 했고, 그리고 작은 회사들까지 점차적으로 실시 범위를 넓혀간 것이 한국에서 주5일제 근무가 확산된 방식이다. 정부와 공공 부문이 먼저 시작하고 민간으로 넘어갔다.

현재 윤석열 정부나 집권 여당은 노동 시간을 줄일 생각이 별로 없어 보인다. 영국은 정부 차원에서 주4일제 시범사업을 추진해서 장단점과 함께 보완 방법 등을 다양하게 분석하는 중이다. 물론 나라마다 각자 다른 사정이 있다. 자본주의를 만든 나라와 옆에서 배운 나라의 차이라고 볼 수도 있다. 자본주의는 계속해서 노동시간을 줄이는 방향으로 진화하고 있다. 그런 점에서 한국 보수는 자본주의를 바라보는 시각이 영국 보수에 비해 매우 교조적이고, 일본 보수에 비해서도 이념적이다.

기계적으로는 출생아 수가 줄어들 경우 개인의 노동 시간을 늘려서 총 노동 시간을 동일한 수준으로 유지하면 될 것 같지만, 현실은 그렇게 간단하게 움직이지 않는다. 노동 공급이 줄면, 더 우수한 노동을 확보하기 위해서 기업들은 더 좋은 조건을 제시하게 된다. 주로 IT 기업에서 시작된 이런 흐름이 얼마나 많은 분야로 퍼질지는 확실하지 않다. 모든 분야에서 재택근무가 가능하지 않은 것처럼, 모든 분야에서 1주일에 하루를 더 쉬고도 생산성 향상으로 시간 손실분을 보상할 수 있는 것은 아니다. 이건 주5일제를 시행할 때에도 마찬가지였다. 큰 자본과 작은 자본, 숙련 노동자와 비숙련 노동자 혹은 불안정 고용에 있는 모든 사람들이 다 같은 이해를 가지고 있지는 않다. 그렇지만 시간이 지나면서 결국에는 사회의 표준으로 자리를 잡게 됐다.

20년 전 주5일제와는 달리 주4일제는 정부에서 반대 입장을 보였고, 공공 부문에서는 "꿈도 꾸지 마라."는 분위기가 조성되었다. 결국은 노동 조건이 더 좋은 쪽으로 더 우수한 인재들이 몰리게 된다. 그래서 주4일제가 실시된 산업이나 업종에서는 모든 기업들이 궁극적으로는 같은 수준의 노동 조건을 내걸 수밖에 없게 된다. 기업 사이의 경쟁이 가혹한 것은 아주 작은 경영상의 차이로 회사의 운명이 결정될 수도 있기 때문이다. 특히 21세기에는 더욱 그렇다. 더 이상은 규모로만 경쟁하는 시대가 아니다. 기업들은 주4일제와 도입과 함께 직장 민주주의, '좀 더 다니기 나은 회사 만들기' 같은 방향으로 움직이기 시작했다. 물론 모든 기업이 균일하게 동일한 방향으로 움직이지는 않는다. 권위주의적이고 강압적인 기업 문화의 대표 사례가 일본의 경우라고 할 수 있는데, 과로사가 사회 문제가 되면서 일본 기업이 변화하기 시작하였다. 이런 변화에 따라오지 않고 온갖 편법을 동원하는 기업들을 일본에서는 '블랙 기업'이라고 불렀다. 모든 것이 생산성에 의해서 결정된다는 경제학자들의 일반적 생각과는 달리 노동 시간, 노동 조건 그리고 임금과 같은 노동 과정에서 발생하는 많은 일들은 제도에 영향을 받는 측면이 강하다. 기업에서는 '스탠다드(표준)' 현상이 발생하고, 표준이 한번 정해지면 그게 기준점이 된다. 노동 시간은 대표적으로 표준이 작동하는 분야다. 8시간 노동제가 20세기 초에 정착하는 데에도 많은 논란이 있었고, 기간도 오래 걸렸다. 그렇지만 일단 표준이 되면 그 안에서 새로운 경쟁이 벌어진다. 주4일제도 새로운 국제적인 표준으로 가는 과정이다. 그곳에 먼저 가고 싶은 기업이 있고, 가능하면 늦추어서 뒤늦게 가려고 하는 기업도 존재한다. 이런 기본 조건에 더 우수한 인재들을 장기적으로 확보하고 싶은 기업들이 등장하면서 그야말로 선도 기업, 먼저 그 길을 걸어가는 기업들이 나타나게 된다. 여기까지가 우리가 본 현상이다. "너 말고도 사람은 많아." 그런 얘기들이 나오는 기업은 주4일제를 가장 나중에 도입하게 될 것이다. 그렇지만 그런 기업들이 살벌한 기업 간 경쟁 속에서 그 시기까지 안정적으로 생존할 수 있을지는 불투명하다. 전통적인 군대식 조직 체계에서, 조금은 더 수평적인 방향으로 바뀌어 가는 회사들이 늘어난다. 조금이라도 더 다니고 싶은 직장을 만드는 것이 새로운 흐름인 시대가 오고 있는 중이다. 청년들의 이직률이 높아지는 현상을 힘든 일을 견디기 어려워하는 'MZ세대'의 특징으로만 보는 경향이 있지만, 실제로는 노동 시장 자체가 노동 공급자에게 점점 더 유리한 방향으로 바뀌고 있기 때문이기도 하다. 기업이 좀 더 오래 일할 노동자, 그래서 매뉴얼로 일반화시키기 어려운 지식을 말하는 '체화 지식'을 충분히 갖춘 숙련 노동자들을 더욱 많이 확보하려는 노력을 강화하는 것도 이런 맥락에서 이해할 수 있다.

지금 우리나라는 인간의 경제적 가치가 변해가는 전환점에 놓여 있다. 주4일제 근무가 비록 일부지만 도입되기 시작한 것의 의미는 명확하다. 지금의 정부는 '더 싸게, 더 많이' 일을 시키는 것이 좋다고 생각하지만, 경쟁의 최전선에 있는 기업들은 이미 그렇지 않은 쪽으로 방향을 선회하는 중이다. 굳이 홍준표만 뭐라고 하고 싶지는 않지만, "그럴 거면 그만 두라."고 강경하게 생각하는 의사 결정자들이 있는 반면에 주4일제가 가능할 수 있는 방법을 모색하면서 계산기를 두드려보는 기업의 의사 결정자들도 존재한다. 대학 졸업생이 매우 빠른 속도로 30만 명대로 내려가고, 다시 20만 명대로 내려가는 시대가 오는 중이다. 이미 오랫동안 굳어진 관습과 문화가 홍준표의 말 속에서 드러나지만, '기업가 정신'은 변화하는 현실에 조금이라도 더 잘 적응하기 위해 신속하게 변해간다. 문화는 체화되는 것이라서 시간을 두고 천천히 변하지만, 경쟁에서 뒤처지고 싶지 않은 기업은 사회 전반의 변화보다 먼저 반응할 수밖에 없다. 프로야구 업계에는 "좌완 파이어볼러^{fireballer}는 지옥에 가서라도 데려오라."는 말이 있다. 빠른 공을 던지는 왼손잡이 투수의 중요성을 강조하는 말이다. 경쟁이 한창인 분야에서 젊고 유능한 인재에 대한 기업의 태도를 짐작할 수 있게 하는 표현이기도 하다. 경쟁이 치열한 신규 분야일수록 주4일제 도입은 그 자체가 큰 문제는 아니다. 창조가 일어나지 않고, 혁신이 지체되는 것이 진짜 문제다.

외국에서도 아직은 시범사업 단계일 뿐인 주4일제 도입을 검토하는 기업들이 한국에도 등장했다는 것은 미처 인지하지 못한 사이에 우리가 노동 희소 사회로 넘어가고 있는 중이라는 사실을 말해준다. 정부가 주도해서 주5일제로 왔던 것과는 달리 주4일제는 민간 주도로 가지만, 시간이 지나면 결국에는 공무원들과 공직 사회도 사회의 표준 규범으로 받아들이게 될 것이다. 평균 수명의 연장과 노인의 빈곤화로 총 노동이 줄지는 않지만, 청년 노동의 공급은 매우 빠르게 줄어들게 되고, 경쟁의 최전선에 있거나 벤처와 같은 신규 창업의 경우에는 조금이라도 경쟁력 있는 노동을 확보하기 위해서 노동 조건을 개선하는 데 최선을 다 하지 않을 수가 없다. 한때 구글의 회사 급식이 화제가 된 적이 있었다. 구글이 완전히 자리 잡기 전의 일이다. 경쟁에서 이길 수만 있다면 호텔 수준의 급식이 문제가 되겠나? 그보다 더 한 것도 할 수 있다. 이런 흐름에 맞추지 못하는 회사는 결국은 도태되거나 망한다. 얼마든지 일하고 싶은 노동이 많으면 그럴 필요가 없을 것 같지만, 지금 노동 시장의 조건 자체가 변하고 있는 중이다. 노동 시간 단축은 임금을 올리지 않고도 채용 조건을 개선할 수 있는 가장 손쉬운 방법 중의 하나다.

회사가 노동자들, 특히 연구개발직이나 기획 업무를 하는 사무직 노동자들에게 인센티브로 제공할 수 있는 것이 반드시 연봉만은 아니다. 현장에서 주4일제보다 현실적으로 더 큰 논란인 것은 재택근무의 유지다. 물론 모든 노동이 재택근무로 전환될 수 있는 것은 아니지만, 젊은 사무직 노동자일수록 더 많은 재택근무를 원한다. 미국도 비슷하지만 출근 시간이 편도로 평균 1시간인 한국에서 재택근무의 가능성은 기업이 제시할 수 있는 아주 현실적인 인센티브다. 근무 시간으로 인정받지 못하는 노동인 출근 시간을 줄일 수 있고, 중장기적으로는 교외로 주거지를 옮겨서 주거비용을 상당히 줄일 수 있게 된다. 재택근무는 비임금 인센티브지만 개인에게 돌아가는 경제적 이익이 결코 적지 않다. 휴가와 노동을 결합시키는 다양한 방식들 역시 노동자들에게 줄 수 있는 인센티브로 다양하게 검토되고 있다. 이유는 단순하다. 많은 청년 노동자들이 그걸 원하기 때문이다. 반면에 배달 노동과 같은 플랫폼 노동 등 새로 생겨나는 산업에서는 노동의 형태와 질 등 아직 표준이 정해지지 않은 곳이 많다. 새로운 표준을 정하기 위해서는 정부의 역할이 중요한데, 현재로서는 그저 아쉬울 뿐이다.

노동 관행의 변화와 함께 한국경제 초창기에 일본 기업으로부터 전수된 군대식 조직의 강력한 수직 위계 체계에 변화가 생겨나고, 부분적으로 직장 민주주의도 도입되고 있다. 공기업 내에서도 위계가 덜한 곳에 대한 취업준비생들의 선호가 높아지고 있다. 회사들도 조금은 더 수평적인 방식으로 기업 구조를 바꾸려고 한다. 사회적으로 대대적인 캠페인이 있거나, 정부 방침의 엄청난 변화가 있었던 것도 아니다. 그렇지만 신입 직원들의 이직이 잦아지고, 어처구니없는 비효율적인 상하 관계에 반발하는 직원들이 많아지면서 회사도 더 나은 인력을 회사에

머무르게 하기 위해서는 바꾸려는 노력을 하지 않을 수가 없다. "너 말고도 일할 사람은 많아." 고급 인력 수요가 큰 대기업의 경우 회사가 이렇게 일방적으로 밀어붙이기가 점점 더 어려워지고 있다.

노동은 언제나 풍부하게 공급될 것이라고 많은 사람들이 생각하지만, 그런 시대는 이제 끝나 간다. 그렇다고 해서 우리의 규칙과 제도가 빠른 속도로 변하는 것은 아니고, 일부 기업들이 먼저 이 상황에 반응하고 있는 게 현실이다. 주4일제는 '먼저 온 미래'와 같은 것이다. 세상에서 가장 빠른 속도로 출산율이 줄고 있는 나라에서, 다른 나라보다 빠르게 주4일제 도입 움직임이 있는 것은 사실 이상한 일이 아니다. 자본 희소 사회에서 노동 희소 사회로 전환되면서 생겨나는 변화 중 하나다. 노동이 희소해지면, 과거 자본에 대한 대우가 노동 쪽으로 옮겨가게 된다.

그동안 우리나라에서 벌어진 이상한 일이 한두 가지가 아니다. 앞서 언급한 것처럼 산후조리원은 한국에만 있다. 안 그래도 감당하기 어려운 출산 비용에 한 가지가 더 붙었다. 동양인 여성은 서양인과 달라서 출산 후에 더 많은 안정 기간이 필요하다는 얘기들이 퍼져나갔고, 병원에서 해줄 수 없는 출산 서비스를 한국인은 반드시 받아야 한다는 믿음이 생겼다. 그걸 과학적으로 반박하고 싶지는 않다. 일본은 출산 후 병원 입원 기간을 늘릴 수 있게 해서 이 문제를 풀었다. 모유 수유 등 출산 후 산모가 알아야 하는 기본 교육을 병원에서 하면 된다. 한국에서 출생아 수가 급격하게 주는 동안 산후조리원이 늘어났다. 출생아 수가 더 줄어들고, 산후조리원도 경쟁이 심해지면서 가격을 내리는 대신 고급화 전략으로 더 비싸졌다. 급기야 정부에서 직접 운영하는 공공 산후조리원이 도입될 정도가 되었다. 그렇게 하는 게 당연한 복지라고 생각하지만, 안 그래도 높은 육아 비용에 산후조리원 비용까지 추가될 뿐이다. 산부인과에서 일정 정도 산후조리원 역할을 할 수 있도록 공공 시설에 더 투자하면 될 일이다. 한국은 빠르게 개도국에서 선진국이 되는 동안 결혼은 물론 출산에 거품이 가득 끼게 되었다.

어른이 되어서 출산에 대한 고민을 한 번이라도 해 본 사람이라면, 당연히 집값을 비롯한 수많은 항목의 결혼 관련 비용을 계산해 볼 것이다. 그리고 산후조리원에서 시작해서 영어유치원에 이를 때까지 들어가는 어마어마한 비용을 생각해볼 것이다. 그 비용은 일반적인 중산층 부모들에게도 엄두가 나지 않을 정도로 높다. 그리고 그 비용 중에는 외국과 비교하면 어처구니없는 것들이 많다. 산후조리원은 사소한 문제라고 할 수 있지만, 어쨌든 한국에서만 지불되는 비용이다. 이미 영업 중인 산후조리원 문을 닫으라는 조치를 내리기는 어렵기 때문이다. 산부인과에 입원하는 시간을 늘리고, 공적으로 더 많은 산후 지원 인력을 투입하는 것이 지금의 복지와 의료 체계에서 그렇게 어려운 일은 아니다. 이처럼 기술적 해법이 있는 문제도 풀지 못하는 우리 사회가 단순하고 명쾌한 해법이 없는 문제를 풀 것을 기대하기는 더 어렵다. 흔히 한국 저출생의 원인으로 지적되는 부동산 가격이나 수도권 집중 혹은 사교육 문제는 난이도가 산후조리원과 비교할 수 없을 정도로 높다. 기술적인 해법이 단일한 방향으로 나오지 않고, 정책도 매우 복합적이고 장기적이다. 기술적으로 어려울 뿐 아니라, 이해관계가 너무 복잡하게 얽혀서 짧은 시간에 해법을 찾기가 어렵다. 대학교 기숙사 시설의 확대처럼 합의가 쉬워 보이는 문제도 현실에서는 학교 주변의 하숙집

주인이나 고시원을 운용하는 사람들의 강력한 반대에 부딪히게 된다.

이런 상황에서 한국 사회가 노동 희소 사회로 전환된다는 사실이야말로, 굳이 누군가 정책적으로 노력을 하지 않아도 저출생 흐름을 완화시키는 거의 유일한 긍정적인 요소 변화라고 할 수 있다. 지금까지 사회 대부분의 흐름은 청년들과 유소년들에게 불리하게 가고 있다. 앞서 말한 것처럼 한국의 보수들은 일본의 보수와는 달리 언젠가는 이민이 전면화되어 인구 문제는 상당히 해소될 수 있을 것이라는 희망을 가지고 있는 것 같다. 당연히 해법에 대한 다급함이 없고, 근본적인 변화를 감내할 에너지도 별로 없다. 무엇보다도 이 문제가 '내 일'이라고 생각하게 만드는 구조적 기반이 없다. 이런 상황에서 희소성에 따른 청년 노동의 가치 변화가 거의 유일하게 출산율을 높이는 데 긍정적 영향을 미칠 수 있는 요소다. 그리고 출산에 영향을 미치는 다른 요소들과는 그 작동 방식이 다르다.

아파트 가격 등 주거비용 문제는 물론이고 하다못해 동거를 보다 편안하고 긍정적으로 만드는 일 등 대부분의 변화는 정부 정책과 예산 그리고 사회적 노력이 필요한 일이다. 즉, 누군가가 변화를 위해 애를 쓰고 필요하면 돈을 들여야 이루어지는 일이다. 정책적 결단이든 사회적 합의든, 사회적 에너지가 필요하다. 하지만 이런 요소들과는 달리 노동 희소 사회는 노력해서 오는 게 아니라, 자본과 노동의 상대 비율의 변화에 따라 자연스럽게 생겨나는 일이다. 2000년대 이후로 지속적으로 낮아진 출생율 감소와 이 모든 것을 상쇄할 수 없는 외국인 이민의 한계 때문에 생겨나는 자연스러운 변화다. 누군가 노력해서 노동 희소 사회가 오는 것이 아니라 역설적으로 누구도 효과적인 노력을 하지 못했기 때문에 생겨난 변화다. 누군가 정말로 노력했다면 급격한 저출생 추이는 이미 완화되었을 것이다. 수요와 공급에 대한 얘기를 너무 강조하고 싶지 않지만, 이런 변화는 노동 공급의 변화에 의해서 생겨나는 장기적이고 필연적인 구조 변화다. 장기간 계속해서 줄어들기만 한 출생아 수 변화가 만들어내는 흐름이다. 현실에서는 인구 구조의 변화와 함께 AI 도입 등에 따른 일자리 대체 그리고 노령 노동자들의 노동 시장 재진입 등이 동시에 벌어지게 된다.

청년들의 경제적 가치가 높아지면 출산율이 높아질까? 출산에 영향을 미치는 경제적 변수는 크게 보면, 출산 비용이나 육아 조건과 관련된 것들이 한 세트이고, 출생아들의 미래 가치가 또 한 세트다. 자식들의 미래 가치가 높아지면, 아이를 낳을 경제적 동인이 부분적으로는 높아지게 된다. 실업자가 되거나 허드렛일이나 하게 될 자식을 높은 비용을 감수하면서 낳고 싶은 부모는 별로 없을 것이다. 만약 자신의 자식이 웬만한 직업을 가질 것이 의심되지 않거나 미래에 대한 경제적 불확실성이 줄어든다면, 예비 부모들도 출산에 대해서 적극적으로 생각해보게 될 것이다. 물론 돈이 모든 것을 결정하지는 않는다. 선진국이 될수록 비경제적 요소들 특히 문화적 요소들이 행위에 많이 개입한다. 불행히도 한국 경제에서 개인들이 느끼는 가장 큰 위험은 불안감이라고 할 수 있다. 자신의 경제적 미래가 그렇게 밝아 보이지 않는다. 우리는 이 불안이 일종의 문화가 되어버렸다. 높으면 높은 대로 불안하고, 낮으면 낮은 대로 불안하다. '안빈낙도', 그런 얘기하면 제 정신 차리라고 난리날 것이다. 이미 문화, 아니 문명처럼 굳어진 한국 경제의 불안감을 완화시키는 방법은 청년들에게 더 많은 투자를 하고, 더 많은 기회를 주는 방법이 그래도 남아 있는 가장 유효할 방법일 것이다. 이미 콘크리트처럼 구조화된 불안감, 사실 이게 우리가 부딪히는 많은 문제의 출발점이다.

우리가 출산율의 극적인 반전을 기대할 수 있는 거의 유일한 요소는 노동이 귀해지면서 생겨나는 경제사회적 변화다. 지금은 일부 산업에서 뭔가 이상하다고 느끼기 시작하는 정도다. 그렇지만 연간 출생아 수가 15만 명에서 20만 명 정도가 되면 심각한 변화가 체감되기 시작할 것이다. 출산 조건을 개선하기 위한 정책적 변화가 생겨나기는 하겠지만, 그 변화가 근본적이거나 구조적일 가능성은 높지 않다. 여전히 많은 엘리트들은 익숙한 방식을 바꾸기보다는 이민 판타지를 가지고 외국인 노동자를 정착시키는 방식에 더 많은 힘을 들일 것이다. 현재로서는 노동 희소 현상 자체가 인구 구조의 전환을 가능케하는 거의 유일한 조건이다. 부모들이 적극적으로 출산을 고려하기에는 우리 사회 전반이 아직은 노동을 너무 아무렇게나 취급한다. 산재 사망과 사고는 여전히 너무 많다. 사람을 귀하게 보는 새로운 흐름은 주4일제처럼 단초로만 존재하지, 대체적으로 우리 사회는 아직도 사람을 부품이나 소모품처럼 취급한다. 언제든 교환 가능한, 값싼 부품 취급받을 게 뻔한 자식을 출산하고 싶은 부모는 별로 없을 것이다.

만약 한국에서 노동이 희소해지면서 생겨나는 자연스러운 변화가 없다면 어떻게 될 것인가? 한국은 많은 사람들이 이미 예상하는 것처럼 결국 소멸의 길을 뚜벅뚜벅 걸어가게 될 것이다. 물론 그냥 망하지는 않는다. 일시적인 경제 위기와 구조적인 고령화, 저출생이 1990년대 이후 일본의 '잃어버린 30년'을 만들어낸 것처럼, 한국도 더더욱 토건으로 가게 될 확률이 높다. 빈곤의 악순환 같은 것이다. 사람에게 투자하는 것은 효과가 금방 드러나지 않고, 버리는 돈처럼 생각하는 사람들도 많다. 경제가 어려워지고, 당장 눈앞에 보이는 토건에 돈을 쓰면서, 일본의 경제 위기는 일시적인 것에서 장기 구조적인 것으로 됐다. 그 결과 지방 경제가 어려워지고, 많은 사람들이 어려운 지역을 떠나가게 되었다. 마치 한국의 경제 발전이 압축적이었던 것처럼, 일본이 30년간 경험한 것을 우리는 더욱 더 압축적으로 경험하고 있는 것 같다. 1990년대 이후 일본의 각 지역이 죽어라고 공항을 만들었던 것처럼, 우리도 공항만이 살길이라고 매달리는 중이다. 그렇게 우리는 일본이 갔던 과거의 위기를 판박이처럼 따라갈 가능성이 많다. 사람의 가치를 높이고, 다음 세대에게 투자하는 대신 남은 자원을 탈탈 털어서 공항과 같은 토건형 인프라를 계속해서 늘려나가는 건 일본이 이미 걸어갔던 길이다. 우리라고 다를까?

우리는 이런 비극적인 결과가 생겨나기 전에 한 번은 브레이크를 잡고, 방향을 틀 수 있는 기회를 가질 수 있을 것이다. 그게 노동 희소 사회가 가진 역설적인 힘이다. 우리 시대의 많은 사람들은 5천만 국가의 이미지가 강하겠지만, 우리가 가는 새로운 길은 '잠재적 천만국가'다. 자본에 비해서 노동이 상대적으로 희소해져가는 지금의 상황이 OECD의 많은 저출생 국가들과 비교도 안 되게 낮은 한국의 합계출산율에 유의미한 변화를 가지고 올 수 있는 거의 유일한 요소다. 잠재적으로 천만 인구의 국가는 지금 시작된 인구 구조의 흐름이 결국에는 부딪히게 될 모습이다. 어떻게 보면, 천만 수준에서라도 안정화될 수 있는 것이 우리가 가지고 있는 최후의 방어선일지도 모른다.

지금 우리는 두 갈래 길의 분기점에 서 있다. 하나는 바로 우리가 이미 걸어가고 있는 '상속자들의 공화국'이다. 뭐라도 가진 게 있는 사람들만 결혼을 하고, 그들 중 상속할 것이 있는 사람들만 출산을 하는 나라, 지금 우리가 착실하게 가고 있는 현실의 길이다. 흙수저와 금수저라는 표현이 한 때 유행했었다. 뭔가 물려받을 게 있는 상속자들 중심으로 공화국이 재편되는 것은 정서적으로도 슬픈 일이지만, 자본주의 구조의 재생산 차원에서도 매우 불안정하다. 상속자들의 공화국에서는 출생아 수가 줄어들어도 교육 단계에서의 경쟁 비용은 더 높아지게 된다. 상속자들을 위해서는 아무래도 더 많은 돈을 쓸 수가 있다. 우리는 점점 더 이 길로 가게 될 것이고, 도착지는 견고한 요새 같은 상속자들의 공화국이다. 현재 우리가 만들어내는 문명이다. 자산의 상속 여부가 개인의 운명을 크게 가르게 된다는 의미의 '상속 자본주의'는 일종의 은유적 표현이었다. 그게 실제로 출산에도 직접 영향을 미치는 경우는 지금까지 등장한 적이 없었다. 외국에서는 소득과 자산의 규모와 출산율의 상관관계가 통계적으로 유효할 정도로 높지는 않다.

이와는 다른 길이 있다. 최소한 출산을 결정하는 데 상속 여부가 크게 영향을 미치지 않는 사회로 가는 길이다. 2차 세계대전 이후 등장한 복지 국가의 이념이 원래 이런 거였다. '요람에서 무덤까지', 진부한 표현이라고 생각하겠지만, 유럽식 복지 국가의 메시지는 일단 아이만 낳으면, 국가가 시민으로서 그를 돌보고 나중에 무덤에 누울 때까지 전적으로 책임지겠다는 얘기다. 물론 그런 복지 국가에서도 출산율의 위기가 오기는 했다. 그렇지만 우리의 출산율은 그런 나라들의 절반 이하 수준이이라서, 동일하게 놓고 비교할 성질의 문제가 아니다. 과잉 복지의 부작용을 이야기하는 유럽과 취약한 복지와 과잉 경쟁이라는 이중의 위기를 겪고 있는 우리는 다르다. 그래도 이 상황을 넘어서기 위해서 노력하는 수밖에 없지 않겠는가? 노동 희소 사회는 우리가 지금 기대할 수 있는 가장 강력한 변화의 에너지다.

만약 우리 시대에 아무런 변화가 생기지 않는다면? 교과서처럼 들어온 얘기는 언젠가 이렇게 바뀌게 될 것이다. "국토는 좁고 인구는 많고…"라고 말하던 시대에서 "인구는 적고, 국토는 상대적으로 넓은…"이라고 말하는 시대로. 미래 교과서의 한 구석에 우리 시대의 특징을 이렇게 기술할지도 모른다. "그 시대에는 뭔가 상속할 것이 있는 사람들만 결혼을 했고, 새로 태어나는 영유아는 아주 예외적인 일부를 제외하면 모두 상속자였다." 사실 민주주의가 처음 출발한 그리스에서 시민들은 모두 상속자들이기는 했다. 노예들은 시민이 아니었고, 투표권이 없었다. 그리고 노예는 외부에서 들어왔다. 자본주의가 풍요의 시대에 도달하고, 민주주의가 만개하더라도 상속자들만 태어나는 경제는 지속 가능하지 않다.

4장

상속자들의 공화국
vs 알바들의 공화국

경쟁압과
'상속자 패러독스'

공개적으로 말을 하든 안 하든, 많은 사람들은 결국 한국에서는 중산층 이상만 아이를 낳을 수 있을 것이라고 생각하는 것 같다. 물론 재산 등 모든 사람의 개인 정보를 출산 자료와 연동해서 분석할 수 없기 때문에 진짜로 그런 건지 직접 확인하긴 어렵다. 그렇지만 막 사회에 나온 청년들이 한국의 집값을 보면, 자신의 힘만으로 결혼을 결정하기는 어려울 것이다. 그리고 사교육비와 사교육 참여 비율을 보면 출산 계획이 엄두도 안 날 것이다. 여기에 요즘은 '정상 가족'이라고 부르는, 20세기에는 핵가족이라고 불렀던, 엄마와 아빠 그리고 자녀로 구성된 가족은 세계적으로 해체 국면을 맞고 있다. 남녀가 만나 결혼해서, 가정을 꾸리고, 아이를 낳는 게 당연하고 '정상'인 그런 세상은 이미 사라져가고 있다.

법적으로 혼인 상태가 아닌 부모 사이에 출생하는 아이들 비율을 뜻하는 혼외 출산율이 2020년 기준으로 프랑스는 62.2%, 스웨덴

55.2%, 네덜란드 53.5% 등 이미 50%를 넘은 나라도 있고, 영국은 49%이다. 미국은 40.5%로 조금 낮고, OECD 평균은 41.9%다. 반면 한국은 2.5%로, 일본 2.4%, 튀르키예 2.8%와 함께 가장 낮은 집단을 형성하고 있다. 이 세 나라를 제외하고 혼외 출산율이 10% 미만을 유지하는 나라는 8.1%의 그리스 정도다.

〈표 10〉 주요 국가 혼외출산율 비교

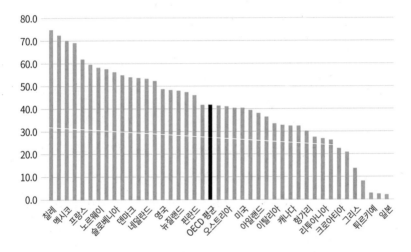

자료 : OECD 가족 데이터, 2020년

    신생아의 절반 이상이 혼외 출산으로 태어나는 사회와 2.6%에 불과한 사회는 확실히 질적으로 다른 사회다. 옳고 그른 것을 따지자는 건 아니고, 출산율과 가족 형태를 바라보는 사회적 시선의 차이에 대한 얘기다. 일반적인 OECD 국가는 출산율이 내려가는 시점에 혼외 출산율이 같이 높아진다. 한국과 일본에서는 이러한 변화가 발생하지 않았다.

물론 유럽도 처음부터 그랬던 것은 아니다. 유럽 대부분 국가들도 전통적으로 매우 완고한 사회였지만, 68혁명 이후로 동거가 사회 전면으로 나오게 되었다. 그 이전에는 지금의 우리와 마찬가지로 동거가 자연스러운 상황은 아니었다. 2년마다 갱신하기로 한 장 폴 사르트르와 시몬느 드 보브와르의 계약 결혼은 세계적 스캔들이 될 정도였다. 1929년의 일이다. 계약 결혼은 결혼과 동거 사이 그 어디엔가 있는 연인 사이의 계약이다. 실제로 두 사람은 결혼 이후에 여러 연애를 했지만, 결혼에 대한 계약은 죽음의 순간까지 지켜졌고, 계약 사항은 유효했다. 동거를 자연스러운 삶의 형태로 보는 눈과 일시적인 일탈에 불과한 것이라고 보는 눈이 팽팽하게 마주 보았다. 68혁명 이후 프랑스에서는 법적으로 동거를 보호하는 제도적 변화가 지속적으로 생겨났지만, 동거를 보는 눈이 사회적으로 그렇게 곱지는 않았다. 사람들의 인식에 결정적인 변화를 촉발한 계기는 2007년 프랑스 대선이었다. 사르코지와 결선 투표까지 갔던 사회당 후보는 세골렌 루아얄이었다. 그해 대선에서 사르코지가 루아얄을 이겼다. 루아얄과 오랜 기간 동거로 네 명의 자녀들을 낳았던 프랑수아 올랑드는 2012년 프랑스 대통령이 되었다. 당시 루아얄과 올랑드는 공식적으로 헤어진 상태였다. 결혼 대신 동거 형식으로 살았던 두 사람이 각각 대선 후보와 대통령이 되었는데, '사실혼'이라는 불편한 단어를 쓰면서까지 결혼과 동거의 차이를 거론하는 건 사실상 무의미하게 되었다.

동거와 결혼의 차이는 기본적으로 사회적 비용, 흔히 제도경제학에서 강조하는 거래비용의 차이라고 할 수 있다. 결혼하는 과정에서 들어가는 비용, 결혼을 해소하기 위해서 치르게 되는 비용들이 동거의 경우 거의 들지 않는다. 우리나라 법원도 혼인신고를 하지 않은 동거 관계지만, 명절에 양가 부모를 찾아가는 등의 행위가 있었다면, 사실혼으로 인정해주고 동거가 해소될 경우 재산 분할을 인정하고 있다. 어쨌든 같이 생활하고 출산하는 일련의 사회 행위에 따른 거래 비용이 동거 쪽에 대한 경제적 선호를 만든다고 할 수 있다. 출산율 저하로 사회적 위기를 맞으면, 당연히 출산과 관련된 거래 비용을 낮추는 쪽으로 제도가 변화하게 되는데, 한국과 일본의 경우는 그런 조정 과정이 거의 일어나지 않았다. 여기에는 문화적 요소가 강력하게 작동한다고 할 수 있다. 한국이나 일본이나, 전통적인 의미의 결혼에 대해서는 여전히 매우 완고하고 보수적인 사회다. 그렇지만 동일한 사회적 조건이라면, 동거가 거래 비용이 덜 든다. 넉넉하지 않은 청년들에게는 총비용 측면에서 유리하다. 멋진 결혼식은 개인에게는 소중한 꿈일 수 있지만, 사회적으로는 악몽인 경우도 적지 않다. 현실에서 결혼 대신 동거를 선택하는 큰 동기 중의 하나는 부모에게서 허락 혹은 양해를 받지 못하는 경우일 것이다. 다 큰 성년들에게 그게 무슨 문제가 돼? 본인들만 마음이 맞으면 되지! 동거는 법적으로 아무 문제가 없는 자유인들의 계약이지만, 계약 외부 변수로 유산이 관련되어 있다면 얘기가 조금 다르다. 성인이 된 자녀와 부모와의 원만한 관계가 매우 중요해진다. 부모의 동의가 필요하지 않은 동거는? 최근 한국에서 동거가 증가했다는 증거는 별로 없지만, 어쨌든 20~30대 청년들의 동거에 대한 긍정적 의견은 지난 몇 년 동안 급증해서 40%를 넘었다(통계청 〈한국의 사회동향〉 2023). 자료로 보여주기는 어렵지만, 청년 특히 중산층의 동거가 늘지 않는 데에는 중산층 청년의 독립 가능성과 유산 등 부모의 경제적 지원이 상당한 연관관계가 있을 것이라고 추측을 해볼 수는 있다. 부모의 경제적 지원 및 물리적 지원이 결혼과 출산에 지나치게 많은 영향을 미치고 있다면, 경제적으로는 선진국 단계에 들어갔음에도 불구하고 기이할 정도로 동거 비율이 늘어나지 않는 지금의 상황을 설명할 수는 있다. 2003년 영화 〈오! 브라더스〉에서 이정재가 "제 마음대로 살겠습니다."라고 말했을 때, 극장 안에 폭소가 터져 나왔다. 지금 그런 대사가 나왔다면, 아마 탄식이 흘러나올 것 같다. 부모의 경제적 지원이 있느냐 없느냐, 지금 한국 청년의 삶과 처지를 이보다 잘 보여주는 설명 변수가 있겠는가? 이 모든 것을 단순히 유교적 전통만으로 해석하는 것은 너무 쉬운 설명이다.

부와 출산율의 상관관계에 대해서는 여러 가지 연구들이 있다. 그렇지만 소득 통계와 인구 통계가 동시에 드러나는 경우가 거의 없고, 자료가 매우 제한적이어서 연구 역시 제한적일 수밖에 없다. 보통은 결혼한 부부들의 소득 혹은 재산 자료를 가지고 비교 분석을 하는데, 소득과 출산율의 상관관계가 있다는 결과가 잘 나오지 않는다. 특히 여성의 경우는 선진국일수록 솔로 비중이 높아진다. 그에 비하여 부동산 등 자산과 출산율을 비교한 연구는 대체적으로 일정한 상관관계가 나온다. 특히 아파트를 가진 경우와 월세를 사는 경우에는 출산율 차이가 꽤 크게 나타난다. 전세라는 우리나라만의 독특한 제도 때문인지, 아파트 소유자와 전세 사는 사람들 사이에서는 출산율 차이가 통계적으로 잘 드러나지 않는다. 소득 대비 출산율 차이에 관한 연구에서는 일관된 흐름을 찾아내기 어렵다. 여성의 경우는 소득이 높아질수록 오히려 출산율이 내려가는 연구들이 많다. 다양한 사회경제적 요소들이 동시에 개입하기 때문에 소득만을 가지고 출산율을 설명하기에는 좀 무리가 있다.

분석의 범위를 좀 바꾸면 다른 결과가 나올 수도 있다. 이미 결혼한 부부에 대해서는 소득 변수를 출산과 연결시키기 어렵지만, 아직 결혼하지 않은 전체 청년을 대상으로 하면 소득과 출산율 사이에 상당한 상관관계가 있을 것으로 추정할 수 있다. 결혼에 경제적 진입 장벽이 존재한다고 해서 비혼 출산율이 높은 것도 아니다. 결혼한 부부의 출산율은 세 번째 아이 출산율 정도가 내려갔지, 첫째와 둘째 아이의 출산율은 큰 변화가 없다. 핵심 변수는 이미 결혼한 부부의 출산율이 아니라 결혼하지 않은 사람들이 결혼에 대한 판단과 결정이라고 할 수 있다. 유럽에서는 동거가 중요한 정책 옵션이었는데, 우리는 그런 것도 잘 작동하지 않는다. 방법이 없다. 결혼 비용 등 거래 비용을 낮추거나, 동거에 대한 사회적 진입 장벽을 낮추는 게 효과적이기는 하지만, 문명적으로 한국 사회는 저출생 국면에서도 두 가지 모두 별로 변화하지 않았다. 결혼식 비용이 평균적으로 줄어들었거나, 동거 비율이 늘어났다는 흔적은 지난 20년 간 찾기 어렵다. 오히려 그 기간 동안 비정규직을 넘어 플랫폼 노동이 크게 증가하면서, 청년들이 열악한 노동에 노출되는 경우가 더 늘어났을 뿐이다.

주어진 사회적 조건들에 더해, 문재인 정부 이후로 특히 급격히 오른 주거비용과 사람들의 예상을 깨고 비정상적으로 급등한 영유아 사교육비라는 두 가지 조건을 추가로 포함시키면, 결혼 비용은 물론 육아비용도 열악한 비정규직 노동자 혹은 '알바'가 감당할 수 있는 수준이 이미 아니다. 이 비용을 감당할 자신이 있는 청년들이 얼마나 될까? 개인들이 계산하는 자신의 '평생 소득'과 현실의 결혼 및 육아 비용 간 차이가 너무 크다.

부모의 부가 자녀의 대학 진학에 영향을 미치는 것처럼 이제는 자녀들의 결혼과 출산에도 영향을 미친다. 이런 현상이 좋은 일은 아니다. 설령 우리 사회가 문화적으로 혹은 문명적으로 당연한 걸로 받아들이게 된다 해도, 경제적으로 좋은 것은 아니다. 한국은 점점 더 결혼과 출산에 대한 진입 장벽이 높아지는 사회로 가고 있다. 정부가 국공립 어린이집을 확충하는 속도보다 동네 소아과 등 육아 인프라가 붕괴되는 속도가 더 빠르다. 그리고 출산율이 내려가면서 출산 인프라, 특히 지방의 출산 인프라가 급격히 열악하게 될 것이다. 이건 빈곤의 악순환 구조이면서, 포지티브 피드백이 걸리는 전형적인 구조다. 어려울수록 더 어렵게 된다. 학업 성취도가 떨어지는 어린이에게 공부 못한다고 구박을 줄수록 점점 더 학업 성취도가 떨어지는 것과 같다. 동네 소아과가 붕괴하면 감기 걸릴 때마다 부모가 지불해야 하는 비용이 같이 높아진다. 어린이집이나 각종 육아센터 같은 곳에서 자녀를 병원까지 데려다 주지는 못한다.

의도했든 의도하지 않았든, 이미 높아졌고 앞으로도 계속 높아질 이런 비용들은 점점 더 결혼과 출산의 진입 장벽으로 작동하게 된다. 출산에 재산 효과가 작용하게 되면, 그 사회는 복지 국가와는 정반대의 방향으로 가게 된다. 남자든 여자든, 보유 자산의 규모와 상관없이 출산의 기회가 주어지는 것이 맞는 사회 모델이다. 인류는 문명을 만들어 낸 이후 대체적으로 이렇게 지내왔다. 왕이나 귀족만 출산을 하는 건 아니었고, 중인이나 혹은 더 아래의 노비들도 그 상황에 맞는 출산이 가능한 사회를 만들고 유지해왔다. 지금 거의 마지막 클라이맥스를 향해서 달려가는 한국 문명은 결혼과 출산에서 거의 인류사 유례가 없는 새로운 길로 접어들었다. 불행히도 그 새로운 길은 전례가 없어서 새롭기는 하지만, 다른 사람들도 가고 싶어 하는 길은 아니다. 우리의 합계 출산율을 본 외국 사람들은 "와, 한국 완전히 망했네요."라고 말한다. 과장일까? 그렇지는 않다. 우리 앞에 놓인 경제의 미래는 지금 상태로는 번영과는 반대 방향이다. 그리고 그 길은 점점 더 안 좋은 쪽을 향하고 있다. 인권이라는 눈으로 본다면, 결혼을 하지 않는 것도 개인의 선택의 범위이고, '출산거부권'도 존중돼야 하는 인권이다. 출산거부권이 개인의 권리라면, 아이를 낳아 안정적으로 키우고 싶은 것도 개인에게 보장되어야 할 권리라고 할 수 있다. 하지만 한국에서 가난한 청년들의 출산권은 현실적으로 존재하지 않는다.

인구 증가가 멈추면 내수 시장 역시 성장 전망이 불투명해지고, 많은 개별 시장들이 현상 유지를 하는 것도 어려워진다. 동시에 장기적으로 안정성이 보장되는 직업도 줄어든다. 고성장 시기에는 무엇을 선택해도 일정 수준 이상을 기대할 수 있지만, 인구 감소로 인하여 내수 자체가 축소되는 저성장 혹은 마이너스 성장 시기에는 어떤 직종을 선택해도 평생 일할 수 있다는 보장이 없다.

한국의 경우 청년들에게 더더욱 가혹한 것이 AI 충격과 인구 충격이 동시에 발생한다는 점이다. 산업혁명 시기 등 신기술이 도입될 때, 장기적으로는 줄어든 일자리보다 더 많은 일자리가 생겨났다. 그렇지만 단기적으로는 효율 향상으로 일자리는 줄어든다. 1980년대 중후반부터 유럽 등 선진국에 셀프 주유소가 보급되면서 주유소에서 일하는 사람들의 일자리가 사라졌다. 큰 충격이 있을 것 같았지만, 시간이 지나면서 그런 문제는 자연스럽게 해소되었다. 이러한 장기 전망과 달리, 단기적으로는 충격이 생겨난다. 일본식 종신 고용이 약해지는 변화도 동시에 발생하는 중이다. 한국경제가 번영의 시간을 지냈던 1980~90년대에 비하면 전체적으로 고용 안정성은 낮아졌다. 당연히 직업 선택은 더 신중해질 수밖에 없고, 종신 고용이 보장되는 일자리에 대한 경쟁은 한동안 격해질 것이다. 우리는 AI 등 신기술 도입에 따른 단기 충격과 미래 노동의 감소라는 두 가지 힘이 교차하는 시점을 지나는 중이다. 우리는 이 지점에서 '상속자 패러독스'라는 아주 독특한 현상을 만나게 된다.

출생이 급격하게 줄어들게 되면, 궁극적으로는 경쟁을 향한 압력이 줄어들게 된다. 급격하게 체중이 감소하면 평소에 입던 옷이 헐렁해지는 것과 같다. 그렇지만 출산에 재산 효과가 강하게 개입하면 그 반대의 현상이 벌어질 수 있다. 특히 절대 평가가 아니라 상대 평가가 일반적인 시스템이라면, 출생이 줄어들어도 경쟁압은 오히려 높아질 수 있다. 그걸 '상속자 패러독스'라고 부를 수 있을 것이다. 매우 특수한 경우, 경쟁자의 규모가 줄어들어도 경쟁압은 오히려 높아질 수 있다. 상속자들의 공화국이 되면 이런 현상이 전반적으로 벌어지게 된다. 강한 아이만 키웠던 스파르타가 이런 모델이었을 것이다.

저출생이 유지되면 대학에 입학하는 것도, 공무원과 공직에 취업하는 것도 점점 더 쉬워질 것이다. 또한 '유능한 청년'을 선호하는 대기업의 특성상, 국내에 본부를 유지하는 글로벌 기업 역시 청년들에게 보다 유리한 방식으로 고용 규모가 유지될 가능성이 높다. 그렇지만 상속자들끼리 하는 상대 평가의 경쟁에서는 오히려 경쟁압이 높아지게 된다. 정식 교육기관이 아닌데도 '유치원'이라는 이름을 차용하는 영어 유치원이 난립하고, 사립 초등학교 경쟁률이 점점 더 높아졌다. 그리고 영유아 사교육비가 급증해서 중학교 사교육비를 넘어서는 상황이 되었다. 참고로 고등학교 사교육비는 정체 상태다. 학생 수는 줄어들고 있고, 사회 전체적으로 저성장 기조가 자리를 잡아서 국민들의 평균적인 소득에도 여유가 별로 없다. 하지만 치열한 고등학교 시기 경쟁이 점점 밑으로 내려가면서, 영유아 사교육비가 눈에 띄게 급증하고 있다. 초등학교 영재들을 대상으로 하는 영재교육 프로그램에 들어가려면 1~2년 앞서 시험 준비를 해야 한다. 초등학교 3학년에 시작하지 않으면 이미 늦다. 5학년이 되면 아주 유명한 수학 학원들에 다녀야 하는데, 여기에 들어가는 것부터가 쉽지 않다. 귀족학교로부터 유래된 프랑스의 그랑제콜에 들어가는 것도 아닌데, 학원 입학 테스트를 통과하기 위해서 별도의 준비학원을 늦어도 초등학교 4학년부터는 다녀야 한다. 그리고 그 학원 준비를 위한 학원이라도 들어가기 위해서는 초등학교 3학년부터는 시작해야 한다. 이 모든 것들 중에서도 극한에 도달해 있는 의대 입학을 위한 초등학교 프로그램에서는 졸업하기 전에 이미 미적분을 마스터하게 된다. 아테네 시절 강국이었던 스파르타 장교 교육도 이 정도는 아니었을 것이다. 한국에서 의사가 되기 위해서는 전 세계 어느 문명도 하지 않았던 '초등학교 미적분 마스터'라는 기적을 통과해야 한다. 그게 지금 한국의 표준 절차다. 경쟁이 이 정도면 거의 글로벌 수준에서 극한이라고 할 수 있다. 프랑스에서 의사가 되기 위해서는 바칼로레아 C, 흔히 '바크 세'라고 부르는 시험을 거치게 된다. 바크 A나 바크

B보다는 어렵고, 경쟁도 세다고 하지만, 준비 과정이 이 정도로 극한은 아니다.

물론 지금 초등학생들이 치르는 이 경쟁은 그들이 성인이 되었을 때까지 그대로 유지되는 것은 아니다. 그때가 되면 노동 시장에서 청년 노동에 대한 선호가 높아져 있을 가능성이 높기 때문이다. 그리고 경쟁의 양상도 변할 것이다. 인공 지능이 일반화되어 있을 20년 이후에도 여전히 국영수 위주의 경쟁이 그대로 있을 것이라는 보장은 전혀 없다. 게다가 노동 시간이나 노동을 둘러싼 사회적 관계 역시 겨우 덩치로만 선진국이 된 지금과는 많이 변했을 것이다. 하지만 그건 다음 일이다. 지금은 강요된 경쟁이 최대치에 도달한 상황이다. 이런 경쟁에 자원을 동원할 여력이 있는 상속자들만이 들어올 수 있는 상속자 패러독스의 사회, 이 길은 한국 자본주의가 가서는 안 될 길이다. 그렇지만 한국 사회 시스템은 점점 더 이 방향으로 전환되고 있는 중이다.

꼭 대단한 상속자가 아니더라도, 지금 태어나는 영유아들은 부모가 출산의 진입 장벽을 경제적 힘 혹은 강력한 '멘탈 파워(!)'로 넘어선 결과다. 나중에 만나게 될 여러 가지 난관과 다른 사람의 시선에 신경 쓰지 않을 자신이 있든지, 어쨌든 그 이상의 강인한 정신력을 가진 부모다. 여기에 양가 할머니, 할아버지까지, 그야말로 '4개의 수저'가 총동원되는 육아와 사교육 총력전이 벌어지게 된다. 오죽하면 결국 자녀의 미래를 결정짓는 것은 아버지의 재력이 아니라 친할아버지의 재력이라는 말이 유행하겠는가? 워낙 상식선을 가볍게 뛰어넘는 무지막지한 돈이 사교육에 들어가게 되니까, 아버지가 당대에 번 돈으로는 감당하기 어렵다는 의미 아니겠는가? 그 정도까지는 아니더라도, 많은 중산층 역시 자신들의 노후 자금을 털어서라도 이 레이스에 들어오게 된다. 공지영의 소설 제목으로 유명해진 오래된 불교 경전 구절 "무소의 뿔처럼 혼자서 가라."는 표현이 있다. 지금 우리는 대단한 부자든, 그보다 조금 덜한 부자든, 혹은 그렇게 내세울 재산이 없는 평범한 중산층이든 모두 "무소의 뿔처럼 학원에 가라." 그런 상황을 만들고 있다. 고3을 비롯한 고등학생들에게 유행했던 이 사교육 열풍이 지금은 영유아 단계로 내려간 지 오래다. 이제는 고등학교 3년이 아니라 유치원 때부터 시작해서 13~14년 동안 이 게임 안에 들어오게 설계되어 있다. 어린이집과 유치원은 통합 교육 과정이라 같은 내용을 배우지만, 어린이집을 나와 유치원에 들어갈 때부터 경쟁은 시작된다. 그리고 선행 학습의 세계에 들어가게 된다. 아무리 똑똑한 어린이라도 몇 년 치 선행 학습을 받은 친구 앞에서는 속수무책이다. 교과서에 충실하고 예습, 복습 철저히 하는 고전적인 방식을 성실하게 따른다 해도, 학교 수업 진도를 몇 단계 뛰어넘은 선행 학습 앞에서는 "엄마, 저 혼자 할 수 있어요." 이런 말이 나올 수 없다. 물론 법적으로 꼭 해야 하는 것이 아니라서 안 하면 그만이다. 오히려 법은 선행 학습을 금지하고 있다.

그렇지만 정말로 확고한 교육 철학과 강인한 정신력으로, 그것도 엄마와 아빠가 함께 그렇게 무장되어 있어야 선행 학습 전쟁에 '참전'하지 않을 수 있다. 정부가 주는 각종 출산, 육아 지원 명목의 돈들은, 이런 현실 앞에서는 대체로 소소한 푼돈일 뿐이다. 2023년 기준으로 조기 유학을 가는 초중고생은 5,551명이다. 물론 적은 숫자는 아니지만, 많이 줄어든 숫자다. 조기 유학을 한창 많이 가던 2009년의 2만 7,349명보다는 많이 줄어들었다. 초등학교만 보면 2009년에 1만2,531

명이었는데, 2023년에는 3,124명으로 줄어들었다. 정원이 500명 정도의 초등학교를 기준으로 생각해보면 6개 학교 학생 수만큼의 초등학생들이 조기 유학을 가고 있다. 중학교는 1,714명으로 절반 정도로 줄어들고, 고등학교는 713명이다. 그나마 이 수치가 줄고 있다는 게 유일한 위안일 정도다.

상속자 패러독스가 사회적으로 곤란한 것은, 경쟁자들의 숫자가 줄어들어도, 경쟁압이 질적으로나 양적으로나 약해지지 않고 오히려 더 격해진다는 점이다. 적당히 할 거면 아예 판에 들어오지 말라, 이런 살벌한 전쟁이 벌어진다. 물론 원칙대로 따지면, 이런 강도 높은 학습과 적절하게 보장되지 못하는 휴식은 아동 인권 침해다. 하지만 전두환 시절에 했던 것 같은 과외 금지나 대만이 영유아 영어 과외를 전격 금지한 것 같은 조치는 한국에서는 당분간 기대하기 어렵다. 중국도 출산율 저하의 요인 가운데 하나로 여겨지는 과도한 과외에 대한 전면적 금지 조치를 취했다. 아동 인권 보호를 위한 강력한 조치 역시 당사자가 스스로 사회적 의사결정에 참여하기에 너무 어리기 때문에 제한적으로만 작동한다. 나라가 망해도 이 나라의 사교육은 끝나지 않을 것 같다.

사교육 문제 해결 방안을 찾는 정상적인 정부라면, 2000년 과외 금지가 위헌이라고 판단한 헌법재판소의 판결문을 꼼꼼하게 들여다보고, 변화된 시대 상황에 맞춰 새로운 판결을 받아내기 위한 절차를 진행해야 할 것이다. 당시의 판결문을 잠시 살펴보자.

"법(학원의설립운영에관한법률) 제3조에 대하여 위헌 결정을 하는 이유는 위에서 밝힌 바와 같이 고액 과외 교습을 금지하는 것 자체가 위헌이라는 것이 아니라, 고액 과외 교습을 억제하기 위한 방법의 선택이 잘못되어 고액 과외 교습의 위험성이 없는 과외 교습까지도 광범위하게 금지함으로써 국민의 기본권을 과도하게 침해한다는 데 위헌성이 있다는 것이다. 따라서 법 제3조에 대하여 비록 위헌 결정이 선고되었다 하더라도, 입법자는 반사회적인 과외 교습에 한정하여 이를테면, 지나치게 고액인 과외 교습, 또는 입시 준비생을 대상으로 하는 대학 교수 등 입시 관련자의 과외 교습, 학생부나 내신 성적 등에 영향을 미칠 수 있는 위치에 있는 교사가 해당 학생을 대상으로 하는 과외 교습 등과 같이, 입시의 공정성을 저해할 위험이 있는 등 중대한 사회적 폐단이 우려되는 경우에는 이를 규제할 수 있는 입법 조치를 취할 수 있다."

_헌법재판소, 98헌마429 사건에 관한 판결문

당시 헌재는 고액 과외 교습을 금지하는 데에는 법적인 문제가 없고, '사회적 폐단'이 우려되는 경우에는 적절한 입법 조치를 취할 수 있다고 판결했다. 매월 1백만 원이 넘는 영어유치원 같은 경우 등 과도한 사교육은 지금도 입법을 통해서 적절한 조치를 취할 수 있다. 못하는 게 아니라 안 하는 것이라는 표현은 이럴 때 쓰는 말이다. 근본적으로는 2000년 당시에는 지금과 같은 출산율 하락에 대해서 우리 사회도, 헌법재판소 재판부도 미처 생각하기 어려웠을 것이다. 하지만 지금 다시 판결을 시도한다면 전혀 다른 판단이 나올 가능성이 크다. 헌법재판관들도 사람이다. 헌법 정신이라고 하지만 유진오 박사가 제헌 헌법 초안을 만들 때 현재와 같은 사교육 '창궐' 현상을 생각할 수는 없었을 것이다. 대체 뭐가 헌법 정신일까?

조금 더 현실적인 접근을 해보자. 예를 들면 OECD 평균 출산율 수준인 1.5 정도에 도달할 때까지 초등학생들의 학원 선행 학습을 한시적으로 금지하는 것과 같은 제한된 사교육 금지는 헌법에 합치한다는 판정을 받을 가능성이 크다. 국가적 위기 앞에서 일반적이고 보편적인 조치가 아니라 한시적 조치라면, 헌법 위반이라는 기존의 결정을 피해갈 수 있다. 우리 헌법도 경제적 이유 등에 따른 긴급한 조치를 허용하고 있다. 2000년 헌재의 판결 때문에 정부가 할 수 있는 많은 조치들이 제약을 받고 있다. 사실 원래의 헌재 판결도 '반사회적인 과외 교습'은 적절한 입법 조치를 통해서 규제할 수 있다고 했는데, 정부가 후속 조치를 취하지 않음으로써 일반적이고 보편적인 과외 교습이 허용되는 상황을 방치했다.

객관적으로는 출생아 수가 줄어들면 경쟁도 약해지는 게 맞지만, 현재 우리가 보고 있는 상황은 전혀 그렇지 않다. AI의 전면화 등 일자리 감소에 대한 공포가 사회 전반에 퍼져 있고, 최고만이 살아남을 수 있으며, 국가는 해줄 게 별로 없기 때문에 각자도생해야 된다는 말이 과학적 진리가 되었다. "자녀 교육은 각자가 알아서." 폭격의 폐허 위에서 국가를 재건한 영국이 전후에 걸었던 길과는 정반대의 길이 상식이 된 나라, 상속자를 낳을 수 없는 많은 사람들이 자연스럽게 출산 진입 장벽 앞에서 돌아서게 된 나라가 되었다. 한 가지는 확실하다. 태어나지도 않은 사람에게 무자비한 사회는 산 사람에게도 무자비하다. 태어나지도 않은 자가 지옥일 것이라고 생각하는 사회는 산 자에게도 지옥이다. 존 롤스의 정의론과는 정반대의 길을 우리는 가고 있다. 전세금 말고는 물려줄 것이 아무것도 없는 사람, 가진 것은 얼마 되지 않은 약간의 월세 보증금뿐인 사람이 출산 진입 장벽 앞에서 무슨 생각을 할 수 있을까? 상속자들끼리 벌이는 무한경쟁 레이스는 아동과 청소년 학대 안으로 들어가는, 본인들의 괴로움은 물론 시스템 전체의 재생산 메커니즘을 붕괴시키는 공멸의 길이다.

상속자들의 공화국에서 최악의 상황은 경쟁압이 너무 강해져서, 엘리트들이 자녀의 상급학교 진학을 외국으로 선택하는 경우다. 국내의 경쟁압을 낮추고, 문제를 완화시키려는 노력을 하는 게 맞지, 경쟁압이 덜 한 외국으로 자식을 보내는 선택은 한국의 교육 제도가 어느 정도로 왜곡되어 있는지 여실 없이 드러내주는 것일 뿐이다. 개인의 해외 진학 선택이 개성과 취향 혹은 특별한 전공을 위한 것이 아니라 단순히 경쟁압 때문이라면, 그 시스템의 미래는 지금 우리가 보는 것보다 더 불안해진다.

천만국가
그저 스쳐가는 숫자일 수도

대통령 후보 시절에 박근혜가 474 공약을 내걸었던 적이 있었다. 잠재성장률 4%, 고용률 70%, 국민소득 4만 달러를 달성하겠다는 내용이었다. 일반적으로 자주 인용되지 않는 고용률이 정치 논쟁 한 가운데 들어올 수 있는 계기를 만들어준 공약이기도 했다. 고용률은 15세 이상 인구와 취업자 수를 비교한 비율이다. 실업률의 경우 아예 취업을 포기하고 경제 활동에서 빠져나온 사람들은 통계에 잡히지 않기 때문에 실제보다 낮게 나타나는 문제가 있다. 고용률은 15세 이상 인구의 취업 상태를 보기 위해 활용하는 보조적 지표다. 일반적으로 고용률은 둔탁한 변수라서 잘 움직이지 않는다. 실업률이 인플레이션 같은 환경 변화는 물론 계절이 바뀌는 변화에도 민감하게 반응하는 것과 달리, 고용률은 몇 년에 걸쳐 조금씩 움직인다. 경제활동 인구에는 잡히지 않는 고령층이 고용률에는 포함돼 있어서 그렇다. 잠시 우리나라의 고용률 변화를 한 번 보자.

<표 11> 남녀 고용률 추이

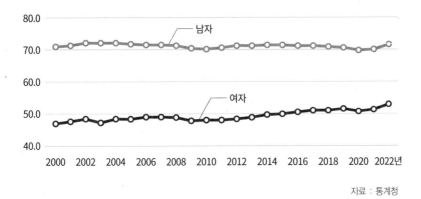

자료 : 통계청

　그래프에 나타난 대로 남성은 대략 70%, 여성은 50% 부근에 있다. 성별 격차가 큰데, 평균은 60% 정도다. 박근혜는 이걸 70%까지 높이겠다는 공약을 내걸었다. 희망일 뿐이다. 여성 취업률은 2000년부터 2022년까지 20년이 넘는 기간 5.9%포인트 올라갔는데, 이건 정책적 효과라기보다는 여성들이 좀 더 많이 일하는 사회적 변화가 자연스럽게 반영된 결과라고 볼 수 있다. 대략 70%에 달하는 주요 선진국 고용률에 비하면 우리는 10%포인트 정도 낮다. 청년 고용률은 53% 정도 되는데, 남자들은 군대 복무 때문에 좀 낮은 편이다. 박근혜의 고용률 70% 공약이 달성되기 위해서는 박근혜 취임 전 해인 2012년 48%였던 여성 고용률이 매우 빠르게 높아졌어야 했는데, 실제 그렇게 움직이지는 않았다. 여성 고용률은 2022년 기준 53% 수준이다. 박근혜의 공약은 매우 공격적이었지만, 현실화되지는 않았다.

　몇 년 전에 다양한 종류의 직업을 가진 여성들을 만나서 경제 만족도에 대한 인터뷰 작업을 했던 적이 있었다. 그때 결혼과 출산에 관한 것도 같이 질문을 했었는데, 일반적으로 상상하는 것과 크게 다르지는 않았다. 실업 상태이거나 취업 준비 중인 여성들은 결혼이든 출산이든, 일단은 취업한 다음에 생각해보겠다고 했다. 당연한 얘기다. 취업이 된 경우에도 정규직과 비정규직의 입장은 좀 달랐다. 내가 만났던 비정규직 여성들 중에서 현 상태가 만족스럽다고 답하는 경우는 없었고, 회사를 옮기거나 혹은 회사 안에서 정규직 전환을 희망하고 있었다. 그리고 출산은 그 후에 생각해보겠다는 대답이 대부분이었다. 그렇다면 정규직 여성의 경우는? 공기업과 그렇지 않은 경우, 대기업과 아닌 경우 그리고 연금 수준 등 여러 가지 상황에 따라서 다양한 대답이 나왔다. 법률회사처럼 연봉이 높아도 소규모 고용인 경우에는 출산 계획을 미루겠다고 하는 경우가 많았다. 회사 규모에도 많은 영향을 받는다는 뜻이다.

출산과 관련돼서 내가 들은 답변만을 정리해보면, 알바 등 초단기 계약직의 경우는 조금 더 안정된 후에 결혼과 출산에 대해서 생각해본다는 것이고, 그보다 좀 더 안정적인 계약직이라도 정규직 전환이 된 다음에 생각해보겠다는 것이었다. 대체적으로 우리가 현 시점에서 상상할 수 있는 것과 다른 대답은 아니었다. 이런 결과는 꼭 소득 차이뿐 아니라, 육아 휴직을 쓸 수 있는지, 출산 복귀 이후 특별한 불이익을 받지 않는지, 이런 것들이 종합적으로 작용한 데 따른 것으로 볼 수 있다.

이건 여성의 경우에만 해당되는 것은 아니다. 여성은 고용 상태가 아니더라도 전업주부라는 선택지가 있지만, 남성의 경우에 이건 쉽지 않다. 청년으로 좁혀보면, 40% 가량은 비경제활동 인구로 아주 특수한 경우를 제외하면 결혼이나 출산을 추진할 수 있는 상황이 아니다. 비정규직 비율은 남녀 차이가 꽤 많이 난다. 2021년 기준으로 여성은 47.4%, 남성은 31.0%가 비정규직이다(여성가족부). 물론 비정규직 안에서 더 열악한 노동과 그렇지 않은 노동이 존재한다.

정확한 계산은 아니지만, 여성 중 경제적으로 결혼할 준비가 되었다고 스스로 생각하는 비율은 취업한 여성 중 정규직이 차지하는 비율과 같다고 할 수 있다. 그냥 이 수치대로만 기계적으로 계산하면 여성 노동자의 30%도 안 된다. 그렇다면 취업하지 않은 나머지 여성 전부가 전업주부인가? 그렇지도 않다. 여기에 다시 워킹 푸어 현상과 여성 빈곤 현상 같은 것들을 감안하면, 출산을 진지하게 고민할 수 있는 여성 노동자의 수치는 더 줄어들게 된다. 아마 절반에 가까운 여성들은 현재와 같은 상황에서는 일은 하면서도 경제적 이유로 출산이 어려울 것이다. 이 같은 노동시장 구조를 보면 합계출산율이 0.7도 뚫고 내려갈 것 같은 기세를 보여주는 게 이해가 된다.

20년 후에 출생아 수가 10만 명 수준이 된다면, 70년 사이에 출생아 수가 1/10로 줄어든 것이다. 여기에 브레이크가 있을 것인가? 현재로서는 그렇게 낙관적이지는 않다. 자녀수가 줄면서 자녀에 대한 투자가 늘어나고, 실제 사회적 경쟁 환경이 그렇게 치열하지 않아도, 출산 진입 장벽을 넘어선 여유 있는 사람들만 결국은 출산이라는 과감한(!) 선택을 할 것이다. 물론 평균 수명 100년에 10만 명 출생아 수가 유지되어, 잠재적으로는 천만국가가 된다면 그 자체로 또 하나의 균형을 찾아낼 가능성이 없지는 않다. 나라는 작지만 나름대로 의미 있는 균형을 유지하는 강소국이 될 수도 있다. 비록 작지만 잠재적인 천만국가가 하나의 시스템으로 작동할 수 있는 것은 분명하다.

2022년 기준 스위스의 연간 출생아 수는 10만 명이 채 안 되는 8만 2,731명이다. 스웨덴은 10만4,734명, 벨기에는 11만3,593명으로 10만 명이 약간 넘는다. 한편 한때 세계 1위 소득이었던 노르웨이는 5만142명이다. 1960년대에는 6만 명 수준이었던 노르웨이도 출생아 수 5만 명이 깨어질 상황이 되면서, 상당한 위기감을 느끼고 있다. 이런 나라들이 대체적으로 천만국가 범주로 구분할 수 있는 나라들이다.

지금 한국은 출생아 수만으로 보면 이런 나라들에 근접해 가고 있다. 연간 출생아 수가 20만 명 아래로 내려갈 것이고, 거기에서 멈추지 않고 15만 명 아래까지 갈 가능성이 높다. 그래도 나라가 망하는 것은 아니다. 연간 10만 명 정도라면 그래도 '해피'한 경우다. 문제는 1천만 명이라는 일종의 마지노선도 별다른 조치가 없다면, 그냥 뚫고 지나가는 수치에 불과하다는 점이다. 지금은 우리나라 출산율이 이미 0.7대에 있지만, 노무현 정부 시절부터 1.0이라는 특정한 수치가 사회적 방어선처럼 여겨졌었다. 물론 출산율 1.0에 아무런 기술적 의미는 없다. 2.0은 현 상황을 유지하기 위한 최저선이라는 의미가 있지만, 1.0은 그냥 숫자일 뿐이다. 잠재적 인구 1천만 명도 마찬가지다. 문명 차원이라고 할 정도의 좀 더 근본적인 변화가 없다면, 연간 출생아 수 10만 명도 그냥 스쳐지나가는 수많은 숫자 중의 하나일 뿐이다. 합계출산율 1.0이 아무런 방어선의 의미가 없었듯이, 연간 출생아 수 30만 명도 그냥 지나가는 숫자였다. 아직은 24만 명 수준이니까 10만 명이 좀 멀어 보이지만, 지금 속도면 20년 안에 우리가 그 수준으로 안 간다는 보장은 없다. 게다가 연간 10만 명 이후부터 감소폭이 멈추거나 줄어들 것으로 전망할 아무런 근거도 없다. 그리고 20년 후면 지금 20만 명대로 태어나는 신생아들이 20대가 된다. 1970년대에 비하면 청년 모수가 1/5 수준으로 줄어든 것이기 때문에, 그때가 되면 사회만이 아니라 경제도 매우 위축되어 있을 가능성이 높다.

아무런 편견 없이 이 수치들을 본다면 한국인이든, 단순한 관찰자든, 동일한 결론을 내릴 것이다. 브레이크를 밟아야 한다면, 지금이 그 순간이다. 초등학생이 봐도 이 정도는 알 수 있는 일이다. 얼마 전에 전해들은 초등학교 6학년 학생이 자기 엄마에게 했다는 얘기가 잔상에 오래 남는다. "엄마, 우린 이미 망한 거 아냐?" 초등학생들도 점점 더 아이들이 덜 태어나고 그게 문제라는 것 정도는 충분히 알 수 있지만, 우리는 구조적으로 당사자 문제의 덫에 갇혀 있다. 건국 이후 이보다 큰 문제가 등장한 적이 있나 싶지만, 당사자가 존재하지 않기 때문에 이 문제를 근본적으로 고민하는 사람은 일부 인구 학자들뿐이다.

국민들이나 전문가만 그런 것도 아니다. 우리나라 인구 정책의 형식상 컨트롤 타워를 맡고 있는 저출산고령사회위원회의 근무자들은 30명도 안 되는 초미니 조직이다. 그나마도 보통 1년 길어야 1년 반 정도 근무하는 파견직 공무원들이다. 위원장은 대통령이지만, 현황 파악이나 예산 분석은 어림도 없고, 딱 정기적인 회의를 관리할 정도의 조직이다. 잠재적 천만국가인 연간 출생아 수 10만 명에서라도 저출생 경향에 반전을 만들기 위해서 우리는 좀 더 근본적인 변화가 필요하다. 그리고 그것은 문명 차원의 근본적 변화여야 한다. 한국 사회가 저출생에 관한 문제에 대한 본격적 고민을 시작한 지 20년 정도 되었다. 그동안 우리는 그야말로 '마이너 튜닝'만 하고 있었다. 그리고 그 결과 형성된 현재의 경제사회적 구조가 어느덧 한국 문명의 특징이 되어버렸다.

최저임금 미만을 받는 외국인 가사도우미 제도 도입을 저출생 대책이라고 내세우는 것은 경제적으로 설명이 되지 않는다. 그냥 한국문명다운 당연한 반응일 뿐이라고 생각하는 게 더 이해하기 쉽다. 이 제도를 도입한 싱가포르가 저출산 문제를 푼 것도 아니다. 그리고 외국인 도우미가 상주할 만한 공간이 있는 신혼부부가 얼마나 되겠는가? 저출생 대책이라기보다는 외국인 노동자 유입을 쉽게 하거나, 이민 대책의 돌파구 중 하나로 추진하는 장기 정책이라고 보는 것이 좀 더 상식적 추론이다. 대대적 이민 확대는 저출생 대책 실패를 전제하고 나오는 정책인데, 이 두 가지를 하나의 인과관계로 묶는 것은 논리적 타당성이 거의 없다. 이런 상태라면 출생아 수가 20만 명 이하로 내려가는 것은 진짜 시간문제일 뿐이고, 10만 명 선도 안전하다고 보장할 수 없다.

이제는 한국경제를 근본적으로 재설계할 정도의 노력이 필요하다. 앞으로도 지난 20년처럼 가면 어떻게 될까? 한국의 지나친 경쟁압을 피해서 자기 자녀를 외국 학교로 보낸 사람들이 교육부 장관도 하고, 국가 장래를 결정하는 자리에 가게 된다. 지금 우리의 현실이다.

알바들의 공화국

　유학 시절, 식당에서 알바를 했던 적이 있다. 그때 조그만 칼처럼 생긴 와인 오프너로 포도주 따는 법을 배웠고, 커피 머신에서 에스프레소를 뽑는 법도 배웠다. 여유가 있을 때 머신 한 쪽에 에스프레소 잔들을 미리 올려두어서 따뜻하게 하면 커피가 더 맛있다는 것도 그때 배웠다. 그렇게 뽑아낸 에스프레소를 얼음을 넣은 칵테일 셰이크에 따르고 칵테일 섞을 때보다 좀 더 세게 치면, 얼음이 그 안에서 깨진다. 그게 프랑스식 냉커피인 카페 프라페다. 커피 전문점에서 파는 아이스커피에 '때린 커피'라는 의미의 카페 프라페라는 이름이 붙은 이유는, 실제로 때려서 만들기 때문이다. 이건 일상생활에서 좀 도움이 되었다. 더운 여름날, 집에 손님이 오면 진짜 카페 프라페를 만들어줄 수 있었다. 가벼운 이벤트다. 얼음이 얇게 깨지면서 그냥 얼음 위에 커피를 넣은 것과는 좀 다른 미묘한 식감이 생긴다. 연유를 조금 넣으면 정말 맛있다. 물론 방학 때 잠깐씩 한 거라서, 그 이상 배운 것은 없다. 학위 받고 먹고 살기 힘들 때를 위해서 제빵 학교도 다닐 생각도 했는데, 학위를 금방 받게 되어서, 다른 건 배울 여유가 없었다.

그때 내가 시간급으로 하면 스믹^{SMIC: salaire minimum de croissance}이라고 부르는 최저임금보다 약간 더 받았는데, 팁도 꽤 되었다. 가장 인상적이었던 손님은 이틀이나 연속으로 왔던, 이제 고인이 된 앙드레 김이었다. 고생한다며 500프랑, 8만 원 정도의 팁을 주었다. 잊기 어렵다. 팁까지 합치면 방학 때 한 달 정도 일해서 한 학기 용돈과 자료 구할 돈은 충분히 되었다. 한국에서 학부 시절에는 최저임금에 대해서 배운 적이 없었는데, 파리에서 알바를 하면서 스믹에 대해서 좀 더 자세하게 알게 되었다. 그런 경험 때문인지, 경제학자로서 알바와 비정규직 문제를 다룰 때, 조금 더 신경을 쓰게 되었다.

직업과 결혼 혹은 직업과 출산이 결합된 통계 자료를 얻기는 어렵다. 출산 관련 통계들과 경제 정보를 연결시킬 수 있을 만한 정교한 자료가 없다는 얘기다. 어떻게 보면 사적인 정보가 많이 담긴 직업과 출산율에 관련된 세세한 정보를 국가가 직접 관리하는 것이 그렇게 바람직하지도 않다. 이런 여러 이유로 우리는 구체적 출산 현황에 대해서 생각보다 잘 모른다. 행정도시인 세종시의 출산율이 다른 지역에 비해서 높다는 정도는 알고 있다. 하지만 주민 수와 공무원 수 그리고 공공기관 근무자의 출생 정보를 연결한 통계는 모른다. 비정규직 그리고 플랫폼 노동자들의 결혼이나 출산이 쉽지 않을 것이라는 경향을 추론할 수 있는 정보를 가지고 있을 뿐이다.

우한기가 쓴 사회 르포 책 『대리기사 이야기』는 연애도 어렵고, 출산은 더욱 어려운 대리기사와 그 가족들의 얘기를 매우 경쾌한 터치로 그랬다. 어려운 환경 속에서도 삶의 즐거움과 희망을 찾으려는 저자의 시선이 아주 따스해서, 현실을 덜 고통스럽게 읽을 수 있다. 하지만 현실에서는 결혼에 유리하거나, 인기 있는 직업, 직종과 그렇지 않은 부분으로 나뉘는 현상을 피할 수 없을 것이다. 비정규직 중에서도 초단기 고용과 상대적으로 더 열악한 분야들이 존재한다. 플랫폼 노동자의 경우는 별도의 노동계약서가 없기 때문에 현재 최저임금제 적용도 받지 않는다. 물론 최저임금법은 만들어질 때부터 이런 문제를 다룰 수 있는 조항을 마련하고 있다.

"제5조(최저임금액) ③임금이 통상적으로 도급제나 그밖에 이와 비슷한 형태로서 정하여져 있는 경우로서 제1항에 따라 최저임금액을 정하는 것이 적당하지 아니하다고 인정되면 대통령령으로 정하는 바에 따라 최저임금액을 따로 정할 수 있다."

물론 일반적인 노동에 비해서 플랫폼 노동은 최저임금에 단가를 맞추기가 쉽지 않다. 시간당 임금을 정하고, 이걸 한 달로 환산하고, 다시 주휴수당을 적용하는 알바 최저임금 계산보다는 훨씬 복잡할 것이다. 그렇지만 메커니즘을 디자인하려고 하면 못 할 일도 아니다. 문제는 디자인의 어려움이 아니라, 많은 플랫폼 노동자들에게 최저임금이 적용되지 않는다는 사실을 사회적으로 인정하지 않는다는 점이다. 거기에도 청년들이 일하고 있다. 우리는 그들을 그냥 값싼 노동 정도로 생각했지, 최저임금이 필요한 노동이라는 생각을 하지 않았다.

21세기 한국 문명은 넓게 보면, 중산층을 기본 단위로 설계됐다고 할 수 있다. 편하게 '우리'라고 말하지만, 그 안에서도 우리'들'의 사정은 다 다르다. '국민'이라고 표현하기도 하지만, 국민 안에서도 계급과 계층에 따라서 이해가 다 다르다. 정치적으로도 다르고, 경제적으로도 다르다. 그리고 도저히 하나의 틀 안에 묶기 어려울 정도로 다양한 문화적 성향도 있다. 원래 국가는 그런 것이다. 그 안에서 공통분모를 찾아서 정책을 만들고, 거기에서 소외되는 사람들을 최대한 줄여나가는 것이 국정 운영의 기본이다. 21세기 한국경제는 기계적인 평균점을 찾아가다 보니까, 자연스럽게 중산층에 기반을 둔 사회가 되었다. 물론 정부가 일부러 혹은 대놓고 그렇게 하는 것은 아니다. 그렇지만 워낙 토건 경제로 가다보니까 부동산 자산을 중심으로 한 중산층 위주의 사회가 만들어졌다. 국민의 절반은 집이 있고, 절반은 집이 없는 그런 상황이 1980년대 이후로 계속되고 있다. 정책도 집 가진 사람 혹은 가질 수 있는 사람 위주로 가게 된다. 교육도 그렇다. "이 정도는 다 하시죠, 여러분", 그러면서 중산층 이상이나 따라갈 수 있는 레이스가 펼쳐진다. 물론 따라가는 중산층도 가랑이가 찢어질 정도로 힘들다. 집과 교육 문제에 관해, 한국의 비정규직 노동자들은 물질은 물론 정서 속에서도 정규직과 문화적 장벽이 생겨났다.

최근 '삼백충'이라는 단어가 쓰이기 시작했다. 월 300만 원을 버는 사람들에 대한 얘기다. 한국의 중위소득은 2024년 4인 가구 기준 572만 원이고, 1인 가구 기준으로는 222만 원이다. 월 300만 원 소득인 두 명이 결혼하면 4인 가구 중위 소득은 넘어선다. 개인으로 보나, 부부 기준으로 보면 이 정도면 중간은 훨씬 넘어가는 수준이지만, 사람들은 이들을 '벌레'라고 부른다. 월 소득 300만 원이면 전형적인 중산층이다. 이들을 벌레라고 부르니, 그 아래 소득인 사람들을 어떻게 보겠는가?

한국은 외형은 선진국이지만, 복지 등 사회보장이 약하고, 임금 구조도 '양극화'된 사회가 되었다. 저출생 사회는 이런 사회 구조가 총체적으로 작용해서 생겨난 결과다. 여기에 미흡한 출산 지원 정책도 더해진다. 대책도 이런 문제들을 푸는 것부터 시작하는 게 맞는데, 현재로서는 결혼 장벽과 출산 장벽을 넘어선 사람들만 해법을 마련할 수 있는 상황이 되었다. 우리의 경우 동거를 권장하는 정책도 없고, 사회 분위기도 형성되지 않았기 때문에, 일단 결혼을 해야 그 다음 정책이 의미가 있다.

지금의 출산 장벽, 특히 보육 장벽은 어지간한 중산층도 따라가기 힘든 구조다. 원래 출산과 보육 등 관련 정책도 약하지만, 구조적인 문제는 거의 한국 문명의 특징이 된 상태라서 손을 쓰기가 어렵다. 경제 정책의 많은 분야는 중산층을 기본 모델로 입안해도 큰 문제가 생기지는 않는다. 박근혜 시절 강남 사는 부자라는 의미의 '강부자' 정권이라고 욕먹을 때에 비하면, 그나마 중산층 정권이면 상대적으로 좀 낫다. 부자들의 세금 깎아주는 것을 정권의 기반이라고 생각하는 것과 비교하면 상대적으로 건실한 정책을 지향하고 있기 때문이다. 그러나 출산과 육아까지 중산층을 기본 단위로 하면 큰일 난다. 거의 절반 가까운 청년들의 상황을 사실상 배제한 정책이 설계될 수밖에 없기 때문이다.

간단한 질문 하나만 던져보자. 한국 사회에서 편의점 알바 청년들이 과연 엄마가 되고 아빠가 될 수 있을까? 사정이 어렵다고 생각하는 정도가 아니라, "그래서는 안 된다."고 생각하는 사람들이 많을 것이다.

만약 여러분들이 그들의 부모라고 생각해 보자. 선뜻 이들의 결혼에 대해서 찬성할 수 있을까? 무엇보다도 경제적 사정에 대한 걱정과 안쓰러워하는 마음이 앞설 것이다. 편의점 알바는 직업이라고 생각하지 않는 경향이 있다. 결혼이나 출산은 알바가 아닌 취직 이후에 생각하는게 맞는 거라고 조언할 부모들이 압도적으로 많을 것 같다. 만약 편의점 알바보다는 좀 더 안정된 비정규직이 된다면? 그래도 출산을 선뜻 축하해 줄 부모는 여전히 적을 것이다. 정규직 전환이 될 때까지 출산은 미루어야 한다며 자식을 만류할 것이다. 그러다가 정규직 취업이 되면? 5인 이하 사업장은 연차, 휴일근무수당 미적용 등 여전히 많은 것들이 근로기준법 적용 예외다. 이렇게 하나씩 단계를 기다리면 10년이 지나간다. 물론 모두가 안정적인 정규직에 안착한다는 보장은 전혀 없다. 고령 산모의 증가는 이런 경제적 구조로부터 나온 결과다. 여러 기준이 있지만, 19세 이하 그리고 35세 이상 산모를 고위험 산모로 분류한다. 육체적으로만 그런 것이 아니라, 경제적으로도 고위험을 부르는 상황이다. 편의점 알바로 경제생활을 시작한 취준생이 "이제는 되었다." 하며 엄마가 되고, 아빠가 될 결심을 할 확률이 얼마나 될까? 아주 낮은 확률은 아니지만, 높다고 보기도 어렵다. 더 이상 "직업에는 귀천이 없다."고 가르치는 사회가 아니다. 우리 모두 다 알고 있는 일이다. 그렇지만 합계출산율이 OECD 국가 중 유일하게 1.0 이하로 내려간 사회에 적합한 상식은 아니다. 혼외출산율이 50%를 넘어선 나라의 국민들이 보기에 한국은 기이하게 가족주의가 강하고, 불평등이 높은 사회다. 이 정도 출산율이면 누구나 아는 '문제의 핵심'을 들여다볼 만하기도 한데, 우리는 그러지 못했다. 정책 설계 단계에서는 편의점 알바가 출산하는 데에 어려움을 느끼지 않도록 하는 게 맞다.

나는 누구에게도 출산이 의무라며 강요해서는 안 된다고 생각한다. 여러 가지 이유로 혼자 살고 싶은 사람은 그런 삶을 선택할 권리가 있다. 그래서 독신에게 부과하는 싱글세에 반대한다. 물론 명목상 싱글세는 없다. 그렇지만 가족수당 같은 것은 가족이 없는 사람이 덜 받는 싱글세의 성격이 강하다. 다자녀에 대한 각종 특혜 역시 그렇지 않은 사람들에게는 싱글세처럼 작동할 수 있다. 현실에서는 싱글세와 그렇지 않은 것 사이의 구분이 애매하다. 이런 것들까지 포괄적으로 반대하기는 어렵다. 언론의 기계적 중립이 위험한 것처럼, 싱글세의 경우도 마찬가지다. 선택권은 다양하게 보장 받아야 하다.

출산을 의무로 생각하는 것에 대해서는 반대하지만, 출산을 선택할 권리 그리고 아이를 키울 수 있는 것 역시 인간이 가지고 있는 고유한 권리라고 생각한다. 선택을 안 하는 것도 권리라면, 경제적 이유로 선택을 할 수 없는 것은 권리 침해라고 말할 수 있다. 편의점 알바가 출산을 선택할 수 없는 것이 인류 보편적인 상황은 아니다. 인류의 역사에서 노예들도 힘든 상황이지만 결혼하고 출산을 했다. 알바들이 과거의 노예보다 어려운 처지라고 볼 수는 없다. 21세기, 선진국 대부분의 나라에서 알바들이 동거하고 출산도 하는 것이 예외적이고 특수한 상황은 아니다. 알바도 엄연한 경제활동의 단위다. 불안정하고 소득이 높지 않아도, 경제활동을 하지 않는 저소득 청년이 아니다. 최저임금의 정신이 원래 그렇다. 스웨덴이나 스위스에서는 가능한 일들이 한국에서는 왜 불가능할까? 한국에서는 천만국가들이 가지고 있는 인간에 대한 예의, 정확히는 저소득 계층과 알바들에 대한 문화적 예의가 존재하지 않기 때문이 아닌가? 우리는 아직 인간이 너무 많다고 생각하고, 청년 알바는 경제적인 의미에서 제한된 시민권만 가지고 있다고 생각하는, 덜 성숙한 사회 아닌가?

질문을 조금 바꾸어보자. 이미 엄마인 사람이 어떤 이유로든 경제적 활동이 필요해서 편의점 알바 일을 하고 있는 경우라면? 논리적으로는 젊고 가난해 보인다고 해서 엄마가 아니라는, 혹은 아빠가 아니라는 생각을 할 이유는 전혀 없다. 우리는 출산율이 1.0 이하로 내려간 사회에 너무 익숙해서 그렇지, 출산율이 2.0이면 꽤 높은 확률로 편의점의 알바들도 엄마이거나 아빠인 사회다. 그리고 그런 사회에서는 아무도 편의점에서 알바 하는 엄마가 경제적으로나 사회적으로 무책임하다고 보지 않는다. 오히려 뭐 도와줄 거 없느냐고 나설 것이다. 한국의 경우라면? 적지 않은 사람들이 불쌍하게 보거나 훈계를 늘어놓을 것이다. 그게 현실에서 관찰할 수 있는 우리의 모습이다. 천만국가 정도에서 출산율 하락에 브레이크를 걸고, 그 수준에서 균형을 찾을 수 있는 사회가 되려면 편의점 알바들도 출산을 선택할 수 있는 수준의 나라가 돼야 한다. 현재로서는 상상하기 어렵다. 그런 걸 어떻게 할 수 있느냐고 물어볼지도 모른다. 이 간단한 얘기는 앞서 말한 것처럼 1945년 2차 세계대전 시기 영국을 비롯한 유럽 국가들이 '요람에서 무덤까지'를 복지국가의 모토로 내세울 때 이미 사회적 합의를 본 내용이다. 없는 얘기를 내가 새롭게 하는 게 아니다. 2차 세계대전으로 수많은 사람이 죽고, 많은 것들이 무너졌다. 그 상황에서 국가가 국민들에게 "낳기만 해주세요."라고 얘기하는 게 당연했다. 우리는 복지국가를 만든 것이 아니라, 배워서 했기 때문에 사회적 다급함과 합의가 충분히 공유되지 않았다. 사회적 맥락에 대한 이해 없이 제도의 형태만 도입했다.

우리가 지금부터 만들어야 하는 나라는 '상속자들의 나라'가 되어버린 중산층 공화국은 아니다. 한국은 농민의 후손이 만든 농민의 공화국이었다. 우리는 그렇게 출발했고, 농민들의 염원인 농지개혁이 이루어졌고, 후에 이것이 경제 도약을 가능하게 만든 사회적 기반이 되었다. 1987년 9차 개정 헌법에 '경자유전' 조항이 들어간 것은 이런 맥락 아래서 생긴 일이다. 21세기, 한국은 더 이상 농민들의 공화국은 아니다. 농업은 지켜야 하는 것이 되었고, 환경적인 의미로 재구성되어야 하는 분야가 되었다. 한국은 도시의 국가가 되었고, 도시 중산층의 나라가 되었다. 자연스러운 흐름인데, 경제 주체의 재생산에서 결정적인 문제가 생겼다. 중산층 정도 되지 않으면 감히 출산은 꿈도 못 꾸는 나라가 되었다. 사실 중산층도 이미 출산은 감당하기 버거운 것이 되었다. 중산층 상단부는 되어야 상속할 게 뭐라도 있다.

출산은 국가가 장려한다고 될 일이 아니다. 그렇지만 인권으로서 출산권과 육아권을 국가가 보장할 수는 있고, 그렇게 가는 게 맞다. 그게 지금부터 우리가 만들어야 하는 '알바들의 공화국'이다. 그렇지 않고 현 상황을 방치하면 '상속자들의 공화국'이 된다. 낳고 싶지 않다는 것과 낳을 수 없다는 것은 엄연히 다르다. 지금 상태로 가면, 알바들이 출산할 가능성도 매우 낮지만, 설령 아이를 낳는다고 해도 한국 특유의 고비용 무한 경쟁을 뚫고 나가서 행복한 삶을 살 가능성은 매우 낮다. 문화적으로 우리는 결혼을 해야 아이를 낳을 수 있는 구조를 만들어 놓았고, 결혼과 출산에 대한 진입 장벽을 매우 높게 만들어 놓았다. 미시적 차원에서는 개인의 에너지를 극한까지 끌어올리기 위한 방법일 수 있지만, 거시적 차원에서는 모두에게 불안한 사회가 되었다. 경제성장의 관점에서 보아도 위태로운 것은 마찬가지다. 저소득층 자녀로 학교에 들어가면, 온갖 불평등이 기다리고 있고, 그야말로 촉법소년 상태에서 무시 혹은 일탈이라는 두 가지 극한을 경험할 가능성이 높다. 누가 이런 상황에 자신의 아이를 밀어 넣고 싶겠는가? 모성이니 뭐니 하는 건, 그냥 하는 말이다. 누군들 자신의 자녀가 비행 청소년이 되기를 바라겠는가? 한 번만 삐끗하면 바로 사회에서 격리시키겠다고 서슬이 퍼렇게 외치는데, 그걸 보면서 얼마나 많은 저소득 20대가 아이를 낳지 않으리라고 다짐했을까?

이 위기 국면에서 우리가 사회적 합의를 바탕으로 선언할 한 가지가 있다면 그것은 '알바들의 공화국'을 만들겠다는 선언일 것이다. 국가는 '정상적인 가족'의 유복한 청소년들을 위해서 신경 쓸 것이 아니라, 알바들도 삶이 너무 고단하지 않고, 그들도 결혼할 수 있고, 자녀도 정상적으로 자라나서 사회의 어엿한 일원이 될 수 있도록 사회적 시스템을 전환하기 위한 노력을 지금부터 해야 한다. 물론 알바는 상징적 표현이다. 그 주체는 대리 기사가 될 수도 있고, 오토바이 택배 기사가 될 수도 있고, 프리랜서로 분류되는 방송국 작가나 드라마 스태프가 될 수도 있다.

임신에서 출산까지 전 과정에서 어떠한 도움이 필요한지는 대체적으로 알려져 있다. 그리고 육아휴직 등 관련 제도 이용에 알바를 비롯한 비정규직 노동자들이 어떤 어려움과 아쉬움을 느끼고 있는지도 그렇게 비밀은 아니다. 다만 여건상 작업장이 너무 작거나, 대체할 만한 인력과 재취업 등에 대한 문제를 사회적으로 쉽게 해결하기 어렵기 때문에 현실은 '각자도생' 사회로 흘러가고 있다. 개인에게는 좀 더 안정적인 직업을 가질 때까지 결혼과 출산을 연기하라고 할 수 있지만, 국가는 그렇게 하면 안 된다. 누군가 올라가는 동안에 누군가는 내려온다. 성공만큼 실패도 생겨난다. 지금 안 되면 기다려도 안 된다.

저소득층 자녀의 양육에 관해서는 지역 보육센터 등 여러 가지 제도들이 제시되어 있다. 이혼 등의 사유로 한 부모 자녀가 된 경우도 기본적인 지원 제도는 어느 정도 마련돼 있다. 비정규직의 출산 휴가는 제도상으로는 정비되어 있지만, 현실에서는 작동하지 않는다. 정부가 별도의 기금을 조성해서 출산 휴가 기간 동안의 사업주 손실 보상은 물론이고, 교육 훈련 등 인력 관리와 관련된 인센티브를 마련해서 좀 더 적극적으로 사용하도록 독려할 수 있다. 교육의 경우도 좀 더 적극적인 프로그램을 개발할 여지가 충분히 있다. 가장 관건인 주거 문제는 청년 비정규직 주택 지원 등 별도의 제도를 디자인할 만한 여력이 없는 것은 아니다. 문제는 출산 대책과 부동산 대책이 전혀 별개의 틀에서 논의되고 있다는 점이다. 출산을 고민하는 알바들에게 어떤 주거 서비스가 필요한 것인가, 이런 관점에서 다시 접근한다면 좀 더 생산적이고 창의적인 해법을 모색할 수 있을 것이다.

스웨덴처럼 사람들이 알아서 최저임금 수준 이상으로 준다면 최저임금제가 반드시 필요한 것은 아니다. 유럽에서 하는 것처럼 계절별로 비정규직을 고용할 수 있는 분야를 지정해서 비정규직 남발을 제한하면 특별히 세밀한 비정규직 대책이 필요하지 않을 수도 있다. 그렇지만 우리는 비정규직이 가능한 업종을 지정하지 않고, 거의 전 부문에 비정규직이 가능하게 제도가 설계되어 있다. 그리고 스페인 등 유럽 국가들이 시도한 것처럼 플랫폼 노동을 상설 고용 형태로 바꾸게 되면, 역시 플랫폼 노동에 대한 별도의 어마어마한 대책이 필요하지 않을 수도 있다. 우리의 현행 제도는 최저임금, 비정규직과 플랫폼 노동 보호 등이 없으면 안 되게 만들어졌다. 싸고 편한 노동을 다량으로 소모하는 게 현재 한국경제의 특징이다. 마치 타고난 체질처럼 생각한다. 그래서 우리에게는 비록 한시적으로라도 별도의 대책과 메커니즘이 필요하다.

출산을 고민하는 편의점 알바에게 인권 차원에서 주거, 육아와 함께 미래 안정적 일자리를 위한 교육 훈련까지 정책 패키지를 만드는 것이 불가능한 것은 아니다. 지금은 총괄하는 곳 없이 부처별로 마구 흩어져 있다. 그리고 이 일을 하는 데에 천문학적인 예산이 소요되는 것도 아니다. 기존에 있던 정책들의 빈 곳을 채우고, 연계하면 일관된 하나의 정책 틀로 만들 수 있다. 그리고 이 방향이 사회 정의 실현에도 맞다. 아이를 갖기 위해서는 중산층 정도의 경제력을 가지고 있어야 책임 있는 부모가 될 수 있다는 '한국적 편견'만 누그러뜨리면 충분히 할 수 있는 일이다.

경제 주체의 재생산이라는 관점에서, 알바를 비롯한 불완전 고용 상태에 있는 부모들의 출산을 지원하고 육아를 보장하는 '알바 출산 지원 본부'를 기획재정부(기재부)에 설치하는 것이 현재의 행정 구조에서는 가장 효율적이다. 출산과 보육은 사회 정책이자, 복지 정책이기도 하지만, 현 상황에서는 잠재성장률에 관한 기본 대책이기도 하다. 잠재성장률은 한 나라가 노동, 자본 등 생산 요소를 모두 이용해서, 인플레이션을 유발하지 않으면서 달성할 수 있는 경제성장률의 최고치를 의미한다. 경제성장률의 장기적 추이는 이론적으로는 잠재성장률에 수렴

한다. 그런 경제 기반에 관한 일을 기재부에서 추진하는 것은 명분이 있는 일이다. 무엇보다도 현재의 조건에서는 기재부 사업들이 예산을 우선적으로 확보할 가능성이 높다. 설마 기재부가 돈이 없어서 좀 하다가 그만두지는 않을 것이라는 확신과 믿음을 정책 대상자들에게 줄 수 있다는 장점도 있다.

이미 몇 차례 강조했듯이 우리가 지금부터 만들어야 하는 나라는 '알바들의 공화국'이지 중산층의 나라 혹은 상속자들의 공화국이 아니다. 천만국가로서 안정성을 갖는다는 것은 많은 국민들이 경제적으로 불안감을 느끼지 않는다는 것을 의미한다. 그건 역사적인 타협과 함께 잘 디자인된 경제 제도 그리고 포용과 다양성을 존중하는 문화를 일종의 문명으로 결합시키는 데 성공한 천만국가로서의 북유럽 나라들의 상태이기도 하다. 이러한 내용의 저지선을 구축하지 못한 채 인구 천만이 되면 그건 그냥 망해가는 나라의 일시적 모습일 뿐이다. 작고 강한 나라가 아니라, 망해가는 작은 나라다.

알바와 플랫폼 노동자들이 엄마가 되고 아빠가 될 수 있게 지원하는 정책은 현 상황에서 사회적 정당성을 갖는다. 대표적인 천만국가인 스위스의 경우 이 정도 사안이라면 국민투표를 했을 것이다. 농업에 대한 재정 지원 같은 사안도 헌법 수준의 국가적 과제가 되었고, 국민투표를 통과했다. 우리나라는 국민투표를 정책보다는 지나치게 정치적 이유로 이야기되는 경향이 있어서 헌법에 존재하기는 하지만, 무의미한 제도가 되었다. 그렇지만 지자체별 주민투표 제도는 이미 존재한다. 경기도나 제주도 혹은 강원도 같은 지자체에서 자체적으로 불안정 고용 노동자의 출산과 육아 지원에 관한 것을 주민투표에 부칠 수 있고,

그렇게 지역 경제의 기본 운용 방향을 결정할 수 있다. 만약 한국이 연방제 국가였다면, 줄어드는 출생아 문제로 존립이 위태로워진 지자체에서 이런 제안들이 먼저 등장했을 가능성이 높다. 지역 내 사회적 합의를 위해서 주민투표도 이미 추진되었을 것이다. 확실히 저출생 문제에 대해서는 중앙정부와 지방정부 사이에 온도 차이가 존재한다.

'알바들의 공화국'은 '요람에서 무덤까지'의 21세기 한국 버전과 크게 다르지 않다. 이 표현의 기원인 베버리지 보고서는 제2차 세계대전 와중의 전쟁 내각 총리였던 처칠의 지시로 시작됐다. 보고서가 나온 후 우호적인 의견은 88%였고, 반대 여론은 6% 정도였다고 한다. 전쟁 중이었지만, 베버리지 보고서는 영국을 넘어 세계적 관심사가 됐다. 심지어 히틀러의 벙커에서도 보고서 내용이 발견되었다. 우리나라 제헌 헌법을 썼던 유진오의 책상 위에도 이 보고서가 있었다고 한다. 그렇게 영국을 비롯한 유럽의 새로운 문명이 베버리지 보고서와 함께 출발하였다. 우리에게는 그런 보고서가 없다. 그렇지만 지자체 어느 한 곳에서라도 불안정 고용 노동자의 출산에 대한 주민투표를 진행한다면, 그게 우리에게는 문명적 전환의 계기가 될 것이다. 알바들의 공화국, 그게 지금 한국에서는 사회 정의다.

출산과 보육 인프라

"정책이 나오면 대책을 찾아낸다."

정부가 부동산 대책을 발표했을 때 사람들이 자주 쓰는 표현이다. 정부에서 뭔가 하려고 하면, 사람들은 그걸 넘어서는 대책을 찾아낸다는 의미다. 국민 대다수는 좋든 싫든, 어디에선가 거주하기 위해서 이 부동산 머니 게임에 들어오지 않을 수가 없고, '돈 놓고 돈 먹기'가 시장경제의 핵심인 것처럼 둔갑했다. 그리고 강남 불패의 신화가 IMF 경제 위기 이후 20년 넘는 기간 동안 승리했다. 부동산과 사교육의 공통점은 정부 정책이 개인들의 대책을 이기지 못했다는 것이다. 냉정하게 따지면 고교 평준화는 박정희가 했고, 과외 금지는 전두환이 했다. '평등한 교육'을 군인들이 실시한 것인데, 그 정도 강력한 의지나 힘이 아니면 교육 개혁이 어렵다는 의미일 수도 있다.

프랑스의 대학 국유화는 68혁명이라는 사회적 배경이 있었지만, 실제로 추진한 사람은 2차 세계대전 기간 프랑스 망명 정부를 이끈 장군 출신인 드골이었다. 그로부터 한참 지난 후 프랑스 대통령 마크롱이 그때 남은 그랑제콜을 없애겠다는 대학 개혁 공약을 내걸었지만, 아직 첫발도 제대로 못 떼고 있다. 대학 개혁은 그렇게 어렵다. 미국도 몇 년 전부터 대학 등록금 채무 상환이 사회적 문제가 되고 있지만, 수십 년 전에 유럽 대부분의 국가가 이미 이루어낸 대학 무상 교육은 엄두도 못 내고 있다. 가까운 일본도 제국주의 시절의 7개 제국대학의 틀 속을 아직도 못 벗어나고 있다.

닭이 먼저냐, 달걀이 먼저냐, 대학 개혁과 사교육 관계를 두고 이와 유사한 논쟁이 여전히 존재한다. 대학의 서열체계를 그대로 두고, 진학 교육이 되어버린 중등 교육의 정상화는 사실상 어렵다. 무조건 집에서 가까운 대학에 가도록 하는 극단적인 방법이 아니라면, 새로운 제도가 발표되자마자 사교육계에서는 더 기발한 대책을 찾아낼 것이다. 더 많은 돈을 투입한 사람들이 더 높은 등급의 학교에 갈 가능성이 높은 사회에서는 대학 진학도 머니 게임으로 바뀐다. 학벌 우선 취업 관행을 완화하기 위해 취업 단계에서 블라인드 테스트를 전격 도입해 '명성 효과'를 줄이려고 했지만, 이 제도가 사원 선발 과정에 큰 변화를 일으켜서 사교육 시장에까지 영향을 미쳤다는 증거는 찾기 어렵다.

이런 과정이 반복되다보니 정책을 통한 교육 개혁 시도는 마치 만유인력의 법칙에 도전하는 것 같은, 세상 이치 모르는 바보 같은 짓으로 취급 받았다. 차라리 바다를 가르고 홍해를 건너가는 게 더 쉬울 것 같다. 한국의 교육 과정에서 드러나는 경쟁압은 전 세계에 유례가 없을 정도로 높다. 특히 영어 유치원을 비롯한 영유아 사교육은 강도가 훨씬 심하다. 게다가 역시 한국 교육의 발명품이라고 할 수 있는 선행 학습은 교육 당국을 사교육 앞에서 더욱 더 무기력하게 만들었다.

　부동산과 사교육의 또 다른 공통점은 당사자가 아주 많다는 점이다. 집을 보러 다니는 사람이나 학원을 알아보는 부모들이나, 아주 간절한 당사자들이다. 필요하다면 영혼까지 탈탈 털어서 돈을 구해온다. 결국 '모두의 문제'이지만 당사자가 아무도 없는 저출생 문제와는 구조적으로 정반대에 위치하고 있다. 아파트를 사거나 학원비를 구하기 위해서는 은행이 아니라 지옥문까지라도 찾아갈 것 같은 열의가 있지만, 저출생 문제에 대처하기 위해서는 단돈 10원도 낼 사람이 없을 것이다. 부동산과 사교육은 내 일이고, 무엇보다도 내가 당장 해결해야 할 일이다. 반면에 저출생 문제는 국가가 알아서 해줄 일이고, 개인이 할 일이라고는 "잘 좀 하란 말이야!"라며 정부를 향해 혀를 차는 정도일 뿐이다. 이 같은 두 종류의 문제를 해결하려는 욕망이 갖는 에너지와 절박함은 처음부터 상대가 되지 않는 구도다. 상황은 그렇다. 여기서 우리는 딜레마를 만나게 된다. 사교육 문제를 풀 수 있을 정도로 유능한 정부라면, 저출생 문제는 20년 전에 해결했을 것이다. 그리고 그때였다면 지금보다 훨씬 수월하게 문제를 풀 수 있었을 것이다. 또한 출생아 수가 20만 명 벽을 뚫고 아래로 내려가려는 지금, 유능과는 거리가 먼 윤석열 정부라고 의미 있는 새로운 해결 방안을 내놓을 것 같지도 않다.

　만약 정부가 전격적이고 적극적인 방침을 통해 사교육을 전면 금지하는 헌법재판소의 새로운 판결을 끌어낸다 하더라도, 실제로 이를 집행하려면 몇 년은 걸릴 것이다. 선행 학습은 학교 내에서는 이미 법으로 금지되어 있지만, 이걸 학교 밖에까지 적용하는 단순해 보이는 조치도 간단한 일이 아니다. 몇 년째 제도적 개선은 공전하는 중이다. 교육 분야의 제도 변화는 원래 그렇게 시간이 오래 걸린다. 교육 과정을 개편해도 초등학교 1학년부터 적용된다. 고3까지 변화된 내용이 적용되기 위해서는 12년이 걸린다. 경제 주체의 재생산 과정에서 교육은 핵심적인 역할을 하지만, 그만큼 변화가 어렵고 또 늦다. 교육을 통해서 무엇인가 변화시키려고 하는 사람들이 종종 좌절하는 까닭이다.

육아든 교육이든, 지금 한국에서 영유아를 대상으로 일을 하던 사람들은 1차적으로 인구 구조 변화 충격을 받게 된다. 멀리 갈 것도 없다. 초등학교 3학년, 5학년 때 우리 집 어린이들이 처음 다니기 시작했던 어린이집은 교회에서 하던 곳인데 벌써 문을 닫았다. 국공립 등 공공 어린이집이 늘어난 것도 있지만, 무엇보다도 새로 출생하는 영유아 자체가 많이 줄었다. 정확한 집계는 어렵지만, 지난 몇 년 동안 문 닫은 어린이집이 몇 천 곳은 족히 넘는다는 추정이 있다. 학교 들어가기 전에 우리집 어린이들을 데리고 갔던 동네 키즈 카페들도 지금은 한 곳도 없다. 그 중 한 곳은 시설이 아주 괜찮았다. 자주 올 것 같아서 10장짜리 쿠폰을 샀었는데, 미처 다 쓰기 전에 문을 닫았다. 젊은 남자 사장이 운영하던 곳인데, 지금도 그 친절하고 밝았던 표정을 생각하면 마음이 짠하다.

지금 출생아 수가 줄어드는 속도는 매우 빠르고, 그만큼 관련된 산업도 사교육을 제외하고는 대부분 빠르게 위축되는 중이다. 문 닫은 어린이집들 중 상당수가 노인들을 돌보는 요양원으로 바뀌고 있는 현상이야말로 우리 사회의 자화상이다. 공교롭게도 건축법상 어린이집과 노인 요양원은 '노유자' 시설로 규정해 같은 범주로 관리되고 있어서 건물 용도 변경이 상대적으로 쉽다. 태어나는 아이들은 줄고, 노인들은 늘어나는 우리의 모습을 이보다 더 정확하게 보여주는 사례는 찾아보기 어렵다.

시간이 지나면 초등학교, 중학교 그리고 나중에는 고등학교 단계에서 신생아 20만 명대 규모로 시장은 줄어들게 된다. 지역에서는 의료, 교육, 복지, 문화 심지어는 사교육까지 매우 복잡한 기관들이 서로 상관없이 독자적으로 활동을 한다. 문화 기관인 도서관이 의료 기관인 동네 병원과 그다지 상관이 있다고 생각하지는 않을 것이다. 그렇지만 이런 것들은 어린이를 낳으려고 생각한 부모들이 어디서 살지 생각하면서 한 번쯤은 염두에 두는 시설들이다. 어떤 시설은 긴 역사를 가졌고, 또 어떤 시설은 사람들에게 낭만적인 기억들을 남겨 주었을지 모르지만, 현실에서는 버티고 남을 곳이 이제는 별로 없다. 그리고 지금까지 이런 시설들은 국공립학교 등 공공시설을 제외하면 거의 대부분 경제성에 의해서 움직여 나갔다. 의무교육 시설인 초등학교도 지속적으로 폐교가 진행되는 중이다. 지방만 그런 것도 아니다. 왕실 자녀들 교육을 위해 세워진 서울교동초등학교는 우리나라 1호 교육기관이었다. 윤보선 대통령 등 많은 유명 인사들이 이 학교를 나왔다. 서울이지만 여기도 폐교 위기에서 겨우겨우 버티는 중이다.

그래도 아직은 초등학교들이 지역 내에 밀집해 있는 서울이나 경기도는 사정이 좀 낫다. 지방의 경우는 초등학교 하나가 문을 닫으면, 출산을 생각하는 젊은 부모들은 인근의 읍면 지역을 거주지로 선택하기 어렵다. 기숙학교를 선택할 수 있는 고등학교와는 달리 초등학생 기숙학교는 아주 예외적이다. 출생아 수가 줄어들기 시작한 2000년대 이후로 우리는 계속해서 초등학교 문을 닫고 있었다. 그 결과 국토의 많은 읍면 지역, 즉 농업 지역만이 아니라 도시 지역도 황폐해졌다. 그때의 논리가 학교 운영에 대한 일종의 경제성 평가였는데, 교육부 예산 관리 차원에서는 경제적일지 몰라도, 국가 경제 차원에서나 지역 경제 차원에서는 전혀 경제적이지 않다. 회계 장부로 보는 경제성과 장기적인 국가 차원의 경제성은 얘기가 전혀 다르다. 그렇게 어린이들이 지역에서 빠져나오고, 농촌 등 인구 밀집 지역과 멀어진 지역에서부터 인구 다이내믹이 급격히 떨어지게 되었다.

자, 이제 어떻게 할 것인가? 하던 대로 경제성 평가를 하면, 지방은 중심축 몇 개만 남고, 수도권은 출생아 수가 줄어드는 상황에서도 더욱 붐비게 된다. 다른 사회경제적인 요소들이 변하지 않는다면, 학교를 비롯한 출산 교육 인프라가 적은 곳의 출생아 수는 평균 속도보다 더 빠른 속도로 감소할 가능성이 높다. 각 지역에서 출산 장려금만 높인다고 이 문제가 해결되지 않는다. 육아에 대한 불편은 돈을 더 준다고 해결되지 않는다. 지역 내에 교육 인프라가 어느 정도 확보되지 않으면 결국 가족들도 지역을 떠날 수밖에 없다. 현실에서는 어디에서 어디까지가 육아 인프라이고, 교육 인프라인지 구별하기 쉽지 않다. 대치동 학원가도 교육 인프라인가? 그렇게 생각하고 싶지는 않지만, 지역의 많은 도시에 새로 만들어진 신도심에는 학원가가 들어서고, 결국 구도심에 있던 사람들이 그쪽으로 옮겨가게 된다. 각 지역마다 '자신들의 강남'이라고 하는 집값 비싼 지역이 형성된다.

육아와 교육 인프라를 최저 수준으로라도 확보하기 위한 정답이 하나만 있는 것은 아니다. 학교 등 필수 시설로 이해되는 곳들은 국가 기반 시설로 지정을 해서 경제성과 상관없이 유지할 수 있다. 혹은 인센티브 방식을 사용할 수도 있다. 군이 비유를 하자면, 병참 정도로 번역할 수 있는 로지스틱 문제와 다를 게 없다. 2차 세계대전 때 유럽에 동부와 서부, 두 개의 전선이 생겨났고, 연합군으로 참전한 미군에게는 병참이 아주 골치 아픈 문제였다. 불규칙하게 전선이 확대되면서 보급이 어려운 것은 히틀러 쪽도 마찬가지였다. 이 과정에서 로지스틱 문제를 해결하기 위한 다양한 계산 방법들이 고안되었다. 어디에 병참 기지를 지어야 보급이 가장 효과적일지를 계산하는 첨단 기법이 등장했고, 나중에는 계량경영학이라 불리는 학문이 되었다. 경영학이 별도의 학문으로 정립되는 데 이 과정이 결정적 기여를 하게 된다. 교육 및 육아 인프라 구축을 체계적으로 접근하면 기법이나 정책 수단이 어려운 것은 아니다. 보급 기지를 임시로 세우는 것과 같은 종류의 계산이다. 도시공학에서 지역 설계를 하면서 필요 기반 시설을 배치하는 것과 다를 게 없다.

문제는 출산과 교육 인프라를 국가 기반 시설 혹은 지역 필수 시설로 인정하는 사회적 합의를 도출하는 일이다. 지금까지는 인구가 줄 것으로 예상되면 정부는 시설을 빼버리는 방식으로 대응했다. 보육은 부모들이 알아서 하는 것처럼 생각했고, 학교는 경제성이 떨어지면 그냥 문을 닫거나, 인근 학교와 병합을 했다. 로지스틱 관점에서 볼 때 더는 그러면 안 된다. 공업 인프라에 대한 투자는 쉽게 합의되지만, 교육과 보육 인프라 투자는 그렇지 않다. 정책적으로는 출산율에 따라서 지원이 시급한 지역과 기관에 대한 우선순위를 정할 수 있기 때문에, 난이도가 아주 높은 정책은 아니다. 기법은 어려운 게 아니지만, 사회적 합의가 어렵다.

사회적 합의가 이뤄지면, 남아 있는 학교들과 시설들에 대한 지원 및 보존 방식을 만드는 것은 그렇게 어렵지는 않다. 논리적으로는 도로나 건물과 같은 기반 시설과 병원, 학교가 크게 다를 이유가 없다. 지금부터라도 보육 및 육아 인프라를 필요한 지역에 만들 수 있도록 국가적 대책을 세우지 않으면, 국토의 절반 이상이 육아 관점에서 볼 때 사막과 같은 지역이 될 것이다.

지금까지 우리는 출산 문제를 전적으로 개인적인 문제로 보았고, 부모의 선택 위주로 정책을 설계했다. 많은 제도가 도입되었고, 이제 우리는 아빠의 육아 참여가 중요하다는 걸 이해하는 데까지 왔다. 그렇지만 생명체의 행동을 연구하는 생태학에서 공간 문제가 핵심적인 것처럼 출산 문제도 공간 정책 중의 하나라는 생각은 별로 못했다. 개인에게 출산이 가능한 사회경제적 조건이 필요한 만큼, 공간적 조건 역시 필수적이다. 우리는 이런 시설들을 공기처럼 그냥 알아서 생겨나는 것처럼 생각했지만, 공기가 없으면 어떻게 되는지, 이제 조금씩 느끼는 것 같다. 민간에서 알아서 하면 되지 않겠느냐, 그런 접근으로는 천만 국가의 붕괴도 막을 수 없다. 육아 사막이 국토 내에서 늘어나면 늘어날수록 출생아 수 감소는 더 빨라지게 된다.

'뒤에서 5등'을 위한 나라
― 마지막 보루, 학교

성공회대학교에서 교육대학원 수업을 몇 년간 했었다. 선생님들이 학생이었고, 수업 시간에 교육에 대해서 다양한 대화를 많이 나눴었다. 그때 '뒤에서 5등'이라는 표현을 쓰게 되었다. 많은 학교에서 '앞에서 5등'까지만 보고 수업을 하거나, 학교를 운영하게 된다는 얘기를 하다가 나온 표현이었다. 앞에서 5등도 사실 넉넉하게 잡은 수치이기는 하다. 2010년에 나온 『1등만 기억하는 더러운 세상』이라는 제목의 책은 노회찬, 공지영, 김규항 등의 인터뷰로 구성된 책이다. 1등 아니면 눈길도 안 주던 시절을 우리 사회는 지나왔다.

교사들과의 대화에서 '앞에서 5등'은 한국의 학교 현실을 묘사하기에는 딱 맞는 표현이라는 판정을 받았다. 그렇지만 교장 선생님처럼 학교 행정을 담당하는 사람들과 얘기를 해보면 그들은 현실을 좀 다르게 바라보고 있었다. 일반적 이해와 달리 교장 선생님들은 '뒤에서 5등'이 훨씬 중요하고, 신경도 더 쓰이는 학생들이라고 말했다. 현실은 그렇다. 어차피 공교육 내에서는 앞에서 몇 등이 더 공부를 잘 하거나, 아주 좋은 대학을 가더라도 행정적으로 큰 변화가 생기지는 않는다. 그렇지만 뒤에서 5등들이 큰 사고를 내면 행정적으로 아주 복잡해진다. 문제가 아주 심해지면 전학을 보내는데, 이게 폭탄 돌리기와 같은 구조다. "담배 피우는 것까지는 좋은데, 차라리 학교 안에서 피우면 좋겠어요." 이렇게 말한 교장 선생님도 있었다. 학교 안에서 피우는 건 그래도 어떤 식으로든 자체 행정 처리를 할 수 있는데, 학교 밖에서 담배 피운다고 인근 주민들이 민원을 내면 아주 곤란해진다는 거다. 내가 잘 모르는 세상에 대해서 그때 좀 알게 되었다. 경복고교와 경기상고는 거의 붙어 있다. 경복고교 학생들이 학교 밖에서 담배를 피우면, "학생들 똑바로 지도하라."는 항의가 경기상고 쪽으로 들어온다고 한다. 학교는 억울해 하지만, 경복의 이름과 상고에 대한 편견이 분명히 존재했다.

그때 선생님들과 꽤 많은 생각과 아이디어를 나눴다. 고등학교 영화제를 만들자는 아이디어도 나왔다. 어차피 대학 진학에 관심 없는 학생들을 위해서 영화 제작을 지원하는 것은 현실성 높은 계획이었다. 물론 실제로 추진할 형편은 아니었다. 사회적으로는 '앞에서 5등'만 보겠지만, 교육 행정은 그렇게 진행되지는 않는다.

유럽의 작은 국가들과 한국의 가장 큰 차이점은 '앞에서 5등'이 아니라, '뒤에서 5등'을 대하는 태도다. 뒤에서 5등을 그냥 무시하고, 버리고 가는 건 사회가 아주 바쁘게 움직이는 개도국들의 특징이다. 출산율도 충분히 높아서, 그냥 잘 따라오는 우수 학생들만 데리고 가도 별문제가 안 생긴다. 그러나 국민소득이 높아지면, 액면가 그대로 한 사람 한 사람의 가치가 바뀐다. 게다가 21세기 이후로 선진국들이 대부분

출산율이 내려가면서, 한 명 한 명의 가치가 더욱 높아졌다. 2022년 덴마크에서는 5만8,430명이 태어났다. 최근 통계 중에는 1994년이 가장 높아서 7만 명 가까이 태어났었다. 2021년 6만3,000명 정도가 태어났다가, 다음 해에 6만 명 선이 깨진 것이다. 이런 작은 나라에서는 한 명 한 명의 가치가 얼마나 소중하겠는가? 천만국가로서 시스템의 안정성과 효율성을 갖는다는 것을 정서적으로 표현한다면, 뒤에서 5등도 충분히 행복하고, 보람 있는 삶을 사는 것이다. 지금 한국 시스템은 뒤에서 5등은 그냥 버리고 간다. 알아서 할 것!

동어반복 같은 얘기지만, 한국이 천만국가 정도에서라도 안정성을 찾기 위해서는 우리의 출생아 수가 20만 명대에서 10만 명대로 내려가는 그 사이 어디에서인가, '뒤에서 5등'을 위한 나라로 변해야 한다. 청소년들이 점점 육체적으로 커지고, 범죄가 흉포해지니까 한 살이라도 더 일찍 법적으로 처벌해야 한다는 생각이 팽배하다는 사실은, 지금 우리가 처해 있는 위기를 전혀 인식하지 못하고 있다는 반증이다. 또 이민을 적극적으로 받으면 된다는 생각은, 인구의 국제적 이동이 가지고 있는 복잡 미묘한 측면을 전혀 이해하지 못하는 비과학적 미신 같은 거다.

1990년대 세계화가 강도 높게 진행될 때, 더 조건이 좋은 나라로 인구가 엄청나게 이동하고, 그 결과 국가 규모에 큰 변화가 올 것이라는 예상이 있었다. 세계화 이후로 30년이 지났는데, 그런 엄청난 구조 변화는 생겨나지 않았다. 1995년 발효된 쉥겐협약은 유럽 주민들끼리 여권과 검색 없이 국경을 넘어갈 수 있도록 하였다. 유럽 통합이 점차 강화되면서 노동 시장이 통합되고, 국가 경계 없이 자유롭게 일하게 될 것이라고 많은 사람이 예상했다. 실제로 국경 근처 지역에서는 세금 차이 때문에 국경을 넘어가서 담배를 사오기도 하고, 주유를 하기도 한다. 그렇지만 노동 시장 자체에 교란이 올 정도로 노동자들이 대거 이동하지도 않았고, 사회 문제가 될 정도로 주거지를 옮기지도 않았다. 이민은 그렇게 노동 공급 부족의 대안으로 쉽게 채택할 수 있는 정책도 아니고, 노동자는 오란다고 오고 가란다고 가는 그런 단순한 경제 변수가 아니다. 출생아 수가 줄어드니까 결국 이민을 받으면 된다고 하는 건, 너무 간단한 생각이다. 어쨌든 이런 생각을 하니까, '뒤에서 5등'은 구제불능이라 버려두고, 범죄를 저지르면 더 강한 형벌로 처리하면 된다고 하는 행정적 발상이 가능한 것 아닌가? 그런 주장을 하는 사람들은 한동안 충무로를 뒤덮었던 깡패 영화를 너무 많이 본 것 같다.

우리는 '뒤에서 5등'을 버리고 가는 방식에 너무 익숙해져 있다. 그렇지만 인구 구조가 변하면서 한 명 한 명의 가치가 변하게 된다. 자본 희소 사회에서는 경쟁력을 갖춘 '인재'들만 제대로 된 일자리를 가질 수 있을지 모르지만, 노동 희소 사회에서는 다르다. AI 시대가 온다고 해도 미장이나 배관공 등이 필요한 많은 시설의 유지 관리 및 보수 같은 일에는 인간의 노동이 투입된다. 수많은 일자리들이 인기는 없어도 의미는 있게 유지될 것이다. 그건 지금 걱정하지 않아도 되는 일이다. 문제는 어떤 학생도 방치되거나 소외되지 않는 학교를 운영하는 일이다. 현존하는 천만국가들에서 토론식 교육이 보편화되고, 암기식이 아닌 이해 방식이 자리 잡은 것은 우연이 아니다. 한 명 한 명이 중요한 사회가 되면, 교육을 운용하는 방식도 바뀌게 된다. 우리는 지금까지 "버리고 간다." 이 방식에 너무 익숙해졌다. 그건 사람이 넘쳐나던 과거 방식이다.

지금 우리는 중등교육은 물론이고 영유아 과정까지 과잉 경쟁 상태다. 실제로 그들이 어른이 되었을 때, 최소한 청년들의 노동 시장은 그렇게까지 과열된 상태가 아닐 가능성이 높다. 경쟁보다는 오히려 소통과 이해 등 협력하기 좋은 인재가 미래에 더 맞는 유형이 될 것이다. 우리는 전반적으로 AI 도입의 결과를 너무 공포스럽게 바라보고 있다. 그렇지만 AI는 지금까지의 기술혁신이 그랬듯이 보완적인 결과를 만들 가능성이 더 크다. 1960년대 이후로 50년 가까이 지속된 자본 희소, 즉 노동 과잉 상태와 AI 도입에 대한 패닉 등이 문화적으로 결합되어서 지금의 무한 경쟁 같은 상황을 만들었다. 고비용이 드는 것도 문제지만, 현실과는 괴리된 채로 경쟁압이 지나치게 올라갔다. 청소년들의 스트레스가 지나치게 높고, 정신병리 현상과 자살이 국민 평균치보다 더 높다. 이기는 사람이나 지는 사람 모두에게 힘들다. 그 결과 지나치게 긴장감 높은 선행 학습파인 1그룹과 지나치게 긴장감 떨어진 채 학교에 다니는 무학습파인 2그룹으로 나뉘게 되었다. 중간은 없다시피 된다. 자신의 사회경제적 조건에 의해서 미래의 자녀가 그냥 학교만 다니고 있는 2그룹이 될 가능성이 높은 환경에 있는 예비 엄마들은 "태어날 아이에게 미안해서 낳을 수가 없어요." 이렇게 말하면서 출산을 포기한다. 구조적으로 많은 부모들에게 출산하기 어려운 조건은 중등교육에서 만들어진다. 뒤에서 5등은 버리고 가는 사회, 이건 단순히 학교의 문제가 아니라 지나치게 경쟁의 미덕만 강조되었던 개도국에서 선진국 초기에 들어선 한국이 만들어낸 문명이다.

　　중등교육은 중학교와 고등학교 과정이다. 중진국까지는 앞에서 5등을 더 앞으로 보내는 게 중요했다면, 선진국이 되면 뒤에서 5등을 잘 챙기는 것이 중요해진다. 특히 노동력이 감소하는 시기에서는 더욱 그렇다. 노동 시장에서는 자연스럽게 노동이 귀해지는 변화가 생기지만, 교육은 변화가 느리다. 경제 얘기에서는 자주 쓰지 않는 표현이지만, 우리의 미래를 위해서 가장 필요한 것은, 뒤에서 5등도 행복하고 즐겁게 청년 시절을 보낼 수 있는 문명적 전환이다. 그들이 최선을 다 하고, 죽을힘을 써 가면서가 아니라, 무난하고 수월하게 사회에 진출하고, 다시 부모가 되어 출산을 하게 될 때 비로소 우리는 천만국가에라도 안착할 수 있게 된다. 큰 규모든 작은 규모든, 합계출산율 2.0이 회복되어야 정체 상태라도 되는 것이다. 단기적으로는 출산과 영유아 보육과 관련된 경제적 조건을 생각하게 된다. 그렇지만 진짜 문제는 중등교육 과정에 있다. 그들만의 경쟁 게임이 격화되면, 중산층 이하의 많은 국민들은 "너네끼리 잘 해봐라." 이렇게 비난하며 아예 게임에서 빠져나오게 된다. 이제부터는 교육에 대한 사회적 투자는 '앞의 5등'이 아니라 '뒤의 5등'들에게 집중되어야 한다. '뒤에서 5등'에게 더 많은 투자를 하는 것은 많은 한국인들의 정서에 맞지는 않을 수도 있다. 우리는 공부 못하면 버리고 포기하는 게 익숙하고, 아주 편하다. 공부를 조금만 못하면, 아버지가 아들을 마음속에서 버린다. 우리는 그렇게 살아왔다. 이제부터는 중등교육의 목표를 다시 환기할 필요가 있다. 중등교육 목표에 '대학 진학'은 없다. 원칙적으로는 상대적 다수 시민들의 교육은 중등교육에서 종료하는 것이고, 특별한 지식과 교육을 필요로 하는 사람들이 고등교육 단계로 진학하는 것이다. 한국에서는 무시되지만, 그게 기본이다.

21세기에도 꼭 국영수를 중심으로 공부해야 할 필요가 있을까? 대학을 희망하지 않는 학생들은 국영수나 기타 과목이 아니라, 자신이 원하는 과목을 제안하고, 그걸로 수업을 대체할 수 있다면 중등교육 과정이 훨씬 덜 부담될 것이다. 그리고 그런 과목들이 꼭 기존에 있던 과목일 필요도 없다. 학생들의 다양한 제안을 받아서 실행할 수 있는 형태로 공통점들을 수렴할 수 있다. 코딩과 관련된 과목일 수도 있고, 많은 청년들이 선호하는 직업인 플로리스트나 바리스타와 관련된 기초 학습이 될 수도 있다. 혹은 3D 프린터를 활용하는 과목들이 되어도 무방하다. 자신이 선택할 직업과 관련이 있어도 좋지만, 그냥 취미나 흥미와 관련된 것이라도 무방하다. 마약과 같은 반사회적 속성이 너무 명확한 분야가 아니고 어떻게든 사회에 긍정적인 기여를 할 과목이라면 굳이 제한을 둘 필요가 없을 것 같다.

수업도 평가를 목표로 하는 것이 아니라, 국영수에 익숙하지 않고, 충분히 공부할 준비가 되어 있지 않은 학생들도 흥미롭게 배울 수 있는 방식으로 디자인할 수 있다. 물론 돈은 들어갈 것이다. 기존에 준비된 교사들이 아니라 문화나 기술 분야의 전문가들이 교육에 참여하는 것은 돈이 들어가는 일이다. 교사들의 재교육을 위해서도 돈이 들어간다. 그렇지만 그렇게 해서 생겨날 수 있는 장기적이고 사회적인 편익이 분명하기 때문에 돈을 쓸 이유는 명확하다.

학업 성취도 평가는 어떻게 할까? 이런 실용적이거나 실험적인 수업에서 굳이 순위를 매겨서 상대평가를 할 필요는 없다. 우리는 중등교육에서 대학의 고등교육까지 상대평가에 너무 익숙해서 절대평가에 대한 심리적 거부감이 크다. 선진국이 되면서 만들었어야 할 '믿음'이라는 제도적 장치를 아직 만들지 못한 탓에 우격다짐처럼 대학에서도 상대평가를 아직 적용하고 있을 뿐이다. 프랑스 같은 경우는 대입시험도 절대평가 방식이다. 그렇다고 그걸 영원히 고집할 필요는 없다. 일정한 기준을 가지고 통과와 실패만 구분해도 수업의 효과를 만드는 데에 충분할 것이다. 문제는 지금의 시스템에서는 포기하고 버리고 가는 학생들을 다시 시스템 안으로 통합하는 것이고, 그들이 행복한 삶을 살 수 있도록 도와주는 것이다.

시간이 지나면 이런 실험적 교육들을 이수한 학생들을 원하는 학과가 생겨날 수 있고, 사회적으로도 인식이 변화할 것이다. 충분한 청년 노동이 공급되지 않는 사회에서는 이런 방식이 또 다른 대안이 될 수 있다. 보다 근본적으로는 철학적이고 기술적인 문제일 텐데, 학교에서 혹은 반에서 뒤의 등수에 있는 학생들이 이렇게 다른 구역으로 빠져나오면, 앞의 등수 학생들에게는 불만이 생겨날 수 있다. 특히 지금처럼 내신 성적이 대학에 진학하는 중요한 전략이 된 상황에서는 더욱 그렇다. 그렇지만 반대로 질문을 해보자. 누군가에게 더 좋은 내신 점수를 주기 위해서 성적이 낮은 학생이 살아가는 것은 아니다. 또 그게 학교를 다니는 이유가 된다는 건 말도 안 된다. 더욱이 그런 교육과 평가 시스템이 지금 사회 전체의 재생산을 심각하게 위협하고 있다면?

우리는 경쟁을 너무 사랑했고, 등수를 종교 경전처럼 여겼다. 20년 전에 한국 사회의 일부가 외쳤던 "행복은 성적순이 아니잖아요."라는 말은 무시당했을 뿐이지, 틀린 말은 아니다. 그렇다고 내가 경쟁을 전적으로 부정하는 건 아니다. 각자 생긴 대로 살아도, 지나치게 불편하거나, 지나치게 불이익을 받게 되는 상황은 피해야 한다는 것이다. 그 출발점이 우리의 경우는 중등교육이라고 생각한다. 초등학교 때부터 알아서 선행 학습을 하고 오고, 학교에서는 그냥 앉아 있거나, 서로 피해 주는 일만 하지 않게 하는 현재의 학교들도 저출생 국면에서 변화가 필요하다. 그냥 하던 대로 하면, 많은 학교들이 결국 20년 내에 문을 닫게 된다. 지금 추세와 속도로 가면, 천만국가 수준에서의 안정화가 아니라 많은 사람들이 생각하는 국가 소멸 단계로 가게 된다. 중학교든 고등학교든, 남아 있을 수 있는 곳은 얼마 안 된다. 상대평가의 미덕을 지금처럼 강조하면, 아마도 전국에 단 하나의 교실만 남아 있을 때에도 앞에서 5등, 뒤에서 5등, 그러고 있을 것이다. 규모가 줄면 경쟁과 협력의 양상이 변하는 것이 정상적이지만, 우리는 상대평가에 너무 익숙해서 마지막 한 줌이 될 때까지도 죽어라고 경쟁을 하는 이상한 나라가 되었다.

우리가 앞으로 가져야 할 교육의 보편적 원칙은 한 가지다. 출생아 수가 줄면 줄수록 경쟁압은 줄이는 방향으로, 다양한 형태의 협동 능력은 높이는 방향으로 가야 한다는 것이다. 누군가 망해야 내 상황이 나아진다는 방식으로는 잠재적으로 천만 인구도 유지하지 못하는 문명이 된다. 현재 한국은 학교 밖에서는 1970~80년대에 굳어진 "죽이지 않으면 네가 죽는다."는 무한 경쟁의 모토를 주장한다. 많은 사교육도 같은 경쟁 철학 위에 서 있다. 아마 앞으로도 10년간은 학교를 제외하면 협력을 얘기하는 교육 기관이 별로 없을 것이다. 그 사이에 우리는 연간 출생아 수 20만 명의 벽도 무너지고, 10만 명을 향해서 직진할 것이다. 현실에서는 학교가 마지막 보루다. 경쟁압을 줄이기 위한 노력이 필요하다. 경쟁과 협력은 생명체의 두 가지 속성인데, 협력을 배울 수 있는 가장 좋은 장소는 여전히 학교다. 미래의 최전선은 여전히 학교다.

군대와 연금
그리고 국가의 영속성 가설

지금 우리가 맞닥뜨린 경제 주체의 재생산 문제는 아담 스미스의 『국부론』은 물론이고 칼 마르크스의 『자본론』에서도 만나보지 못한 새로운 세계다. 새롭지만 좋은 것은 아니다. 두 사람 다 경제가 언젠가는 더 이상 성장하지 않는 상태에 도달할 것이라고는 생각했다. 하지만 성장 속도가 둔화된 상태에서도 여전히 일정한 수준의 성장을 하는 사회가 만나게 되는 위기는 생각해본 적이 없다. 심지어 맬서스의 『인구론』과도 전혀 다른 상황이다. 맬서스는 인구가 급격하게 늘어나서 도저히 경제가 감당할 수 없을 때 발생하는 전쟁과 같은 위기를 다루고 있다.

하이에크는 시장에 의해서 작동하는 자본주의가 사회주의 계획 경제보다 더 우수한 것은, 더 정확한 결정을 하기 때문이 아니라 시장 메커니즘이 작동하는 과정에서 효율성이 더 좋아지기 때문이라고 말했다. 확실히 중앙위원회의 관료적 결정보다는 시장을 통하는 방식이 더 효과적이고, 덜 부패하는 것은 맞다. 그렇지만 하이에크의 주장은 국가를 아예 배제하는 시장 근본주의의 길을 열었다. 나름대로 의미 있는 얘기를 했던 하이에크도 한국처럼 이렇게 빠르게 출생아 수가 감소하는 미래는 상상해본 적이 없을 것이다. 1960~70년대에 태어난 한국인은 어렸을 때 혹은 청소년기 때 들어보지도 못했고, 생각해본 적은 더더군다나 없는 낯선 미래를 만나는 중이다. 이 정도 상황은 경제학 교과서는 물론이고 영화나 드라마에서도 거의 다뤄진 적이 없는 매우 특별한 위협이다. 구로자와 아키라 감독의 영화 〈라쇼몽〉의 엔딩은 혼돈스럽고 난장판이 된 결론 부분에서 새로운 아이가 태어나는 장면이다. 어쨌든 세상은 이어지고, 역사는 계속 된다. 그런데 이제 우리에게 그런 믿음이 사라져간다. 한국에서 "우린 이제 망한 거 아니에요?" 이렇게 얘기하는 초등학생을 만나는 것이 어렵지 않다. 이게 문제라는 것은 어린이들도 안다. 한 가지 확실한 것은 지금의 유례없는 한국의 낮은 출산율은 시장이 너무 잘 작동한 결과이지, 시장이 안 움직여서 생겨난 것은 아니라는 점이다. 그렇다고 시장이 더 발달한다고 해서 출산율이 늘어날 가능성도 제로다. 하이에크가 살아 돌아와도 이 문제는 못 푼다. 고전적인 방식으로는 해법이 없다. 사회주의 혁명이 생겨난다고 해서 이 문제가 풀릴까? 어렵다고 본다. 유엔인구기금이 펴낸 보고서 『세계인구 현황 2022』에 따르면 북한도 합계출산율이 1.9까지 내려왔다. 한국과 비교할 상황은 아니지만, 출산율 2.0 이하에서는 결국은 인구가 줄기 시작한다. 1.07까지 합계출산율이 내려온 중국도 비상 상황인 것은 마찬가지다. 혁명이 아니라 혁명 할아버지가 온다고 해도 한국의 저출생 문제는 해결하기 어렵다. 그렇게 풀 수 있는 문제도 아니다.

이제는 우리가 지금부터 무슨 조치를 취하든, 지난 20년 동안에 이미 발생한 출생아 수의 감소로 인한 변화를 피할 수 없다. 조금 민감한 사람들은 꽤 큰 변화가 이미 왔다고 생각할 수 있고, 그렇지 않은 사람들은 아직은 별 변화가 없다고 생각할 수도 있다. 10년 전, 큰 애를 유모차에 태우고 밖에 나가면 다른 유모차를 심심찮게 볼 수 있었다. 지금은 길거리에서 유모차를 보기가 쉽지 않다. 출생 위기를 겪고 있는 일본에 가면 여전히 꽤 많은 유모차를 볼 수 있다. 휴일에 소도시의 작은 동네에서 특히 더 그런 것 같다. 코로나에서 막 풀려나오는 시기에 제네바에 갔었는데, 역시 적지 않은 유모차가 있었다. 서울이나 제주도에서는 유모차 대신 급격히 늘어나는 노키즈존을 만나게 된다.

이런 변화는 당연히 경제에도 많은 영향을 준다. 인구 구조에 따라 설계된 대부분의 현행 제도들은 큰 폭의 변화가 불가피하다. 경제적인 측면만이 아니라 사회적인 변화도 발생하게 된다. 마치 물과 공기처럼 익숙했던 제도들에도 큰 폭의 수정이 불가피하다. 대표적으로 군대와 국민연금은 대규모의 변화가 불가피하다. 2021년 현역병 입대는 21만5천 명이었다. 2022년 출생아 수는 대략 25만 명 정도 된다. 군 입대 대상인 남성이 절반이라고 하면 12만5천 명이다. 앞으로 벌어지는 일과는 상관없이 이미 벌어진 일만으로도 현역 입대자 수는 크게 줄어들 수밖에 없다. 물론 기계적인 계산으로는 줄어든 출생아 수만큼 입대 기간을 늘리면 되는데, 사회적으로는 불가능한 선택이다. 병사의 숫자를 대대적으로 줄이고, 장교를 늘리는 수밖에 없다. 최적의 해결 방법은 없다. 어쩔 수 없이 차선책을 선택할 뿐이다. 스웨덴은 1991년 병역 의무를 폐지했다가 2014년에 다시 도입하였다. 러시아의 위협 때문이었다. 스위스는 모든 남성이 260일 동안 의무 복무하는데, 신병교육만 받고 사회로 복귀한다. 민병제라고 불린다. 여성은 원하는 경우에 참가한다. 어떤 형태가 되었든, 병력 자체는 절대적으로 줄어들 수밖에 없다. 한국의 경우는 북한과의 대치 상황 때문에 군대는 매우 예민한 주제가 될 수밖에 없다. 직업군인 제도를 도입하고 의무병제는 폐지할 것인가, 의무병 제도를 유지할 때에 복무 기간은 어떻게 할 것인가, 여성의 병역 의무를 어떻게 처리할 것인가, 이 세 가지를 놓고 격론이 벌어질 수밖에 없다. 한 가지 확실한 것은, 병력 규모 등 물리적인 힘으로 방어하는 것은 점점 더 어려워지고, 외교와 안보 전략이 국방의 중요한 자산으로 등장하게 된다는 점이다. 신생아 수 10만 명대 나라에서 100만 명대 시절의 군대 규모를 유지하는 것은 기술적으로 불가능하다. 지금 많은 사람들은 학교는 문 닫으면 그만이고, 공장은 외국인 노동자로 채우면 된다고 생각하는 것 같다. 나머지 빈 구석은 장기적으로는 이민자 받아서 충분히 유지할 수 있다고 여전히 낙관적이다. 그렇지만 군대를 외국인에게 맡기기는 어렵다.

앞에서 언급했던 영화 〈탑건〉을 제작할 때 미국 해군은 신병 모집에 이 영화가 상당한 도움을 줄 것으로 판단하고, 항공모함과 해군 전투기 톰캣을 영화 제작진에게 기꺼이 이용하게 해줬다. 반면 비슷한 시기 미국 해군에 대해서 비판적인 얘기가 주제였던 잠수함 영화 〈크림슨 타이드〉는 아무런 도움도 받지 못했다. 미국도 점점 더 신병 모집이 어려워지고, 히스패닉 등을 겨냥해서 신병 모집에 미국 시민권을 걸기도 한다. 하지만 이민자들로 군대를 채우는 것은 그렇게 간단한 일이 아니다. 영광스러운 과거에 대한 노스탤지어만으로 새로운 변화에 적응할 수 있는 것은 아니다. 받아들이기는 싫을지 몰라도, 연간 20만 명 선이 위협받고 있고, 얼마 안 있으면 10만 명을 아래로 내려갈 한국은 더 이상 대군을 유지할 수 있는 나라가 아니다. 이런 우리의 현재 모습이 과거의 영광스러운 모습과 맹렬하게 충돌할 것이다. 아직은 심각하게 20대 인구가 준 것도 아닌데, 이미 직업군인을 충원하는 데 어려움을 겪고 있다. 자본 희소 사회에서 노동 희소 사회로 전환되는 변화는 군도 예외가 아니다.

군대만큼 큰 논쟁이 불붙을 수밖에 없는 부문은, 많은 사람들이 충분히 예상할 수 있는 국민연금 개편이다. 우리나라만이 아니라 외국도 국민연금을 처음 설계했던 시절에는 청년 인구가 지금처럼 급감하는 현실을 상상하지 못했다. 일정 규모의 경제 성장이 이루어지고, 인구 구조가 안정적인 상황에서는 사회 협력 제도로서 연금은 아주 잘 설계된 제도다. 먼저 돈을 주고, 뒤에 사람이 이걸 메운다는 의미에서 국민연금을 폰지 사기라고 얘기하는 사람도 있기는 하지만, 정부 재정이 그 뒤에 있기 때문에 그렇게만 생각하기는 어렵다. 사기꾼과 달리 정부는 도망가지 않으며, 주머니를 꼭꼭 닫아 놓기만 하는 것도 아니다. 극단적인 경우는, 싱가포르처럼 각자 적립한 돈을 나중에 받아가는 적립식으로 전환하는 방법도 있다. 여기에 소득에 따라서 정부가 일정한 추가 지원을 하면, 민간 보험과 다른 사회 보험으로서의 특성을 살릴 수도 있다. 그렇지만 이건 정말 최악의 상황에서 쓰는 선택이다. 그리고 전환 과정에 많은 사회적 혼란이 불가피하다.

우리나라의 인구 감소가 궁극적으로 출생아 수 기준 10만 명, 잠재 규모로 1천만 명 수준에서라도 안정화를 시킬 수 있다면, 연금 문제는 그래도 해법을 찾아볼 수 있다. 현재 한국의 연금에 별도의 재정이 투입되는 것은 아닌데, GDP 대비 2.8% 정도 된다. OECD 회원 국가 평균은 7.7%다. 현재의 국민연금이 반드시 기금만으로 운용되어야 하는 것은 아니다. 우리가 예외적으로 큰 기금을 가지고 버티고 있는 중인데, 지금까지는 굉장히 보수적인 자세를 취해왔다. 그 대가는 40% 수준의 소득대체율이다. 회사가 더 부담하는 것도 아니고, 그렇다고 재정에서 추가 투입이 있는 것도 아니라서, 국민연금이 충분한 수준의 소득대체율을 보장하지 못한다. 현재의 연금 기금 구조로도 40~50년은 버틸 수 있다. OECD 평균 지출까지는 시간적 여유가 있기 때문에, 초고령화 사회를 만든 대가를 재정으로 치른다고 생각하면 추가적으로 더 버틸 여력이 생겨난다.

이렇게 버티는 것은 가능한데, 문제는 출생아 수가 10만 명대 수준이 돼도 안정을 찾을 수 있느냐 하는 점이다. 1970년부터 지금까지 누적된 인구 불균형이 해소될 때까지 버티면, 다음 아니 그다음 세대에서는 다시 안정된 인구 균형을 만날 수 있다. 그 기간 동안에 정부 재정을 투입하면서 시스템을 유지할 수는 있다. 만약 출생아 수 10만 명대에서도 안정을 찾지 못하고 지속적으로 감소한다면? 비극적인 상황이지만, 그때는 국민연금이 문제가 아니라 국민 자체의 존립이 문제다. 국민연금만이 아니라, 공무원연금 등 기금 형태로 움직이는 모든 시스템이 다 정상 작동하기 어렵다. 연금만이 아니다. 농업도 생산 능력은 물론이고, 소비 규모도 줄어들기 때문에, 전혀 다른 계획이 필요하게 된다.

국민연금은 현대 복지국가를 만든 근본적인 제도 중의 하나이지만, 그것도 다 인간이 살아가기 위해서 만든 것이다. 사람이 살아가기 위해 제도를 만드는 것이지, 제도를 운용하기 위해서 사람이 살아가는 것은 아니다. 철학적인 문제지만, 제도를 위해서 사람이 맞추는 것은 말이 안 되는 일이다. 출생아에 대한 것도 마찬가지 시각으로 보아야 한다. 지금 시스템에 문제가 있기 때문에 출생아 수 감소 문제를 해소해야 하는 것이지, 출생아 수가 줄어서 생겨나는 문제들을 해소하기 위해서 출생아 수를 유지하거나 늘리려고 하는 것은 철학적으로 곤란하다. 제도는 사람을 위한 것에 불과하다. 10년 후 그 어느 시점에 출생아 수가 10만 명대도 유지하기 어렵다는 판단이 들면, 국민연금 제도에 대해서 보다 근본적인 검토가 필요할 것이다.

아무런 내재적 가치가 없는 종이를 화폐로 사용할 수 있는 것은, 국가가 망하지 않고 계속될 것이라는 것을 우리가 믿기 때문이다. 세상에 영원한 것은 없다. 태양도 영원하지 않고, 지구도 영원히 존재할 수 없다. 그 안에 있는 국가도 당연히 영원하지 않다. 그래도 우리는 국가가 영원할 것이라고 가정하고, 또 이 가정을 믿는다. 우리가 생각하는 많은 제도들 특히 공공 제도들은 개인은 몰라도 국가는 영원할 것이라는 가정 위에서 작동하는 것이다. 만약 국가가 문 닫거나 혹은 망하는 날을 알게 되면, 화폐가 통용되지 않을 것이다. 그것이 비록 몇 백 년 혹은 몇 천 년 이후의 일이라도, 마지막 순간이 있다고 하면 바로 지금부터 화폐를 받을 사람이 없다. 무가치한 종이 쪼가리를 놓고 폭탄 돌리기를 하고 싶은 사람은 없다. 달러를 사용하는 것도 미국 정부의 힘이 영원할 것이라고 사람들이 믿기 때문이다. 슈퍼 파워로서 미국의 힘이 흔들린다는 의심이 조금이라도 생기면, 금값과 석유 가격이 바로 요동친다. 원화가 별 문제 없이 통용되는 것은 한국 정부의 영속성을 국민들도 믿고, 외국인들도 그럴 것이라고 생각하기 때문이다.

연금 제도의 본질도 사실은 국가의 영속성과 연관되어 있다. 과연 한국 국민들이 정부, 특히 정부의 재정 능력을 얼마나 신뢰할 것이냐, 그런 문제와 같다. 정부가 재정 능력이 충분하고 위기가 생겼을 때 적절하게 대응할 것이라는 신뢰가 있으면, 국민연금도 믿을 만한 제도가 된다. 그렇지만 국가가 신뢰를 잃으면, 제도는 그 순간 위기에 빠지게 된다. 넓게 보면, 청년들에게 광범위하게 퍼져 있는 국민연금에 대한 불신은 국가 자체에 대한 불신이기도 하다. 의도와 결과라는 두 가지 정책 기준으로 보면, 국민연금에 대한 불신은 의도에 관한 것이라기보다는 결과에 대한 것이다. 정부가 국민연금을 지키려는 의도를 가지고 있다고 하더라도, 현실에서 그걸 지킬 능력을 가지고 있는지에 대해서 믿지 못하는 사람들이 점점 더 늘어나고 있다.

국가의 크기와 규모가 작아지는 것 자체가 문제는 아니다. 얼마든지 또 다른 균형을 만들어낼 수 있다. 그렇지만 그 과정에서 비상 계획 없이 덜컥거리면서 진행되면, 국가가 영원할 것이라는 영속성 가정이 흔들리게 된다. 인구 자료는 모두 공개되는 거라서, 인구 구조의 변화로부터 생겨난 구조적 문제점이 드러나기 시작하면 미래를 보는 부정적 시선이 많아진다. 통화량이나 이자율 같은 금융 변수들과 달리 인구와 관련된 변수들은 가장 늦게 움직이는 변수다. 출생아 수에 변화가 생겨도 경제활동인구 연령에 도달하기까지 15년은 걸린다. 여기에 노동시장에 진입하기 전에 상당수가 거쳐 가는 대학 단계가 있고, 남자들의 경우는 군대도 있다. 15년에서 30년은 걸려야 최초의 변화가 노동 현장에 전달된다. 기술 변수도 이보다는 주기가 짧다. 이런 장기간의 변수를 제대로 파악하지 못해서 생겨나는 문제는, 그야말로 정부의 신뢰성을 결정적으로 떨어지게 만든다. 이렇게 천천히 움직이는 변수가 만들어내는 영향을 예측하지 못해 제대로 된 대응 방안을 마련하지 못하는 것이 정부의 진짜 문제다. 할 수 없는 것은 그야말로 할 수 없는 것이지만, 대비책을 만드는 것은 알 수도 있고, 할 수도 있는 것이다. 그렇지 않을 경우 정부의 신뢰성이 심하게 무너지고, 사람들은 이 정부가 영원히 계속되지 않을지도 모른다는 생각을 하기 시작한다.

인구 감소, 그 자체가 문제가 아니라, 그것이 초래할 일들에 대해서 대비책을 준비하지 않았다는 게 진짜 문제다. 외부에서는 한국 정부를 향해 "그걸 몰랐어?" 이런 식으로 평가한다. 국가 능력에 대한 부정적 평가가 높아지면 원화가 힘을 잃고, 투자가 줄어들게 되며, 심지어 한국의 글로벌 기업들이 본사를 외국으로 이전하는 것도 검토할 수 있다. 국가의 경제가 약해지면, 그 나라 통화와 국채에 대한 투매가 벌어진다. 은행에 문제가 생기면 지불준비금을 순식간에 뛰어넘는 뱅크런이 벌어지듯이, 짧은 시간 급격한 투매나, 천천히 그러나 지속적으로 유출되는 형태가 될 수도 있다. 어느 쪽이든 국민경제로서는 위험 요소다.

금융이나 기업 혹은 기술 조건과 같은 많은 분야들도 충격이 예상된다. 아무 일도 안 벌어진 것처럼 지나갈 수는 없다. 그렇지만 충격을 줄이거나 피해를 최소화하기 위한 기술적 방안들을 만들 수 있다. 문제는 아무 준비 없이 충격을 받는 경우다. 출생아 수가 줄고, 출산율이 회복되지 않고, 인구가 서서히 줄어드는 것 자체는 정부의 잘못이라기보다 그 사회 전체의 문제일 수도 있고, 문명의 문제일 수도 있다. 출생아 수 감소는 워낙 복합적이고 광범위한 요소들이 결합해서 벌어지는 일이라서, 이걸 모두 정부의 잘못이라고 하기는 어렵다. 그렇지만 뻔한 변화를 손 놓고 지켜보고 있는 것은 국가의 영속성 자체에 의심을 갖게 만드는 중요한 부실이다. 지진이나 태풍 혹은 팬데믹 같은 많은 재난들은 변수가 많고 불확실성이 높아서 예측이 어렵다. 당연히 대응도 힘들다. 100년 만에 한 번 올 것 같은 태풍을 견디도록 설계된 설비가 200년에 한 번 오는 태풍 때문에 문제가 생겼다면, 이를 정부의 잘못이라고만 말하기는 어렵다. 댐이나 교량 등 많은 설비들은 이런 빈도 기준에 의해서 설계된다. 부실한 공사에 대한 감독 실패가 아니라면, 재난의 규모가 크다는 사실만으로는 뭐라고 비판하기가 어렵다. 정서적인 비난은 할 수 있지만, 아무것도 하지 않았다고 할 수는 없다. 하지만 인구 구조의 변화는 이런 불확실한 재난과는 근본적으로 성격이 다르다. 정부가 할 수 있는 일인데도 불구하고, 단기적으로 문제가 직접 드러나지 않아, 하는 척만 하고 뒤로 미루어 둔 것일 뿐이다. 만약 외국이나 국내 비정부 부문에서, 국가가 인구 감소에 따른 다양한 문제에 미리 대처하지 못한 채 상황에 몰려 허겁지겁 하는 것을 본다면, '과연 저 나라가 영원히 계속될 수 있을까?' 그런 의심을 가지게 된다. 은행이 뱅크런에 걸리면 국가가 보증을 하고, 전면에 나서서 보호해 줄 수 있지만, 국가가 그렇게 곤란한 상황에 빠지면, 과연 누가 나서서 보증도 하고, 전면적이고 즉각적인 도움을 주겠는가? 없다.

로버트 레드포드는 영화 〈스파이 게임〉에서 직장인 CIA를 은퇴하는 날 아침, 자신의 비밀 파일들을 비서에게 맡기면서 구약성서를 인용하며 이렇게 말한다. "노아가 방주를 언제 만들었는지 알아? 비가 오기 전이야, 비가 오기 전!" 군대나 국민연금이나 사회적 논의가 많이 필요한 의제다. 금융과 실물경제, 나아가 문화 전반에 이르기까지 인구 구조의 변화가 만들어낼 충격에 대해서 차분하게 살펴보고, 필요한 대책들을 지금부터 준비해야 한다. 저출산과 고령화가 내용이 다르듯이, 출생아 수가 적어서 발생하는 '저출생 충격' 역시 다른 방향의 내용을 가지고 있다. 문제가 뭔지 파악하는 일이라도 지금 당장 시작해야 한다. 사회과학의 3단계는 진단, 이해, 대안, 이렇게 진행된다. 문제를 발견하고, 왜 문제인지를 이해하고, 어떻게 그 문제를 풀 건지 대안을 만들어내는 게 과학적 방법론의 아주 기본적인 순서다. 우리는 지금 대안이 불투명하다고 진단도 피하고 있는 형국이다. 그렇지만 "문제가 있을 거다."라고 생각하는 것은 그렇게 어려운 일이 아니다. 몸이 아프면 병원에 가고, 병원에서는 여러 절차에 걸쳐 정밀한 진단을 한다. 국가로서의 한국은 혹시 병원에 갔다가 중병이라고 하면 어쩌나 하는 걱정 때문에, "괜찮을 거야."라고 얘기하며 차일피일 미루고 있는 게으른 환자와 같다. 환자가 병원에 가지 않으면 고칠 방법이 없다.

코끼리를 냉장고에 넣는 방법

"문제는 풀라고 있는 것이다." 이게 나의 신조다. 그렇지만 저출생은 내가 만난 많은 의제 가운데 가장 난이도가 높은 문제인 것 같다. 상황도 어렵고, 해법도 어렵지만, 그 중에도 가장 어려운 것은 이 문제를 풀 주체가 존재하지 않는다는 사실이다. 모두의 일이기는 한데, 사실 아무의 일도 아니다. 구한말에 나라 망할 때랑 비교해보자. 그때도 아마 나라 망하면 큰일이라고 생각한 사람이 적지는 않았을 것이다. 망하지 않게 하는 행동은 어렵겠지만, 생각이 어려운 것은 아니다. 일본이라는 명확한 적이 있었기 때문이다. 저출생은 그렇게 명확한 적이 없다. 당연히 무찌를 대상이 없다. 독재 정권과 군사 정권 이후로 한국의 대안 세력들은 증오가 하나의 큰 힘이었다. 저출생 문제는 증오할 대상이 없다. 무능한 정부를 탓할 수는 있지만, 정부가 너무 강해지는 것도 문제다. 조지 오웰이 소설에서나 얘기한 '빅 브라더', 전지전능한 정부가 와서 무소불위의 힘을 휘두르는 것도 곤란하다. 현재 가장 강력한 힘을 가지고 있는 국가인 북한도 인구 문제에는 별 뾰족한 방법을 못 찾고 있다.

1990년대 이후 "모든 것은 신자유주의 때문이다."라고 말했던 적도 있었다. 좀 더 근본적으로는 "모든 것은 자본주의의 음모다."라고 말하기도 했었다. 좀 좁혀서 "미국의 음모다."라고 말하면 맞든 틀리든, 그런 대로 많은 문제에 그럴 듯하고 또 납득할 만한 설명이 되었다. 이 문제는 그런 것도 아니다. 많은 자본주의 국가들이 출산율을 유지하는 데 어려움을 겪지만, 우리처럼 이렇게 빠른 속도로 그것도 20년 이상의 긴 기간을 지속해온 저출생 상태를 속수무책으로 바라본 나라는 없다. 심지어 일부 자본주의 국가, 흔히 말하는 OECD 회원국들의 출생률은 올라가기도 했다. 자본주의가 문제를 심각하게 만든 요소 중의 하나인 것은 맞을 수 있지만, "타도 자본주의"로 이 문제가 풀리지는 않는다. 그렇다고 정부의 규제를 철폐하고, 세금을 더 깎으면 문제가 풀릴까? 정밀 진단도 하지 않고 다짜고짜 수술실에서 신념과 느낌에 의존해서 집도하는 의사와 다를 바가 없다. 그러다 정말로 의료 사고 난다.

우리가 부딪힌 문제는 5천만 명 규모였던 경제가 1천만 명 규모의 경제로 무사히 전환될 수 있느냐와 논리적으로 같은 문제다. 물론 자본주의의 역사가 생각보다 길어서, 똑같은 문제는 아니지만, 유사한 상황을 겪은 나라들이 없지는 않다. 동인도회사를 설립한 네덜란드는 한때 세계를 지배하던 나라였지만, 영국과 프랑스가 강해지면서 쇠퇴하였다. 그래도 버티고 버텨서 지금의 네덜란드가 되었다. 이건 좀 극단적인 경우지만, 제국주의 국가들이 2차 세계대전 이후 식민지에서 철수하면서 경제 규모가 확 줄어드는 경험을 하였다. 규모가 작아진다고 해서 나라 망하는 것은 아니다. 많은 자본주의 국가들이 성공과 번영의 역사만을 가진 것은 아니다. 실패와 몰락, 그리고 좌절의 역사도 가지고 있다. 우리만 그런 건 아니다. 망했다고 생각할 필요도, 국가 소멸을 지나치게 두려워할 필요도 없다.

내가 생각한 한국의 저출생 문제 해법을 가장 압축적으로 표현하면 '코끼리를 냉장고에 넣는 방법'과 같다. 코끼리는 크고, 냉장고는 작다. 이 문제는 풀기 어렵지 않다. 여기에는 시간이라는 슬픈 매직이 있다. 가만히 있으면 된다. 20년쯤 기다리면 코끼리가 냉장고에 들어갈 수 있을 정도로 작아진다. 그러면 문제는 풀린다. 그렇지만 코끼리는 냉장고 안에서 오래 살지 못하고 결국 죽게 된다. 그게 한국의 인구 변화에 따른 시뮬레이션이 보여주는 국가 소멸이라는 결과다. 좀 슬프다.

이 과정에서 국가의 영속성에 대한 신뢰가 깨지면, 코끼리가 심각하게 아프거나 심하면 사망할 수도 있다. 별로 과학적 근거가 없는 만병통치약을 믿고 그냥 수수방관하는 지도자들도 있을 것이다. 외국인 노동자들로 산업의 일부와 농업을 꾸려온 경험을 너무 믿고, 이민 받으면 된다고 맘 편하게 생각하는 정치인들이 적지 않다.

일본도 강력한 지도력을 확보하고 있던 아베 총리 때부터 이 문제를 심각하게 고민했다. 쉽고 간단한 방법이 있었다면, 일본이 왜 그것을 선택하지 않았겠는가? 한국은 어쨌든 두 개의 정당이 라이벌 관계를 형성하면서 정권이 교체되는 나라다. 반면 일본은 짧았던 민주당 집권을 제외하면 사실상 정권 교체는 없었다. 야당 눈치를 덜 보고 좀 더 소신껏 결정을 할 수 있는 나라다. 아닌가? 미국이 기준금리를 올린 이후로 EU는 물론이고 전 세계가 기준 금리를 올릴 때에도 일본은

-0.1%로 마이너스 금리를 계속 유지했다. 우리보다는 더 과감하고 전격적이고, 때로는 끈적끈적한 결정을 내리는 나라다. 그런 나라가 전격적인 이민 강화 대신 '1억 총활약'을 선택할 때까지는 많은 고민이 있었을 것이다. 코끼리를 냉장고에 넣는 일본식 방법을 선택한 것이다. 우리는 일본과는 다른 방식을 선택할 수 있다고 믿는 지혜로운 사람들이 많다. 경제 용어로 설명하면, 인구 정책에서 이민은 보완재이지 대체제가 아니다. 노동시장이 맞는 충격을 일부 완화시켜줄 수 있지만, 근본적 해결책은 될 수 없다.

우리의 경우는 굳이 코끼리를 지금 냉장고에 넣으려 할 필요는 없다. 일정한 시간이 지나면 코끼리가 작아져서 냉장고에 아주 쉽게 넣을 수 있게 된다. 한국경제도 코끼리와 다를 것이 없지만, 규모의 효과가 발생한다. 국내 시장이 작아지면서, 합칠 수 있는 것은 합쳐지고, 유지할 수 없는 것은 사라진다. 한국을 공업의 나라로 만들어주었던 많은 경공업들 중 아주 일부만 살아남게 되고, 많은 것들은 유지하기 어려워진다. 공업을 유지하는 것은 특히 작은 선진국들에게는 아주 큰 숙제가 된다.

1980년대 중후반 이후 미국은 공업 없이도 서비스와 연구개발만 가지고도 경제를 잘 꾸려갈 수 있다고 했었다. 세계화 국면을 맞으면서 이런 흐름은 더 강해졌다. 그렇지만 결국 오바마 대통령 때부터 제조업을 강화하는 쪽으로 전면 선회했다. 그렇게 10여 년 이상이 지난 지금 미국 경제는 어쨌든 그 어느 때보다 강하다. 천만국가 규모지만 스위스나 스웨덴, 모두 공업이 강하다. 금융이나 서비스만으로 국민경제의 기반을 계속해서 끌고 갈 수 있는 나라는 아직 없었다. 지금의 한국은 공업이 여전히 강한 나라지만, 인구 규모가 심각하게 줄어든다면, 과연 공업, 특히 경공업이 우리나라에서 남아있을 수 있을지 어떠한 보장도 없다.

경제 규모가 작아질 때, 생태학에서 사용하는 개념인 다양성이 줄어들게 된다. 산업의 종류도 줄고, 만드는 제품도 덜 다양하게 된다. 우리의 경우는 워낙에 서울 등 수도권이 비대한 중앙집중형 시스템이라서, 지역 다양성도 유지하기 어려울 가능성이 높다. 인구 1천만 명이 안 되는 국가들 대부분이 규모는 작아도 매우 강력한 지방자치가 작동하는 나라들이다. 한국은 지역의 풀뿌리 민주주의가 약하고, 경제적 기반도 아직 취약하다. 스위스는 22개의 주로 이루어진 연방제를 운용하고 있다. 주마다 개성이 강하다. 게다가 언어권도 세 개로 구성되어 있어서, 작아도 지역별 개성만큼은 최고 수준이다. 독일어권의 베른이 행정 도시 역할을 하지만, 수도 중심의 성장을 한 한국과는 발전 모델이 전혀 다르다. 경제적으로는 독일어권의 취리히가 더 중요하다. 국제기구는 불어권인 제네바에 주로 모여 있다.

우리는 지난 20년 동안 지역별 다양성이 점점 더 약해지고 있다. 이대로 규모가 줄어들면, 서울이 전국이 된다. 행정구역상 서울, 서울에서 가까운 서울, 서울에서 먼 서울, 그렇게 재구성될 가능성이 높다. 더 늦기 전에 재정은 물론이고 자치 영역의 권한에 대한 재구성이 필요하다. 그래도 아직 우리의 지방 도시들이 지역으로서 작동하고 있을 때, 연방제 도입에 대해서 진지하게 검토할 필요가 있다. 연방제를 도입한다고 해서 단기간에 출생아 수가 늘어나지는 않지만, 급격하게 수도권으로 빨려 들어가는 것에 대해 최소한의 안전장치가 될 수 있다. 지역 다양성은 선진국 경제가 갖는 특징 중의 하나다. 규모가 작아지면서 지역의 다양성과 안정성이 죽으면, 그냥 전체 규모만 작아지는 것이 아니라 역동성이 같이 줄어들게 된다. 획일성이 너무 높아지기 때문에, 국가 내에서 지식과 지식이 충돌하고 결합하면서 새로운 것들이 등장하는 현상이 확 줄어든다.

경제가 작아지면서 생겨나는 또 다른 손실은 문화 다양성의 약화다. 20년 후에도 한국에서 시인으로 등단하는 사람이 있을까? 혹은 소설가가 직업으로서의 대안이 될 수 있을까? 영어나 불어 혹은 독어와 같이 일정 규모를 유지하는 나라들은 자신의 언어로 된 문학들을 가지고 있다. 철학이나 사회과학도 마찬가지다. 언어 기반 문학은 국경보다는 언어권에 의해서 시장이 형성된다. 유럽과 달리 한국과 일본은 국경과 언어권이 거의 일치한다. 국어로 다양한 예술적 시도와 실험을 하기가 어려워진다. 일제 강점기에도 사람들은 소설을 쓰고, 시를 쓰고, 그걸 통해서 생각도 교류하고, 감성도 만들어갔다. 그때도 했던 일이 더 이상 유지되기 어려운 순간이 올 수도 있다. 물론 스웨덴에도 소설이 있고, 문학이 있고, 예술이 있다. 1천만 명 인구 규모에서 자국의 언어 예술을 유지하기 위해서는 엄청난 노력이 필요하다.

예술 분야뿐 아니라, 지식 영역에서도 다양성 유지가 어렵다. 다른 나라의 지식과 만나기 위해서 번역 영역이 존재하는데, 국내 시장이 형성되지 않으면 번역가가 직업으로서 존재하기 쉽지 않다. 영어나 불어로 된 모든 지식을 AI를 통해서 얻을 수 있는 것처럼 모두 무료로 제공되는 것은 아니다. 특별한 노력이 없으면, 한국어권은 예술 다양성은 물론이고, 지식의 다양성도 심각하게 손상될 가능성이 크다.

언어 예술만 어려워지는 것은 아니다. 모든 나라가 드라마와 영화를 만드는 것은 아니다. 제작비 규모가 커지는데 적절한 시장이 형성되지 않으면, 로컬에서 드라마든 영화든, 제대로 만들기가 어렵다. 뮤지컬을 비롯해서 연극 등 공연 예술도 메커니즘은 같다. 연극이나 연주를 계속하고 싶으면, 미국이나 유럽으로 가거나 심지어 일본, 중국과 같은 동양권 국가로 가야 하는 일이 벌어질 수도 있다. 국내에서는 문화적 다양성이 급격하게 떨어지게 된다. 극단적으로는 국립극단과 국립교향악단 혹은 KBS교향악단 같은 지원이 확실한 몇 개 예술 단체들만 겨우 남는 상황이 될 수도 있다. 그렇게 생각해보면, 아바가 스웨덴 출신이라는 것이 얼마나 대단한 일인지 느낌이 올 수도 있을 것이다. 앞서 말한 것처럼 세계적 메조소프라노인 안네 소피 폰 오토도 스웨덴 출신이다. 공부는 스톡홀름에서 했고, 이후 런던에서 공부를 이어나갔다. 데뷔는 스위스의 바젤 오페라 극장에서 했다. 우리도 이런 정도의 문화적 다양성을 유지할 수 있을까? 한국의 문화는 일제 강점기에 숨어서 한글 작품을 쓰던 시절보다 더 어려워질 가능성이 크다.

코끼리를 냉장고에 넣는 방법, 기다리면 된다. 그렇지만 우리의 코끼리는 그냥 모든 것들이 같은 규모로 줄어드는 건 아니다. 코끼리라고 인식할 수 있는 외형적 다양성이 사라진, 그냥 냉장고만큼 작아진 덩어리가 되어 있을 수도 있다. 출생률이든 출생아 수든 혹은 그 어떤 종류의 변화든, 여러 사람들이 다양한 시나리오를 말할 것이다. 그렇지만 그 과정에서 발생하는 다양성의 손실을 말하는 사람은 없는 것 같다. 경제학은 주로 규모, 사이즈를 다루는 학문이다. 구조와 특성에 대해서는 좀 약한 학문이다. 그리고 현실이 성장과 반대 방향, 균형과 반대 방향으로 갈 때 경제학이 할 얘기는 별로 없다. 다시 성장으로 가야한다거나 다시 균형으로 가야 한다고 말하는데, 한국의 경우는 성장이나 균형으로 돌아가기에는 지금 너무 멀리 와 있다. 정부가 무엇을 하든, 이미 지나가버린 20년을 되돌릴 방법은 없다. 앞으로 20년 동안 가장 중요한 개념 하나를 얘기해야 한다면, 나는 다양성을 꼽고 싶다. 다양성을 지키기 위한 노력을 하지 않으면 우리의 삶은 물론이고 국민경제도 납작 눌린 2차원 평면처럼 단조롭게 될 것이다. 그리고 한국경제는 그냥 작아지는 것만이 아니라 향기 없이 건조한 생산 기계처럼 변하게 된다. 그 상태에서 글로벌 경제력을 오랫동안 유지하기는 어렵다. 작은 게 문제가 아니라 입체적인 속성을 잃고 단조롭게 되는 게 진짜 문제다. '선택과 집중'이 중요할 것 같지만, 그런 비입체적인 사유로는 서울만 선택되는 너무 뻔한 현실을 피할 수 없다. 팔도강산이었던 나라가 '서울강산'으로 변하고, 국토의 일부에만 사람이 모여 살고, 나머지는 거주할 사람 정도가 아니라 관리할 사람도 없는 상태로 방치되는 것은 천만국가, 작고 강한 나라의 모습이 아니라, 작고 이상한 나라의 모습이다. 한글이 생겨난 이후로 결국은 한글로 시를 쓰고, 한글로 소설을 쓰는 나라가 되었다. 한글로는 더 이상 시와 소설이 쓰이지 않는 나라로 가는 것은 발전이 아니다. 로컬 마켓에서는 드라마도 만들어지지 않고, 영화도 만들어지지 않는 상황으로 가는 것이 경제적인 필연은 아니다. 그러나 지금 같이 방치되고 있어서는 작지만 문화적으로 풍성한 경제가 아니라, 그냥 작고 메마른 문화 사막 같은 곳이 된다. 지금 공연예술 중에서 가장 역동적인 장르는 뮤지컬이다. 그런데 지금도 지방에서는 다양한 뮤지컬을 보기가 쉽지 않다. 20년 후에는 서울에서도 뮤지컬 공연을 보는 게 어려워질 수 있다.

코끼리를 냉장고에 집어넣는 방법. 기다리면 결국 되지만 그냥 기다리기만 해서는 코끼리가 소멸된다. 따라서 귀찮더라도 다양성을 잃지 않기 위한 노력을 해야 한다. 생물 다양성을 유지해야 생태계가 건강성을 잃지 않는 것처럼, 경제도 다양성을 확보해야 말라비틀어지지 않는다. 풍요는 경제만을 의미하는 것이 아니라, 출산은 물론 문화도 포함하는 폭넓은 개념이다. 우리가 가야 하는 사회는 '선택과 집중'이 아니라, 생긴 대로 살아도 행복한 사회다.

:: 닫으며 : 아직은 생소한 희망

1.

전통적인 성장론자들은 인구 감소 때문에 생기는 위험에 대해서 경고할 수는 있지만, 대안을 만드는 데에는 약하다. 경제학 프로그램 자체가 균형과 성장이라는 두 가지 축으로 구성되어 있기 때문이다. 그들은 불균형 상태를 시장 기능을 통해서든 혹은 정책 개입을 통해서든 균형 상태로 전환하면, 경제 성장은 자동으로 작동하는 기계처럼 움직여나갈 것이라는 믿음이 있다. 지금 한국경제는 그 정반대의 상황에 놓여있다. 불균형이 또 다른 불균형을 만들고, 그 불균형은 점점 더 커져간다. 인구가 지역별 혹은 분야별로 불균일하게 감소하고, 잠재성장률부터 시작해서 점차적으로 저성장 혹은 역성장을 만들게 된다. 이 과정을 멈춰 세울 수 있을까? 우리에게 익숙한 경제 메카니즘으로는 이 과정을 멈추게 할 수 없다.

천만국가는 현재의 합계출산율에 극적인 변화가 오지 않는다고 할 때, 설정할 수 있는 가장 긍정적인 시나리오다. 지금의 우리 문명으로서는 도저히 정지하지 않을 것 같은 하강 국면이 언젠가는 정지하게 되고, 지금보다는 훨씬 규모가 작아진 상태에서라도 안정화 국면을 맞이하게 되는 경우가 발생할 수 있다는 것이다. 그 하강을 정지시키는 힘이 공교롭게도 자본과 노동 사이 희소성의 역전이다. 자본에 비해서 상대적으로 매우 희소해진 노동 시장의 조건에 적응하면서, 지금 우리가 만들어낸 문명과는 다른 문명이 우리에게도 올 가능성이 있다는 것이다. 물론 익숙하지 않다. 그러나 경제적으로는 여전히 가능성이 열려 있다. 다만 성장 이론에서 흔히 등장하는, 매우 달성하기 어려운 조건을 의미하는 '면도날 궤적'처럼 아주 좁은 가능성일 뿐이다.

나는 여전히 희망론자다. 사람을 막 대하고, 청년을 갈아 넣어서 억지로 성장 국면을 유지하려는 지금의 한국 자본주의가 질적 전환 또는 질적 개선의 길을 갈 수 있다는 희망을 아직도 버리지 않았다. 그리스 시대에는 인간의 속성을 파토스, 로고스, 에토스, 우리말로는 정열, 이성 그리고 윤리라고 생각하였다. 한국 자본주의는 파토스에 아주 강하다. 열정을 강조하였고, '열정 페이'라도 받으면서 정열적으로 일할 것을 요구하였다. 파토스에 비하면 로고스는 상대적으로 약했다. 우리는 우리의 눈으로 우리의 문제를 분석하고 해석하는 단계를 제대로 정착시키지 못했고, 외국의 눈과 외국의 사례를 중심으로 우리에 대해서 생각했다. 우리가 로고스라고 생각한 많은 것들은 타자의 시선이거나 타인의 논리다. 그래서 파토스가 더 잘 작동했던 것인지도 모른다. 우리의 열등감이 자부심으로 집단적으로 전환된 시점을 많은 사람들은 2002년 월드컵 4강 진출이라고 한다. 한국 자본주의가 초기 성장 국면을 지나고, 방탄소년단으로 상징되는 K팝으로 자부심이 절정에 달하게 된다. 여전히 로고스보다는 파토스가 지난 20년을 주도해서 끌고 왔다.

그 사이에 제대로 자리 잡거나 발달하지 못한 것은 정말로 고전적인 의미의 에토스다. 우리는 경제 윤리가 아주 약하고, 인간에 대한 기본적인 예의가 부족한 상태로 번영의 절정기까지 달려왔다. 에토스는 발달한 자본주의 사회에서도 늘 어려운 문제다. 자본은 어떻게든 더 많은 이윤을 위해서 노동을 갈아 넣고 싶어 하지만, 그 속에서 힘들게 새로운 균형점을 찾아서 지금까지 끌고 온 것이 현재의 모습이다. 자본주의는 역동적인 대신에 위험한 게 본질이다. 에토스, 인간에 대한 예의로 그 위험선을 넘어서지 않도록 불안한 균형을 찾아오면서 지금까지 버텨왔다. 그게 언제든지 붕괴하거나 폭발할 것 같았던 초기 자본주의 시스템을 꾸역꾸역 버티게 한 힘이다.

책을 준비하면서 책에 쓸 내용을 많은 사람들과 미리 얘기해 본다. 그 중에서 사람들이 가장 충격을 받은 단어는 지방의 붕괴나 결혼 혹은 출산과 관련된 사례 같은 게 아니라 '삼백충'이라는 초등학생부터 20대까지 폭넓게 사용되는 단어였다. 물론 가난한 사람들을 비하하는 것은 우리나라에서만 벌어지는 일은 아니다. 서브컬처로 들어가면 수많은 화장실 유머 속에서 더 한 말도 사용될 수 있다. 그렇지만 경제적 약자를 이렇게 폭넓게 지칭하는 경우는 쉽게 보기 어렵다. '2022년 고등교육기관 졸업자 취업통계 조사(교육부)'에 의하면 대졸 초임의 중위 값은 250만 원을 약간 넘는다. 평균적인 대졸자가 대기업 등 꽤 괜찮은 직업을 갖는 경우가 아니면, 바로 삼백충의 범주에 들어간다. 참 아이러니하다. 서브컬처의 삼백충이 결혼을 하고, 부모가 되고, 그렇게 해야 안 그래도 구멍 숭숭 뚫린 정부의 저출생 대책이 정상적으로 작동을 하게 된다. 경제학의 농담 중에는 밤길에 가로등 밑에서 동전을 찾고 있는 어느 신사의 얘기가 있다. 옆에서 안타깝게 신사를 도와주던 소년이 신사에게 정말 여기서 동전을 잃어버린 게 맞느냐고 묻는다. 물론 엉뚱한 데에서 동전을 찾고 있었다. "그래도 여기에는 불빛이 있어서 뭔가 볼 수 있지 않니?" 지금 우리가 그렇다. 동전을 잃어버린 곳은 너무 어두워서 아무 것도 할 수 없기 때문에 그래도 뭔가 볼 수 있는 가로수가 있는 곳에서 20년 동안 동전을 찾고 있었던 것이 아닐까?

지금이라도 '알바들의 공화국'을 선언하는 것은, 한국 자본주의의 에토스와 같은 것이다. 알바들도 부모가 되고, 그들의 자녀들 중에서 국회의원도 나오고, 언젠가 공화국의 대통령도 나오는 것, 우리가 상상할 수 있는 아름다운 미래의 모습이다. 저출생 시대가 만들어낼 수 있는 새로운 스토리텔링 중에서는 가장 극적인 얘기일지도 모른다. 만약 우리에게 에토스의 시대가 온다면, 삼백충의 자녀가 공화국을 이끌어가는 최고위 지도자가 되는 역사가 우리에게 올 수도 있다. 많은 사람들이 노무현을 가장 좋아하는 대통령으로 기억한다. 상고 출신이 대통령이 되는, 지금의 한국 자본주의가 상상하기도 어려운 스토리가 우리에게는 이미 있다. 삼백충의 자녀가 혹은 편의점 알바의 자녀가 대통령이 되는 미래, 그런 기가 막힌 역전의 스토리가 내가 상상하는 '알바들의 공화국'이다. 상고 출신 대통령을 배출했던 한국, 알바 자녀들의 영광을 다시 한 번 만들어내는 것이 불가능한 상상만은 아니다.

지금껏 제대로 실린 적이 없던 에토스를 한국 자본주의에 탑재하는 길, 그게 천만국가에서라도 다른 안정성을 찾는 길이다. 사람을 환영하는 것, 그게 우리가 지금 제일 못하는 일이다. 그리고 익숙하지도 않다. 그래도 그런 전환을 만들어야 한다. 우리들 대부분은 영웅을 환영하고,

부자를 환영한다. 지금 우리의 모습은 그렇지만, 알바들의 자식을 환영하고 환대하는 사회가 우리가 가야 하는 미래다.

2.
"예수께서 이르시되 어린 아이들을 용납하고 내게 오는 것을 금하지 말라. 천국이 이런 사람의 것이니라."   _마태복음 19장 14절

〈마태복음〉은 여러 경전 중 가장 기본에 해당한다. 〈마가복음〉이나 〈누가복음〉과 비교해서 좀 더 보수적인 시각으로 예수의 생애가 기술되어 있다. 여기에는 어린 아이들이 오는 것을 금지하지 말라는 구절이 나온다. 하나님의 나라를 이해하는 데 가장 핵심적인 구절 중의 하나다. 예수의 세계관에서 '노키즈존'은 유용성이나 수익성이 아무리 중요하다 해도 종교적 의미로는 존재하기는 어렵다. 그런 점에서 21세기 한국은 종교적인 국가가 아니라는 점은 명확하다.

아마 철학이 문사철로 묶여서 별로 인기 없는 분야로 전락하지 않았다면, 전 세계에서 거의 유일하게 전국적이고 표준적으로 노키즈존이 도입된 한국에서 이 문제는 매우 중요한 철학적 토론의 대상이 되었을 것이다. 불행히도 한국은 아마도 강신주를 마지막으로 더 이상 대중적인 철학 스타를 배출하지 못하고 있는 것 같다. 한 가지 확실한 것은 저출생이 점점 더 심각한 상황이 되고, 많은 지자체에서 출산 지원금을 앞다퉈 도입하는 시기에 노키즈존도 같이 늘어났다는 점이다.

노키즈존을 법적이나 행정적으로 없애면 출산율이 높아질까? 물론 그럴 리는 없다. 지금 우리가 겪고 있는 현재의 위기는 많은 것들이 복

합적으로 작용해서 생긴 일이기 때문에, 한 가지 요소만을 가지고 풀수가 없는 상황이 되어버렸다. 일부 기초 지자체 단위는 사실상 이미 노키즈 지역이 되어가고 있기 때문에, 그 지역에 노키즈존이 있거나 없거나, 현실에서는 별 상관이 없게 되어버렸다.

개별 동네 단위나 개별 지자체 단위에서는 노키즈존이 있거나 없거나, 통계적으로 큰 변화를 보기는 어렵지만, 국가 단위에서는 조금 다르다. 노키즈존과 '노키즈 국가', 이 두 가지 현상은 같이 가는 일이다. 한 사람 한 사람의 삶과 그 나라의 거시 경제는 실상 문명이라는 틀 속에서 같이 움직이는 일이기 때문이다. 많은 중요한 고객들이 아이들 보기를 원치 않는 나라에서 일정한 출산율을 확보할 방법이 없다. 그게 문명의 일이다. 아이 낳은 엄마를 원치 않는 회사, 언젠가 아이를 낳을지도 모르는 엄마를 고용하고 싶어하지 않는 회사 그리고 자기 아이를 위해서 출산 휴가를 쓸지도 모르는 아빠를 원치 않는 직장, 이렇게 굳어진 습관이 '경제적 아비투스' 수준으로 높아진 것이다. 그게 우리의 문명이 되었다.

카페나 식당에 영유아나 8세 미만의 아이들이 들어갈 수 있거나 없거나, 노키즈존은 아무 문제도 아닐 수 있다. 노키즈존이 원인이라기보다는 그건 이미 깊숙이 들어간 노키즈 국가 현상의 결과일 가능성이 높다. 노키즈존이 출산율을 낮춰서 노키즈 국가를 만든 것이 아니라, 노키즈 국가 현상이 노키즈존을 무덤덤하게 만들어내고 받아들인 것이라고 보는 게 맞을 것 같다. 아이를 별로 환영하지 않는 국가에서 벌어지는 수많은 기현상 중의 하나가 노키즈존일 뿐이다. 노키즈 회사 특히 5인 미만 사업장에서는 그렇게 보기 어려운 일이 아니다.

과연 우리가 이런 노키즈 국가에서 20년 내에 빠져나올 수 있을까? '낙타가 바늘구멍에 들어가는 것'만큼 어려운 일이라는 표현이 성경에 나온다. 우리는 표준적인 자본주의로부터도, 성경의 세계로부터도 너무 먼 곳에 와 있다.

3.

한국 민주주의의 가장 큰 특징은 역동성일 것이다. 그런데, 효율성은 아직은 잘 모르겠다. 민주주의가 가정이나 직장에서도 잘 작동하고, 그 수준이 깊어지고 확산되고 있는지는 의문이다. 그래도 때 되면, 아니 때가 되지 않아도 정권이 바뀌는 외형적 역동성은 세계 최고 수준이다. 일본의 의원내각제와 한국의 대통령중심제만을 놓고 비교한다면, 비슷비슷한 동양식 특징이 많은 권위주의적 자본주의를 운용하면서도 정치 역동성만큼은 두 나라가 판이하게 다르다. 경제는 전형적인 상속 자본주의처럼 작동해서, 이제 재벌은 만드는 것이 아니라 물려받는 것이 되었다. 그렇지만 아버지의 지역구를 물려받은 2세 정치인이 성공은커녕, 자리를 잡기도 어려운 것이 한국 정치의 근본 특징처럼 되었다. 민주주의 만세!

저출생 문제는 합계출산율이 2.0 이하로 내려간 1980년대 전두환 시절의 일이므로, 굉장히 오래된 해묵은 문제다. 문제가 있다는 것을 본격적으로 인지한 것은 노무현 때였고, 본격적으로 국가 차원의 행동이 시작된 것은 무상 보육을 전면에 내세웠던 박근혜 때였다. 그 사이에 완전 군사독재 체제에서 세 번의 민주당 정권이 들어섰고, 보수 정권도 틈틈이 집권했다. 지금까지 저출생 문제는 정치와는 별 상관이 없는 것이었고, 선거와도 별 상관은 없었다.

진보와 보수, 그 어느 진영도 이 문제에서만큼은 질적인 전환을 보여주지는 못했다. 특히 부동산 경기에서부터 경제성장률 같은 것들은 정권에 따른 변화가 잘 드러나지만, 저출생 문제는 그렇지 않았다. 정권이 바뀌어도 별 차이가 없었다. 그렇지만 이제부터는 좀 다를 가능성이 있다. 그 동안은 인구 이슈는 "모두의 문제지만 아무의 문제도 아닌", 그야말로 내 문제는 아닌 것이었다. 가임기 여성에게 도덕적 비난을 하거나, 지원금을 일부 주는 것으로 문제를 완화시키려고 하였다. 그렇지만 연간 출생아 수가 20만 명 수준이 되면서, 이에 따른 경제적 후과가 점점 더 가시권 안으로 들어오기 시작했다. 뭔가 예전과 다르다는 것을 조금씩 체감하는 사람들이 늘어나기 시작했다. 누군가 선지자가 돼 복음을 먼저 전해줄 때 목 놓아 외치는 것 같은 방식으로는 심각성이 인지되지도 않고, 해법이 나오지도 않는다. 적어도 형식적으로 우리나라는 민주주의 모범 국가이며, 민주주의가 심화된 나라다. 이제는 당원이 200만 명이 넘어갈 정도로 정치적으로 적극 행동하는 국민이 늘어난 나라다. 결국 우리가 문제를 푸는 방법은 민주주의 외에는 다른 길이 없다. '아무의 문제'도 아니었던 것이 결국 모두의 문제라고 인지되는 과정을 우리는 겪게 될 것이다.

21세기가 오면서 한국에서도 계몽의 시대는 끝났다. 더 많이 아는 사람이 적게 아는 사람에게 무엇인가를 가르쳐주는 계몽은 이제 잘 작동하지 않는다. 누가 누구에게 이래라 저래라 할 수 있겠는가? 지도자와 현인의 시대는 끝났다, 그런 권위를 가지고 있는 사람은 이제 없다. 그래도 더 많이 얘기하고 더 많이 고민하는 수밖에 없다. 시장에는 실패가 존재하고, 자본주의는 완벽한 것이 아니기 때문이다. 한국 자본주의의 고장 난 부분, 지금이라도 서로 많이 얘기하고 고민하면서 고쳐 나가는 수밖에 없다. 우리의 대통령인 윤석열이 이 문제를 풀어주겠는가? 그 사람은 아는 것도 많지 않지만, 계몽 시대의 지도자들도 잘 하지 않던 화내는 것 말고는 대화하는 법을 잘 모른다. "실패하면 반역, 성공하면 혁명." 이렇게 외치던 권력자가 어느 날 갑자기 과외를 금지시키는 그런 방법은 이제 우리의 선택지에 없다.

바글바글, 복닥복닥, 그런 시기를 우리는 겪게 될 것이다. 온 국민의 놀이가 된 대선을 비롯한 각종 선거 때, 저출생 문제는 좀 더 정교하거나 좀 더 과격한 방법으로 해법을 둘러싼 정책 논쟁이 될 것이다. 아프리카에는 "아이 한 명을 키우기 위해서는 마을 하나가 필요하다." 는 말이 있다고 한다. 20년 후, 세계 사람들이 한국인들이 말했다고 하면서 새로운 경구 하나를 말하게 되기를 희망한다. 그것은 "아이 한 명을 키우기 위해서는 국가 하나가 필요하다."는 표현이다. 그 시기가 되면, 한국 자본주의에 지금은 없다시피 한 경제 에토스가 자연스럽게 탑재되어 있을 것이다. 우리가 맞을 다음 번 번영에서 한국은 어린이에게 친절하고, 청년에게 다정한 나라가 되어 있을 것이다. 아직은 생소한 희망이지만, 우리가 가진 민주주의가 결국은 우리를 다음 단계로 이끌 것이라고 믿는다. 편의점 알바들이 자연스럽게 인생의 다음 단계로 출산에 대해서 고민하는 시대, 그런 알바들의 공화국에서 우리 모두 다음 단계를 만나게 될 것이다. 그들의 자녀들 중에서 언젠가 우리의 대통령이 등장하는 순간, 그때가 되면 우리는 자연스럽게 K-민주주의라는 표현을 쓸 수 있게 될 것이다.

역사가 그렇다. 자본주의의 광포함과 무지막지함을 길들여서 지금의 21세기 자본주의로 만든 것은 자본과 이윤의 힘 혹은 경쟁의 속성이 아니라 민주주의의 힘이었다. 인류는 아직도 민주주의보다 더 장기적으로 안정적이고 효율적인 의사결정 시스템을 만나지 못했다. 우리가 가진 그 민주주의의 힘으로 '노키즈 국가'에서 벗어날 수 있기를 희망한다.

4.

"모두의 문제는 아무의 문제도 아니다." 결국 이게 우리가 풀어야 할 문제의 본질이다. 그게 풀리지 않으면 21세기에 가장 성공하게 된 말인 '무자식 상팔자'의 나라가 계속해서 유지될 것이다. 자식은 아예 낳지 않겠다고 이미 결심한 초등학생이나 중학생과 논쟁해서 누가 이기겠는가? 결혼할 생각도 없다고 이미 결심한 20대와 논쟁해서 이길 수 있는가? 결혼은 했어도 아이는 낳지 않겠다고 약속한 부부와 논쟁을? 아니면 비혼 선언을 하고, 회사에 결혼축의금을 비혼자에게도 달라고 요구하는 사람과 논쟁을 하겠는가? 이 논쟁은 절대로 못 이긴다. 소크라테스가 살아 돌아온다고 해도 못 이긴다. 억박지르고 소리지를 수는 있지만, 논리적으로는 이길 방법이 없는 논쟁이다. 자본주의에서 비용 문제는 본질이다. 니가 그 돈을 대줄 거냐?

앞으로도 총인구 자체가 줄어드는 새로운 국면에서 많은 정부가 "내가 해결하겠습니다."라면서 점점 더 많은 대안을 제시하게 되겠지만, 아마도 유효한 해법을 내지는 못할 것이다. 지금까지도 그랬던 것처럼 당분간 '하는 척'을 넘어서는 근본적인 변화를 제시하는 경우는 잘 없을 것이다. 경제 정책으로 사회 문제는 풀기가 아주 어렵고, 무엇보다도 '모두'에게 해당되는 문제는 너무 민감하기 때문에 쉽게 바꾸기가 어렵다. 흔히 외환 당국, 경제 당국, 에너지 당국 등 행정부의 해당 부처를 이렇게 '당국'이라고 표현한다. 공무원의 눈으로 보면, 대체적으로 이렇게 당국이라고 부르는 곳의 핵심 부처는 공을 세워서 출세하기 좋은 곳이다. 공을 세워서 장관 표창도 받고, 대통령 표창도 받고, 하다못해 차관까지라도 승진하고 싶어 하는 사무관이 밤을 새워 고민을 하면서 지금까지 한국경제의 많은 문제들이 완화되거나 폭발을 면하면서 나라가 굴러왔다. (물론 사무관과 과장 몇 명이 밤을 샌다고 해서 문제가 해소되지는 않는다) 저출산이라고 부르든 저출생이라고 부르든, 인구 문제는 공을 세우기 어려운 분야다. 환율 대책처럼 뭔가 하면 바로바로 수치가 튀고, "원화를 방어했다." 혹은 "수출이 급증했다."는 식의 가시적 성과가 거의 나오지 않는 분야다. 공을 세우고 싶은 사람들은 별로 가고 싶어 하지 않는, 인기 없는 분야다. 게다가 21세기 내내 인구는 계속해서 줄어들고 있었기 때문에, 수많은 패장들을 배출한 분야다. 수치가 늘 안 좋게 나오고, 다들 "이러다가 나라 망한다."고 말하는 분야가 어떻게 인기를 얻겠는가? 공을 세우고 싶어서 다들 가는 분야가 아니라, 공 세울 일 없다고 다들 피하는 분야가 지금까지의 저출생 영역의 일이었다. 그렇게 하면서 '모두의 문제'가 방기되고 내깔려진 것이다.

소수의 문제는 모두의 문제보다 훨씬 풀기도 쉽고, 사회적 에너지도 쉽게 모을 수 있다. 대표적인 게 종합부동산세다. 이건 소수의 문제지만, 뉴스 밸류로는 저출생보다 몇 배는 뜨겁고, 인기 있는 주제다. 해법도 저출생보다는 훨씬 쉽다. 이건 유지, 폐지라는 두 가지 결정만 있고, 재산세와의 통합 조정이라는 적당한 기술적 옵션도 존재해서, 전문가들이 대충 말해도 상관없는 구조를 딱 갖추고 있다. 게다가 선거에서는 딱 경계선이 존재하는 캐스팅 보트 역할을 하게 된다. 모두의 문제는, 어렵기만 하고, 무슨 대책을 내놓아도 사람들이 별 관심을 안 갖는 문제가 된다. 정부는 엄청난 돈을 써도, 그걸 개인으로 나누면 의사결정을 바꿀 만한 큰돈이 되지 않기 때문이다.

한국은 이런 '모두의 문제' 구조를 가진 사안들을 역사적으로도 잘 처리하지 못한 나라이기는 하다. 개화기에 한국이 부딪혔던 구조적 문제는 사실 인구 문제와 그렇게 다르지는 않다. 개인이 뭘 어떻게 한다고 해서 망해가는 나라를 살리겠는가? 이런 유사한 구조를 가졌던 문제를 푼 사람 중에 사후에 제일 유명해진 사람은 이순신 장군 아닐까 싶다. 구조적으로는 이순신의 진짜 공은 전쟁을 잘 수행하는 후반부의 과정이 아니라 수군을 정비해서, 판옥선을 확충하고, 거북선을 만드는 과정인 전반부에 있는 게 아닐까 싶다. 조선 수군이 '충일한' 정신력으로 일본 수군을 이긴 것은 아니다.

'모두의 문제'이지만 결국은 아무의 문제도 아닌 이 문제를 풀어나가는 뾰족한 방법은 없다. '무자식 상팔자'라는 인생관을 이미 가지고 있는 중2와 논쟁해서 이기는 것은 미션 임파서블이다. 괜히 목소리 높이는 것보다는 입 다물고 더블버거 세트 정도는 사줘서 사이라도 안 빠지는 게 낫다. 마지막으로 책을 덮으면서 '모두의 문제'라는 얘기를 다시 한 번 언급하고 싶어진 것은, 내가 여기에 대해서 어마무시한 해법이 있거나, "이 연사 목 놓아 외칩니다." 이렇게 외칠 문장 하나를 찾아내서가 아니다. 만약 내가 지난 몇 년간의 이 책 작업 덕분에 그런 쉽고 간단하고, '엣지' 있는 해법을 찾아냈다면, 그게 책의 제목이 되었을 것이다. 그렇게 나는 '쌈빠한' 표현이나 문장을 찾거나 만들어내지는 못했다. '천만국가' 정도의 개념어가 내가 찾아낼 수 있는, 그래도 가장 적절한 표현이었다. 내 실력으로는 그게 한계다. 그래도 노력을 안 한 건 아니다. 책 원고를 쓰면서 처음 사용했던 파일 이름이 '모두의 문제 01'이었다. 소망은 있었지만, 실력이 안 따라준 게 현실이다.

"모두의 문제는 아무의 문제도 아니다." 이 문제를 언젠가 우리가 극복하기 위해서는 이순신을 등용한 류성룡 같은 인물이 또 어디엔가는 존재해야 한다는 어려운 조건이 하나 더 따라 붙는다. 다음 정권 아니 그 다음 정권이라도 어디엔가 우리 시대의 이순신이 존재하고, 또 류성룡도 존재했으면 좋겠다. 하다 보니 역사는 돌고 돌아, 이제는 왜군이 아니라 저출생과 싸워야 하는 시대가 되었다. 그런데 이게 구조 그것도 경제 구조와의 싸움이라, 눈을 감고 그림자와 싸워야 하는 것 같은 상황이다. 결혼과 결혼 과정이 이제는 판타지가 되었다. 먹방 시대를 넘어 소개팅이 지금은 한국을 대표하는 예능이 되었다. 결혼을 아무나 할 수가 없는 시대, 이미 판타지가 되어버린 구조, 이게 우리 시대에 주어진 경제학 1번 과제라고 생각한다.

천만국가

노동 희소 사회, 알바 공화국을 위해

초판 1쇄 펴낸 날 2024년 11월 25일

지은이 우석훈
펴낸이 이광호
펴낸곳 도서출판 레디앙
디자인 Annd

등록 2014년 6월 2일 제25100-2022-000017
주소 서울특별시 구로구 구로중앙로 19길 28 3층
전화 02-3663-1521   팩스 02-6442-1524
전자우편 redianbook@gmail.com

ISBN 979-11-87650-10-2 03320